John Hickman

Der richtige Hufbeschlag

W0319129

John Hickman

Der richtige Hufbeschlag

Illustriertes Handbuch für Theorie und Praxis

Sonderausgabe

BLV

Hickman, John:
Der richtige Hufbeschlag : illustriertes Handbuch für Theorie und Praxis / John Hickman. [Übers.: Hiltgart Hauptmeier]. – Sonderausg. – München; Wien; Zürich: BLV, 1991
Einheitssacht.: Farriery <dt.>
ISBN 3-405-14127-3

BLV Verlagsgesellschaft mbH
München Wien Zürich
8000 München 40

Bildnachweis
Alle Grafiken wurden vom englischen Verlag zur Verfügung gestellt, ebenso alle Fotos, außer J. Kemmler: S. 2, 8, 90, 145
Umschlaggestaltung:
F & H Werbeagentur, München
Umschlagzeichnungen:
Volker Greiner, Großbottwar

Fachliche Durchsicht:
Walter Andrä, Leutstetten

Übersetzung:
Hiltgart Hauptmeier

Titel der englischen Originalausgabe:
›FARRIERY‹ A Complete Illustrated Guide
© John Hickman
J. A. Allen, London, New York

© der deutschsprachigen Ausgabe
1983 BLV Verlagsgesellschaft mbH München, 1991

Das Werk einschließlich aller seiner Teile ist urheberrechtlich geschützt. Jede Verwertung außerhalb der engen Grenzen des Urheberrechtsgesetzes ist ohne Zustimmung des Verlags unzulässig und strafbar. Das gilt insbesondere für Vervielfältigungen, Übersetzungen, Mikroverfilmungen und die Einspeicherung und Verarbeitung in elektronischen Systemen.

Satz: Rombach + Co GmbH, Freiburg i. Br.
Druck und Bindung: Friedrich Pustet, Regensburg

Printed in Germany · ISBN 3-405-14127-3

Inhalt

KAPITEL I

Einführung und historischer Abriß des Hufbeschlags

1. Einführung

Solange das Pferd in seiner natürlichen Umgebung lebte, bot das Horn einen angemessenen Schutz der inneren empfindlichen Teile des Hufs. Als dann der Mensch das Pferd zum Tragen von Lasten oder zum Ziehen von Fahrzeugen benutzte, muß ihm aufgefallen sein, daß die Hufe zu bestimmten Zeiten des Jahres, bei starker Beanspruchung auf hartem und unebenem Boden, schneller abgenutzt wurden, als sie nachwuchsen. Hierbei wurden die empfindlichen Teile exponiert und Schmerz und Lahmheiten waren die Folge. Nun galt es, einen Weg zu finden, die Abnutzung des Horns zu verhindern, um die uneingeschränkte Gebrauchsfähigkeit und das Wohlbefinden des Pferdes zu gewährleisten. Die Notwendigkeit solcher Maßnahmen hängt zum großen Teil von Qualität und Härte des Horns ab, die durch klimatische Bedingungen und Bodenverhältnisse bestimmt werden. So findet man in einem heißen und trockenen Klima ein Pferd mit harten Hufen, das man beträchtlich beanspruchen kann, ohne es zu beschlagen; wohingegen ein feuchtes Klima zu weichem Horn führt, welches sich schnell abnutzt.

Die ersten Schutzmaßnahmen bestanden wahrscheinlich aus Sandalen aus geflochtenem Gras, die man Pferden anlegte, die auf dem Marsch lahmgingen. Dann folgten Ledersandalen, die mit Lederstreifen befestigt wurden, die später durch Metallplättchen oder Nieten verstärkt wurden, bis dann im Laufe der Zeit der Gedanke Gestalt annahm, den Huf durch eine Metallplatte zu schützen, die an die Hufwand genagelt wurde, die dann bald so geformt werden sollte, daß sie dem Pferd sicheren Halt gewährte oder einige Arten der Lahmheit linderte. Ohne angemessenen Schutz seiner Hufe kann ein Pferd die von ihm erwarteten Leistungen nicht erbringen. Will man über ein einsatzfähiges Pferd verfügen, muß man die Hufe gesund und funktionsfähig erhalten. Ein wirtschaftliches Pferd muß über einen hundertprozentig intakten Bewegungsapparat verfügen. Seine Hufe dürfen weder ausbrechen noch sich abnutzen. Andererseits darf die normale Funktion des Hufs nicht beeinträchtigt werden. Dies wird erreicht, wenn der Hufschmied das Eisen aufschlägt, ohne den Huf zu beschädigen oder zu verletzen. Dabei muß bedacht werden, daß der Huf ein lebendes und wachsendes Gebilde ist (ca. 1 Jahr dauert das Wachstum von der Krone bis zum unteren Tragrand) und daß eine normale Abnutzung nicht stattfinden kann, wenn er geschützt wird, und daß vor jedem Beschlag der Huf wieder auf seine normale Größe reduziert werden muß. Folglich setzten ein sachgemäßes Zurückschneiden des Hufes und das Aufbringen des Eisens eine gründliche Kenntnis der Anatomie und Funktion des Hufs voraus.

2. Geschichte

Die Angaben über die Frühgeschichte des Hufbeschlags sind widersprüchlich. In jedem Falle reicht sie vom Beginn der Anwendung der ersten Methoden, den Huf zu schützen, bis zum Zeitpunkt des Niedergangs des Römischen Reiches, einem Zeitpunkt, zu dem ein eiserner Rand mit Nägeln auf den Huf aufgeschlagen wurde.

Viele Gesichtspunkte müssen berücksichtigt werden, will man den Zeitpunkt festsetzen, an dem der Mensch erstmalig zu Hilfsmitteln griff, die dann mit der Zeit zum Hufeisen führten. Nach der Eisenzeit vollzog sich die Wanderbewegung der Pferde hauptsächlich von Turkestan über den Kaukasus nach Asien, und um 2000 v. Chr. bevölkerten sie den Mittleren Osten. Man nimmt an, daß die Assyrer (2000 v. Chr.) die ersten Hufschmiede hatten. Um 1400 v. Chr. kannten die Hettiter die Verwendung von Eisen. Als Folge der Kriege mit ihren Nachbarn gelangte dieses Wissen über ihre Handwerker nach Mesopotamien, nach Ägypten und in die Ägäis, um dann auf den Handelswegen der Bronzezeit nach Italien zu gelangen. In Mitteleuropa lernte man dieses Wissen um 700 v. Chr. kennen, nach England gelangte es nicht vor 400 v. Chr. Überlegungen müßten auch darüber angestellt werden, welches Volks oder welcher Stamm zuerst die Stärke, Schnelligkeit, Härte und Gelehrsamkeit des Pferdes erkannte und es für private und militärische Zwecke zähmte. Ebenso müßte die Umgebung eine bedeutende Rolle gespielt haben. Die Hitze und Trokkenheit der Länder des Mittleren Ostens führen zu sehr harten Hufen, die selbst stärkster Beanspruchung standhalten, während die Feuchtigkeit und Kälte des nördlichen Europas weiche Hufe zur Folge haben, die sich schnell abnutzen, wenn das Pferd gefordert wird. So kann ein Hufbeschlag, wie wir ihn verstehen, nicht vor der Zähmung des Pferdes zum Haustier begonnen haben und nicht ohne die Kenntnis von der Bearbeitung des Eisens, noch ohne klimatische Bedingungen, die ihn begünstigten.

Die alten Griechen

Die Annahme, daß die alten Griechen ihre Pferde beschlugen, ist weitverbreitet, aber ein Studium ihrer Skulpturen und Schriften stellt diese Vermutung sehr in Frage. Einige Textstellen bei Homer (ca. 1200–850 v. Chr.) haben zu der Annahme geführt, daß er einen Hufschutz aus Metall kannte. Er beschreibt die Pferde, die Neptuns Wagen zogen, als »messingfüßig« oder messingbehuft, bedient sich aber des gleichen Worts, wenn er die Stimme des Achilles als »messing-stimmig« charakterisiert. Obwohl Messing zu Zeiten des Homer allgemein benutzt wurde, gebrauchte er das Wort sicherlich in metaphorischer Weise in der Bedeutung von Stärke. Der Dichter Tryphidorus bemerkt, daß die Hufe des trojanischen Pferdes mit Eisen versehen wurden; aber er lebte auch im 5. und 6. Jahrhundert *nach* Christus, als der Hufbeschlag sich bereits durchgesetzt hatte.

Xenophon (430–354 v. Chr.), der griechische General und Schriftsteller, schrieb ausführliche Abhandlungen über die Kavallerieausbildung. Bezüglich der Auswahl des Pferdematerials hob er die Bedeutung hervor, die dem Huf zukommt, und sagte: »Hat er keinen guten Huf, so taugt er nicht zum Kriegspferd.« Einen guten Huf beschrieb er folgendermaßen: »Dick, nicht dünn, hoch, hohl und hart für die Gebrauchsfähigkeit zum Dienst.«

Vermutlich waren ihm Pferde mit flachen Hufen nicht unbekannt, und da er wußte, daß sie zu Sohlendruck neigen, betonte er die Bedeutung der Sohlenwölbung, von der er sagte, daß man sie erhalten müsse. Zu diesem Zweck empfahl er, einerseits den Stallboden mit runden Steinen zu pflastern und andererseits, ein Pferd, das zum Putzen nach draußen gebracht wird, auf steinigen Untergrund zu stellen. Man nahm an, daß die Hufe auf diese Weise gedehnt und damit gleichzeitig gestärkt und geschützt wurden. Zweifellos hätte Xenophon es nicht für notwendig gehalten, diese Methoden der Stärkung des Hufes so detailliert zu beschreiben, wenn Eisen damals schon benutzt worden wären. Interessant ist die Tatsache, daß die Armee Alexanders des Großen (356–323 v. Chr.) auf ihrem Marsch durch Asien oftmals einhalten mußte, weil die Pferde ihre Hufe abgenutzt hatten, lahm wurden und zurückgelassen werden mußten. Die Griechen portraitierten Einzelheiten naturgetreu und mit großer Genauigkeit auf ihren Skulpturen. Auf dem Parthenon-Fries (447 bis 438 v. Chr.) werden 110 Pferde dargestellt, und nicht eins davon ist beschlagen.

Im Gegenteil, die perfekte Form ihrer Hufe ist ein Zeichen dafür, daß keins von ihnen je beschlagen worden war. Angesichts dieser Beobachtungen und der Tatsache, daß das trockene Klima Griechenlands harte und widerstandsfähige Hufe begünstigt und daß kein griechischer Schriftsteller je in den Schriften über Kriegskunst, Tiere oder Landwirtschaft von Hufbeschlag spricht, ist anzunehmen, daß das Aufnageln eines eisernen Randes auf den Pferdehuf den alten Griechen weder bekannt war noch von ihnen praktiziert wurde.

Die Römer

Die Römer waren keine Reiternation und ihre Heere standen und fielen jahrhundertelang mit ihrer Infanterie. Tatsächlich übertrafen die alten Griechen die Römer, was die Fertigkeit im Umgang mit dem Pferd angeht, und vieles aus der römischen Literatur, das dieses Thema betrifft, scheint von den Griechen übernommen zu sein.

Die römischen Autoren Varro (116–25 v. Chr.) und Virgil (70–19 v. Chr.) betonen – wie ihre griechischen Kollegen – die Notwendigkeit, Pferde mit harten Hufen zu selektieren. So empfiehlt Columella (40 v. Chr.) in seinen Schriften über Veterinärmedizin, nicht nur beim Pferdekauf auf harte, aufrechte und gewölbte Hufe zu achten, sondern für die Fohlenaufzucht Bergweiden und andere unwirtschaftliche Stellen auszuwählen, um die Hufe zu festigen, so daß sie der Abnutzung widerstehen und langen Reisen gewachsen sind.

Suetonius (70–140 n. Chr.), der über die Extravaganzen des Kaisers Nero (37–68 n. Chr.) berichtet, gibt an, daß er nie mit weniger als 4000 vierrädrigen Wagen reiste, die von Maultieren gezogen wurden, welche mit Silber beschlagen waren. Poppaea, seine Frau, die nicht zurückstehen wollte, befahl, ihre Lieblingsmaultiere mit Gold zu beschlagen. Dies wird oftmals als Beleg dafür angeführt, daß die Römer ihre Pferde beschlugen. Das Wort »beschlagen« kann hier aber nicht in seiner Grundbedeutung verstanden werden. Abgesehen von anderen Erwägungen sind Gold und Silber weiche Metalle und von daher äußerst ungeeignet als Hufeisenmaterial. Die wahrscheinlichste Erklärung ist die, daß die Hufe entweder mit Gold oder Silber überzogen wurden, oder aber die Fesseln der Maultiere mit Silber- oder Goldverzierungen geschmückt wurden.

Um der Inflation Herr zu werden, gab der Kaiser Diokletian (245–318 n. Chr.) ein Edikt heraus, das die Obergrenze der Gehälter festsetzte, einschließlich derer, die an den Maultierdoktor für das Ausschneiden, Pflegen und Zurückschneiden der Pferde- und Maultierhufe gezahlt wurden. Wäre Hufbeschlag üblich gewesen, so hätte man ihn hier sicher berücksichtigt. Diese Auffassung wird untermauert durch die Schriften des Vegitus Renatus Flavius (etwa 375 n. Chr.), der in einer militärischen Abhandlung alle Teile einer Armeeschmiede aufzählt, aber weder Hufbeschlagspersonal noch Hufbeschlagswerkzeug erwähnt. Ebensowenig geschieht dies in den Werken des Vegitus Renatus Publius (etwa 375 n. Chr.) über Veterinärmedizin. Er gibt genaue Anweisungen zur Harterhaltung der Pferdehufe und zum Kürzen derselben, erwähnt aber mit keinem Wort einen Beschlag der Hufe, noch Unfälle, die damit verbunden sind. Die Römer – und vor allem ihre Bildhauer – nahmen es äußerst genau mit allem, was ihre Pferde betraf, und so ist es nicht ohne Bedeutung, daß auf der Trajan-Säule (etwa 130 n. Chr.) kein beschlagenes Pferd dargestellt ist und keins der Reiterdenkmäler von Pompeji Eisen aufzuweisen hat. Gleichwohl die römischen Autoren durchweg die Notwendigkeit harter Hufe und Methoden, sie zu erhalten, betonen, erwähnen sie in keinem Falle einen Hufbeschlag. Aus ihren Schriften geht jedoch hervor, daß verschiedene Formen des Hufschutzes bei Bedarf zur Anwendung kamen. Das Wort Soleae wird in der Bedeutung Schuhwerk für Pferde gebraucht. Es handelte sich dabei wahrscheinlich um eine relativ kurzlebige Errungenschaft, etwa wie ein Lederstiefel. Soleae sparteae waren höchstwahrscheinlich Stiefel aus geflochtenem Seil, vergleichbar dem Material, aus dem man Körbe herstellt. Man glaubt, daß sie – ihrer vergänglichen Natur wegen – den Pferden nur vorübergehend und in Notfällen angelegt wurden; Pferden mit Sohlendruck auf dem Marsch oder zum Schutz von Verbänden. Der Begriff Soleae ferreae wird im allgemeinen in der Bedeutung »eisernes Schuhwerk« übersetzt. Gegen Ende des Römischen Reiches mag dies den Tatsachen entsprochen haben, da die Hufe der Pferde mit Eisen beschlagen wurden. Aber bevor die Römer mit den Galliern und Kelten in Kontakt kamen, bezeichnete dieses Wort wahrscheinlich eine Art von Stiefel aus Leder mit metallbeschlagenen Sohlen, ähnlich der römischen Sandale. Solche Stiefel waren leicht zu transportieren und konnten entweder für Pferde mit Sohlendruck verwandt werden oder als Schutz, wenn das Gelände dies gebot.

Pferdesandalen

Es gibt verschiedene Arten von Pferdesandalen, doch bestehen alle aus Eisenplatten mit hochgezogenen Seitenstücken und einem Haken vorne und hinten (Abb. 1). Sie sind von beträchtlichem Interesse, denn man weiß nicht genau, wozu sie dienten, obwohl allgemein angenommen wird, daß sie »Schuhwerk« für Pferde waren und mit Kordeln oder Lederstreifen befestigt wurden. Sie bestehen aus hochwertigem Eisen,

Abb. 1 Typische Form einer Pferdesandale, wie sie in Arrington Bridge in der Nähe von Cambridge gefunden wurde.

sind erstklassig gearbeitet und ihre Unterfläche ist gerillt, als hätte man sie rutschfest machen wollen. Sie zu schmieden erforderte eine beträchtliche Menge Zeit und viel Eisen. In der vorrömischen Zeit sind sie nicht nachzuweisen, aber sie wurden überall dort gefunden, wo die Römer siedelten, von Italien bis England. Skelette von Pferden wurden ausgegraben, bei denen Pferdesandalen noch an den Hufknochen saßen. Trotzdem gab es Vermutungen, daß sie benutzt wurden, um zum Beispiel Steigbügel zu befestigen oder sogar als Halterung für Wachskerzen. In irgendeiner Weise haben sie mit dem Pferd zu tun, da besteht kein Zweifel, und es wird weithin angenommen, daß sie Vorläufer des aufgenagelten Hufeisens sind. Pferdesandalen können nicht sonderlich praktisch gewesen sein, da es den Pferden sicherlich schwer fiel, größere Strecken darin zurückzulegen oder sich schnell darin fortzubewegen, und sie sind zu klein, um als Schneeschuhe oder bei der Arbeit auf moorigen Böden gedient zu haben.

Römisch-gallische und römisch-britische Zeit

Die Sitte, Pferd und Reiter zusammen zu begraben, ist uralt, und der Fund von Hufeisen führt zu der Annahme, daß die Gallier und Kelten wahrscheinlich die ersten waren, die die Hufe ihrer Pferde durch das Aufnageln eines eisernen Randes schützten. Es ist nicht leicht, das Alter von Hufeisen nachzuweisen, denn Eisen oxydiert schnell und verrottet nach kurzer Zeit; doch man verfügt über genug Funde aus exakt datierbaren und bestimmbaren Lagerstätten und keltischen Hügelgräbern überall im nördlichen Europa, um sagen zu können, daß sie höchstwahrscheinlich bereits vor der Invasion der Römer und mit Sicherheit während der römischen Besatzungszeit in Großbritannien benutzt wurden. Die Kelten, ein Volk der Eisenzeit, waren um 450 v. Chr. nach Großbritannien gekommen. Sie waren erfahren in der Bearbeitung von Eisen, stellten Pflüge und Waffen her. Pferde dienten überall zum Reiten und Ziehen ihrer Streitwagen. Das feuchtnasse Klima begünstigte weiche

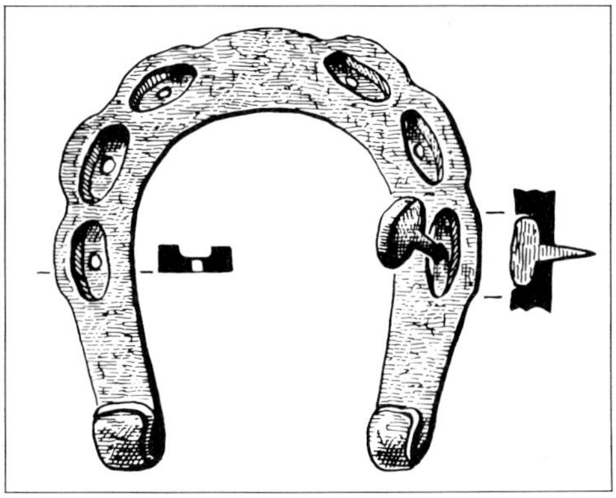

Abb. 2 Ein typisches Kelteneisen.

Hufe, und es ist anzunehmen, daß dieses Volk bald die Vorteile zu schätzen wußte, die sich durch das Aufnageln eines eisernen Randes auf die Hufe ihrer Pferde ergab und diese vor Lahmheiten schützte.
Kelteneisen sind klein, nicht mehr als 2 cm breit und ihre Schenkel haben wellige Konturen, die durch das Stanzen runder Nagellöcher entstanden. Während die Unterfläche leicht konvex geformt ist, sind die Nagellöcher umgekehrt gestanzt. Hierdurch ist eine flache Oberfläche zum Huf hin gewährleistet. Einige Eisen sind glatt, während andere hochgebogene Enden haben, die Stollen bilden (Abb. 2 und Abb. 3 a). Die Beschlagsnägel dieser Zeit haben kurze, runde Klingen, und der Nagelkopf ist Violinschlüssel-förmig. Eisen und Nägel dieses Typs wurden in Gallien und Britannien in solchen Gegenden gefunden, die zwischen 50 v. Chr. und 50 n. Chr. besetzt waren. Auf den ersten Blick machen sie einen sehr primitiven Eindruck, aber bei näherer Untersuchung stellt sich heraus, daß sie bis ins letzte durchdacht sind. Das Eisen schützte die Hufsohle nicht zuletzt durch seine wellige Form und ließ ein normales Funktionieren von Sohle und Strahl zu. Die Violinschlüssel-förmigen Nagelköpfe wurden in Schlitze eingelassen, um ihnen Stabilität zu verleihen und sie gebrauchsfähig zu erhalten.
Klassische Kelteneisen für Pferde und Maulesel mit eingeschlagenen Violinschlüssel-köpfigen Nägeln wurden an römischen Fundorten in London vorgefunden. Ob diese Eisen von römischen oder britischen Handwerkern angefertigt wurden, läßt sich nicht nachweisen, wirft aber die Frage auf, wie lange man brauchte, um die Mängel eines Eisens mit welliger Außenlinie, das mit rundklingigen Nägeln aufgeschlagen wurde, zu überwinden. In römischen Ausgrabungen in den Kiesschichten des Themseufers fand man ein glattes Eisen mit quadratischen Nagellöchern. Diese Ablagerungen sind klar geschichtet und stammen aus dem ersten und zweiten Jahrhundert (Abb. 3 [b]). Alles in allem ist anzunehmen, daß die Gal-

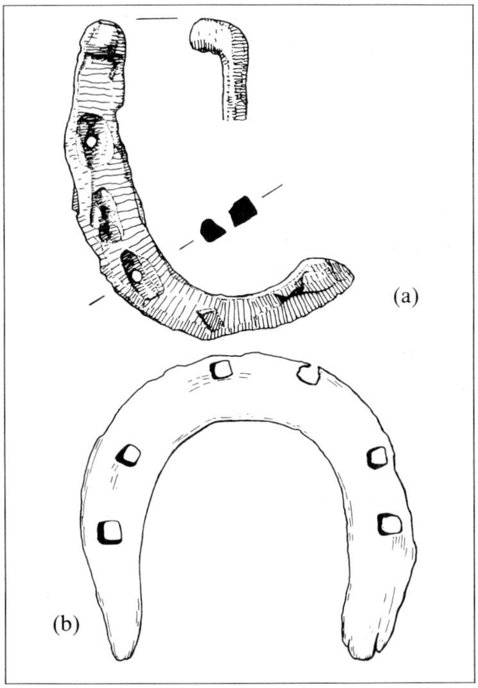

Abb. 3 a) Typisches Exemplar eines Kelten- oder römisch-britischen Eisens (Fundort: Brough, Westmorland 1847), charakterisiert durch seine wellige Form, Vertiefungen, um die Violinschlüssel-köpfigen Nägel aufzunehmen und hochgebogene Schenkelenden, die wie ein Stollen wirken. – b) Ein einfaches, römisches Eisen mit quadratischen Nagellöchern; Fundort: die römischen Kiesschichten des Themseufers.

lier und Kelten die ersten Völker waren, die ihren Pferden Eisen unternagelten, und daß die Römer diese Kunst erst von ihnen erlernen sollten. Als die römischen Legionen Britannien verließen, hatte römischer Geist, verbunden mit britischer Handwerkskunst, die Defekte des Kelteneisens überwunden und sie durch glatte Eisen ersetzt, die mit eckigen Nägeln befestigt wurden.

Das Mittelalter (500–1500)

Nachdem die Römer Britannien über das Meer verlassen hatten, scheint sich das Modell des Hufeisens bis zur Ankunft der Normannen wenig verändert zu haben. Soweit überhaupt eine Veränderung festzustellen ist, tendierten sie zu mehr Breite und Gewicht, als die Eisen der römisch-britischen Zeit (Abb. 4).

Die normannischen Ritter brachten viele Pferde nach England und maßen dem Hufbeschlag zweifellos große Bedeutung zu, denn ihre Schmiede begleiteten sie. Die Zuwanderung dieser Schmiede muß die Kunst in Britannien beträchtlich beeinflußt haben. Wilhelm der Eroberer erkannte die Bedeutung des Hufbeschlags in vollem Umfang

Abb. 4 Typische Hufeisenform aus dem Mittelalter. Breit geschmiedetes Eisen mit ganz feinen Nagellöchern.

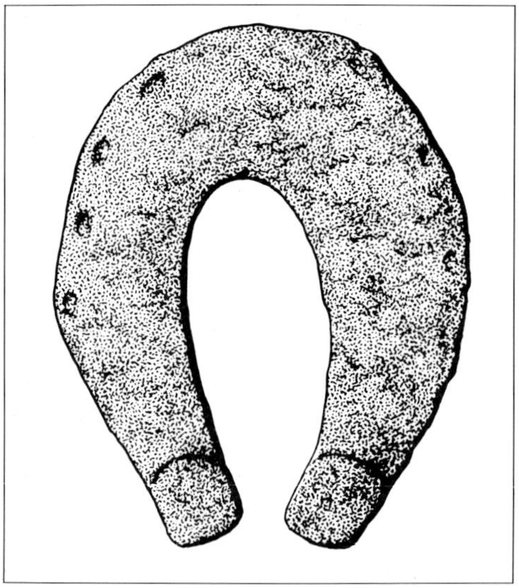

an. So ernannte er Henry de Farrariis zum Obersten seiner Schmiede und schenkte Simon St. Liz die Stadt Northampton und den ganzen Bezirk von Falkley für die Versorgung seiner Pferde mit Eisen. Man würde annehmen, daß es im 13. und 14. Jahrhundert nicht allgemein üblich war, Pferde zu beschlagen, sondern daß man dies auf Zeiten übermäßiger Beanspruchung der Hufe beschränkte, wie z. B. Reisen sie darstellen oder die frostige Jahreszeit, in der ein Gleitschutz nötig war. Berichte über die Landwirtschaft jener Zeit enthüllen jedoch, daß viele Bauernpferde beschlagen waren, und wenn man versucht auszurechnen, wieviele Eisen aus einer vorgegebenen Menge Eisenerz gefertigt wurden, stellt sich heraus, daß sie mit kaum mehr als einem Halbeisen beschlagen waren.

Als Edward II. im Jahre 1359 mit seinen Heerscharen gen Frankreich zog, gehörten Schmieden zur Herstellung von Hufeisen zur Ausrüstung, und es waren wahrscheinlich die ersten Feldschmieden, die von einer britischen Armee je in einem Feldzug mitgenommen wurden. Im 15. Jahrhundert wurden große Mengen an Hufeisen aus Flandern und Schottland eingeführt. Bemerkenswert ist, daß diese groß und gefalzt waren.

Obwohl das Mittelalter keine bemerkenswerte Weiterentwicklung in der Kunst des Hufbeschlags brachte, wurde seine Bedeutung erkannt. So institutionalisierte der Bürgermeister von London im Jahre 1356 das Schmiedehandwerk. In jenem Jahr rief er eine Zusammenkunft der Schmiede ein, weil: »viele Übertretungen und Gefahren« durch jene verursacht wurden, die in der Stadt Schmieden unterhielten und viele Pferde dadurch verlorengingen. Hierauf folgte die Gründung der Innung der »Marshalls of the City of London« und die Ernennung von Aufsichtspersonen, die ermächtigt wurden, das Handwerk zu verwalten.

16. und 17. Jahrhundert

In diesen Jahrhunderten erschienen in Italien und Frankreich Bücher über Hufbeschlag. Das bedeutendste ist eine vollständige Abhandlung von Caesar Fiaschi, die 35 Kapitel umfaßt. Es handelt sich um ein sehr bemerkenswertes und für seine Zeit fortschrittliches Buch, das bald in die französische Sprache übersetzt werden sollte und 1564 in Paris herausgegeben wurde. Der Autor beschreibt 20 verschiedene Eisen, einschließlich des Steghufeisens und des abgedachten Eisens, eines Eisens mit verlängertem Vorderteil und eines Dehnungseisens, dessen Schenkel an der Vorderseite mit einem Scharnier zusammengefügt waren. Außerdem macht er Angaben zum Ausschneiden der Hufe, über die Form der Nägel, Stollen und über halbe Eisen.

Gegen Ende des 16. Jahrhunderts veröffentlichte Carlo Ruini, ein Senator aus Bologna, ein ausführliches Werk über Anatomie und Krankheiten des Pferdes. Er warnte vor dem Mißbrauch, die Sohle zu beschneiden, die Hornballen zu öffnen und mit hohen Stollen zu beschlagen. Er empfahl, Zwanghufe mit Eisen zu beschlagen, die dünne Schenkelenden hatten, damit der hintere Teil des Hufs mit dem Boden in Kontakt kam. Die bedeutendsten Beiträge zur Schmiedekunst dieser Zeit finden wir jedoch in den Veröffentlichungen des Franzosen Jacques Labessie de Solleysel, die in viele Sprachen, einschließlich Englisch, übersetzt wurden. Der Autor versuchte, der Kunst des Hufbeschlags eine wissenschaftliche Basis zu verleihen. Er forderte, daß das Eisen dem Huf angepaßt sein müsse und daß die Sohle nicht beschnitten werden dürfe, und verbot das Öffnen der Trachten. Er empfahl den Gebrauch von kleinen, dünnen Nägeln und wies darauf hin, daß die Nägel an der Hufspitze wegen der dickeren Außenwand besser halten als an den Trachten. Er empfahl hohe Stollen und ein Eisen, das so leicht wie möglich sein sollte.

In England erschien in jener Zeit nur ein erwähnenswertes Buch über Hufbeschlag. Der Autor war Thomas Blundevil, der in seinen Ansichten stark durch französische und italienische Autoren geprägt wurde. Doch anstatt die guten Ratschläge aus diesen Veröffentlichungen zu übernehmen, machte er den Fehler, exzessives Beschneiden und Raspeln der Hufe zu empfehlen. Doch Andrew Snape, Hufschmied Karls des Zweiten, wies in seinem Buch »Anatomie des Pferdes« besonders auf die Struktur des Hufes hin und erwies der Hufschmiedekunst damit einen großen Dienst.

Im 16. und 17. Jahrhundert wurden auch in England die unterschiedlichsten Beschlagmethoden ausgeübt, und soweit eine Weiterentwicklung des Handwerks stattfand, war diese weitgehend auf italienischen und französischen Einfluß zurückzuführen. Doch die Wichtigkeit des Hufbeschlags wurde immer mehr öffentlich anerkannt. Die Stadt London unternahm einen weiteren Schritt, die Anerkennung des Handwerks durch Statuten zu festigen. Die Gemeinschaft der Hufschmiede, die 1356 gegründet worden war, wurde durch einen Erlaß Karls des Zweiten inkorporiert, und im Jahre 1692 wurde die Hufschmiedeinnung als Gilde der Stadt London vom Rat der Stadt begründet.

Gründung der Veterinärschulen (18. und 19. Jahrhundert)

Es ist anzunehmen, daß mit der Gründung von Veterinärschulen vermehrt Wissen über die Anatomie und Funktion der Hufe vermittelt wurde und dem Hufbeschlag zugute kam. Gegen Ende des 18. Jahrhunderts und in der ersten Hälfte des 19. Jahrhunderts erschienen eine große Zahl von Veröffentlichungen über Hufbeschlag. Hier sollen jedoch nur die Erwähnung finden, die das Handwerk zum Guten oder auch zum Schlechten beeinflußten. Es war eine Zeit der Experimente und eine Zeit des Dogmatismus, der schädlichen Praktiken, die auf unrichtigen Schlußfolgerungen basierten, Tür und Tor öffnete. So sollten viele Jahre vergehen, bis man eine Hufbeschlagspraxis anerkannte, die auf wissenschaftlich fundierten Kenntnissen der Anatomie und Physiologie beruhte. In Frankreich trugen die Ansichten des Etienne Guillaume Lafosse entscheidend dazu bei, die Hufbeschlagskunst als Wissenschaft anzuerkennen. Er begründete seine Darstellungen auf einem Studium der Anatomie und Funktion des

Hufs; letzteres unter Berücksichtigung der natürlichen Abnutzung. Er zeigte auf, daß nur die Hufwand abgenutzt wird, und daß weder Strahl noch Hufsohle zurückgeschnitten werden sollten, da sie ein Rutschen des Pferdes verhindern.

Auf Grund seiner Untersuchungen war er in der Lage zu beweisen, daß viele der Hufbeschlagsmethoden, die in Mode waren, den Hufen schadeten; daß sie die Hufe nicht schützten und gesund erhielten, sondern zu Verletzungen führten, und er schlug vernünftige Alternativen vor. So empfahl er ein Eisen mit flacher Trage- und Bodenfläche, mit dünnen Schenkeln, und beschränkte den Gebrauch von Stollen auf Situationen, in denen Rutschgefahr bestand. Doch obwohl seine Veröffentlichungen viele gute und vernünftige Ratschläge enthielten, fand er nur zögernd Anerkennung.

Den größten und dauerhaftesten Einfluß auf den Hufbeschlag Frankreichs hatte zu dieser Zeit der bekannte Tierarzt Claude Bougelet. Er vertrat den Standpunkt, daß der Huf in seiner natürlichen Form erhalten werden solle und empfahl ein Eisen, das nach seinen Beobachtungen über die Mechanik der Gliedmaßen entwickelt worden war. Das von ihm empfohlene Eisen war der Länge nach leicht gebogen, vorn breiter als an den Enden; die Nagellöcher waren in regelmäßigen Abständen gearbeitet (Abb. 5). Dieses Eisen hat sich in kaum gewandelter Form in Frankreich bis weit in das 20. Jahrhundert erhalten.

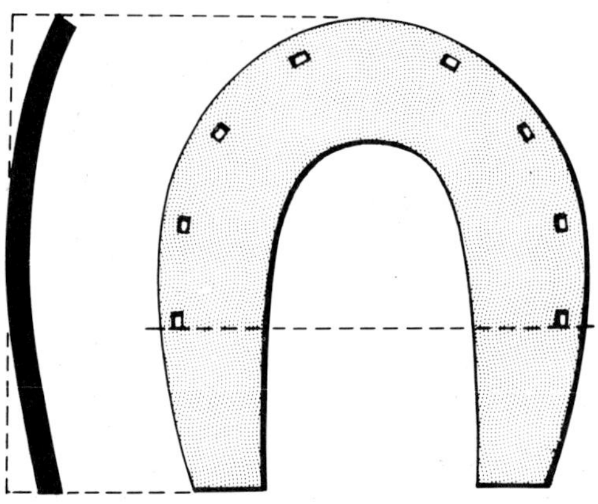

Abb. 5 Bougelet-Hufeisen, vorn breiter als an den Enden und der Länge nach leicht gebogen.

In England wurden in dieser Zeit drei erwähnenswerte Bücher über die Anatomie und den Beschlag von Pferdehufen veröffentlicht. Jeremiah Bridges, der erste von ihnen, war gegen schwere Eisen und ein übertriebenes Kürzen des Hufs. Außerdem beschrieb er eine neue Methode zur Bekämpfung der Zwanghufbildung, zu der Eisen gehörten, die schräge Aufzüge an der Innenseite der hinteren Hornwand haben, um diese nach außen zu drücken. Die fünf Einschnitte, die er an der Außenwand des Hufs so tief machte, bis sie auf das Leben trafen, ist vermutlich der Vorläufer dessen, was man heute als Entlastungsrinnen bezeichnet.

William Osmers Beitrag baute auf den Lehren von Lafosse auf. Er sprach sich für solch unerwünschte Methoden wie das Beschneiden von Sohle und Strahl aus, propagierte das Öffnen der Trachten und betonte, daß Eisen mit kurzen Schenkeln, wenn sie zu lange unter dem Huf bleiben, zu Sohlendruck und Steingallen führen. Zweifellos hat James Clark, Hufschmied seiner Majestät für Schottland, sich die meisten Verdienste um den Hufbeschlag erworben. Er hatte ein gutes Gespür für die Materie und entwickelte ein gut durchdachtes, brauchbares Eisen, das dem natürlichen Tritt und der Form des Hufes angepaßt war. Es handelte sich um ein konkav ausgehöhltes, leichtes Eisen, das den Druck auf die Sohle reduzieren sollte (Abb. 6). An der Vorderseite war es breit und hatte schmalere Schenkel, um den Strahl nicht einzuengen, und es wurde mit nur acht statt der sonst im 16., 17. und 18. Jahrhundert üblichen zehn Nägel am Huf gehalten. Die Empfehlungen dieser Praktiker bedeuteten einen großen Fortschritt im Hinblick auf eine zufriedenstellende Hufeisenform und basierten auf wissenschaftlich fundierten Kenntnissen von Anatomie und Funktion des Hufs. Dennoch sollte es noch viele Jahre dauern, bis sie all-

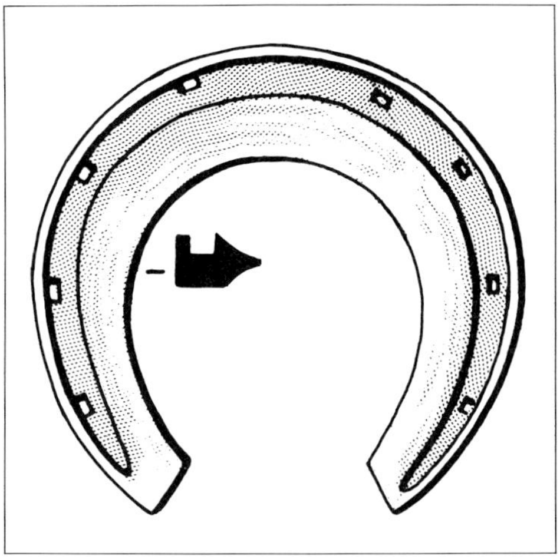

Abb. 6 Clark-Hufeisen. Ein konkaves Eisen, leicht nach außen versetzt und an der Vorderseite breiter als an den Schenkelenden.

gemein Anerkennung fanden und in der Praxis verwendet wurden. Als das Veterinär-College 1791 in London gegründet wurde, hatte die Zeit der wissenschaftlichen Forschungen gerade erst begonnen. Man könnte annehmen, daß die damaligen Kenntnisse der Anatomie des Pferdehufs, verbunden mit den praktischen und theoretischen Untersuchungen seiner genauen Funktion, bald dazu geführt hätten, die Hufbeschlagskunst als etablierte Wissenschaft anzuerkennen; doch dies war nicht der Fall. Widersprüchliche, jedoch hartnäkkig vertretene Ansichten vieler bedeutender Tierärzte verwirrten und verärgerten den Pferdebesitzer wie den Hufschmied. Professor Edward Coleman, Rektor des Londoner Veterinär-Colleges, und sein Schüler Bracy Clark bildeten da keine Ausnahme. Coleman war durch und durch Mediziner. Er beachtete nicht das so wichtige Verhältnis zwischen der Anatomie des Hufs und seiner Funktion, und die Folge davon war eine Reihe falscher Schlußfolgerungen. Er vertrat extreme Ansichten über die Bedeutung der Elastizität und Ausdehnung des Hufs und Strahls und der Druckverhältnisse am hinteren Teil des Hufs. In diesem Zusammenhang empfahl er, die Sohle so stark auszuschneiden, daß sie auf Daumendruck reagierte, und um den Druck auf den Strahl zu gewährleisten, führte er zahlreiche künstliche Hufkissen ein. Bracy Clark übernahm Colemans Ansichten. Er selbst war besessen von der Idee, die Sohle zu senken und den Huf seitlich zu dehnen. Er versuchte zu beweisen, daß Eisen überflüssig sind, und als offensichtlich wurde, daß sie zum Schutz der Hufe unerläßlich waren, führte er verschiedene nagellose Eisen ein, denen – wie man sich vorstellen kann – kein Erfolg beschieden war. Seiner Meinung nach war die Unnachgiebigkeit der Eisen für die meisten Hufkrankheiten verantwortlich, und um hier Abhilfe zu schaffen, entwickelte er ein Scharnier-Eisen, das dem Eisen ähnlich sah, welches Caesar Fiaschi im Jahre 1564 skizzierte (Abb. 7). Auch dieses Eisen sollte ein Mißerfolg werden, denn er hatte nicht bedacht, daß die Schenkel des Eisens an die Hufspitze genagelt wurden, die sich ja bekanntlich nicht ausdehnen kann. So wie Coleman behauptete er, die Sohle dürfe nicht mit dem Boden in Kontakt kommen, und vertrat ähnliche Ansichten bezüglich des Strahls. Zweifellos hatten die unrichtigen Schlußfolgerungen dieser zwei Männer

Abb. 7 Scharnier-Eisen. Ein Mißerfolg, weil die Schenkel des Eisens an die Hufspitze genagelt wurden, die sich nicht ausdehnen kann.

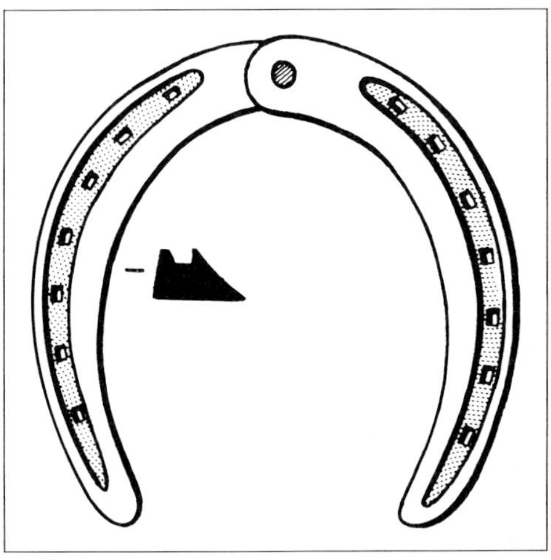

über die Dehnung und die Senkung der Sohle im normal funktionierenden Huf und ihre Praktiken zur Unterstützung dieser Funktionen einen unseligen Einfluß auf die Praxis des Hufbeschlags, der zu dem, leider so häufigen, Zanghuf-Syndrom beitrug. Das Militär führte 1778 bei der Kavallerie ein genormtes Regimentseisen ein, und ein Hufschmied, der sich nicht an dieses Muster hielt, mußte mit körperlicher Züchtigung als Strafe rechnen. Der zehnte Earl of Pembroke hatte dieses Eisen nach einem Eisen entworfen, das sein Lehrmeister, James Clark aus Edinburgh, empfohlen hatte. Die Vorschriften und Anweisungen für die Kavallerie von 1795 enthielten u. a. Instruktionen für den Beschlag der Pferde. So wurde ein Standard-Eisen mit flacher Trage- und Bodenfläche benutzt; Sohle, Strahl und Eckstreben des Hufs durften nicht beschnitten werden. Weitere Anweisungen betrafen die Hufpflege bei Weidepferden; die Zehe war kurz zu halten und die Kante der Hornwand rund zu raspeln. 1820 veröffentlichte Joseph Goodwin, Tierarzt Georgs des Vierten, Einzelheiten über einen neuen Hufeisentyp, der eine konkave Unterfläche hatte, um dem Pferd einen sicheren Stand zu geben und dessen Oberfläche sich von innen nach außen neigte, um eine Dehnung zu fördern und einer Zwanghufbildung entgegenzuwirken (Abb. 8). Dieses Eisen wurde nur zögernd akzeptiert, und seine Herstellung wie auch die Anpassung an den Huf erwiesen sich als schwierig.

Abb. 8 Goodwins Hufeisen. Ein konkaves Eisen mit geneigter Tragefläche, um eine Dehnung des Hufs zu fördern.

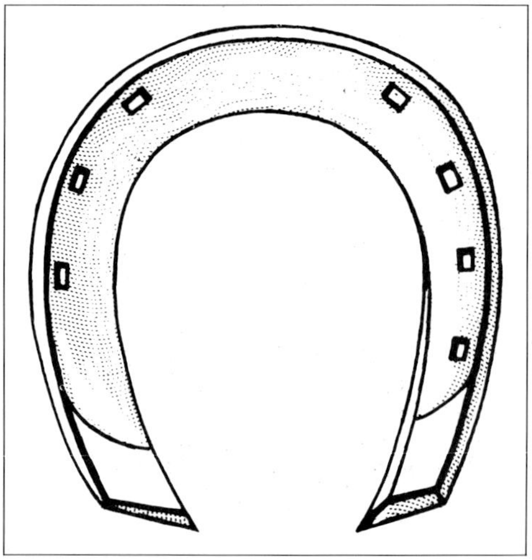

William Youatt schrieb Mitte des 19. Jahrhunderts, daß der Strahl das Gewicht unterstütze, daß er eine Dehnung des Hufs begünstige und daß man ihn weder zurückschneiden noch den Kontakt mit dem Boden unterbinden dürfe, damit kein Zwanghuf entstände. Dennoch vertrat er die Ansicht, daß der Strahl nur hin und wieder mit dem Boden in Kontakt kommen müsse, und er empfahl daher, ihn so auszuschneiden, daß er plan mit dem Eisen war. So wie viele seiner Kollegen war auch er von der Idee besessen, die Sohle zu senken, und empfahl, sie auszuschneiden, bis sie auf Druck reagierte. Die Senkung sollte durch ein breites Eisen ermöglicht werden. Die Sitte, die Sohle zu senken (und damit seine Verstümmelung) verschwand nur langsam, und einige Schmiede handelten noch im zwanzigsten Jahrhundert danach. Doch Sir Frederick Fitzwygrams »Notes on Shoeing Horses«, das 1863 erschien, sollte all diesen irrationalen Schlußfolgerungen über die Anatomie und Funktion des Hufs beim Hufbeschlag ein Ende setzen. Dies war ein bewundernswertes Werk, vom gesunden Menschenverstand geprägt, das sich für die Erhaltung des Hufs in seiner ursprünglichen Form und die Erhaltung von Sohle und Strahl aussprach. Er empfahl ein Eisen, das dem von Goodwin ähnlich war, aber eine flache Oberfläche hatte und eine leichte Zehenrichtung. Obwohl es sich hier um ein gut durchdachtes, brauchbares Eisen handelte, fand es keine allgemeine Anerkennung und Anwendung, denn es war schwer zu schmieden und anzupassen.

1865 führte M. Charlier, praktischer Tierarzt in Paris, den Preplantar-Beschlag ein, den man allgemein das »Charlier-System« nennt. Seine Methode, einen dünnen Eisenstreifen in die Hornwand einzulagern, eine Methode, die physiologisch vertretbar ist,

setzte sich weithin durch. Eine Rille wird mit einem Spezialmesser in die Hornwand geschnitten, die Breite und Tiefe reguliert und einen perfekten Sitz ermöglicht (siehe Abb. 9).
Es ist schwierig, den Huf für ein Charlier-Eisen vorzubereiten, und das Anpassen und Annageln des Eisens bringt auch Probleme mit sich. Der Verbund zwischen Sohle und Hornwand wird durch die Rille beeinträchtigt, das Gewicht wird nicht gleichmäßig auf die Hornwand und den Rand der Sohle verteilt, sondern wird jetzt allein von der Hornwand getragen. Notwendigerweise muß das Eisen dünn sein, es wird schnell abgenutzt, bricht und führt zu Verletzungen des gegenüberliegenden Beins. Aus diesem Grunde ging man zu einem kurzen Charlier-Eisen über (Abb. 10), das praktisch nur die Funktion eines Halbeisens hatte. Das Charlier-Eisen entsprach nicht den Erwartungen und wurde nach umfassenden Versuchen abgelöst. Gegen Ende des 19. Jahrhunderts hatten die Veröffentlichungen solch bedeutender Tierärzte wie George Fleming, A. W. Dollar und William Hunting den Hufbeschlag sowohl als Kunsthandwerk wie als Wissenschaft gefestigt, die bezüglich der Kenntnisse von Anatomie und Physiologie des Hufs auf festen Füßen stand. Die kor-

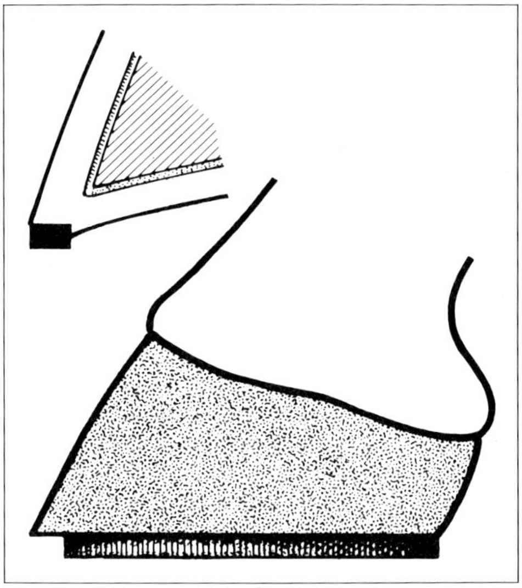

Abb. 9 Das »Charlier-System«. Ein Streifen Horn wird ausgeschnitten, um eine Rille in der Hornwand zu erhalten, in die ein dünnes Eisen eingelegt wird.

Abb. 10 Ein kurzes oder abgewandeltes Charlier-Eisen. Es wurde eingeführt, um die Nachteile eines vollen Eisens zu überwinden, dient aber nur als Halbeisen.

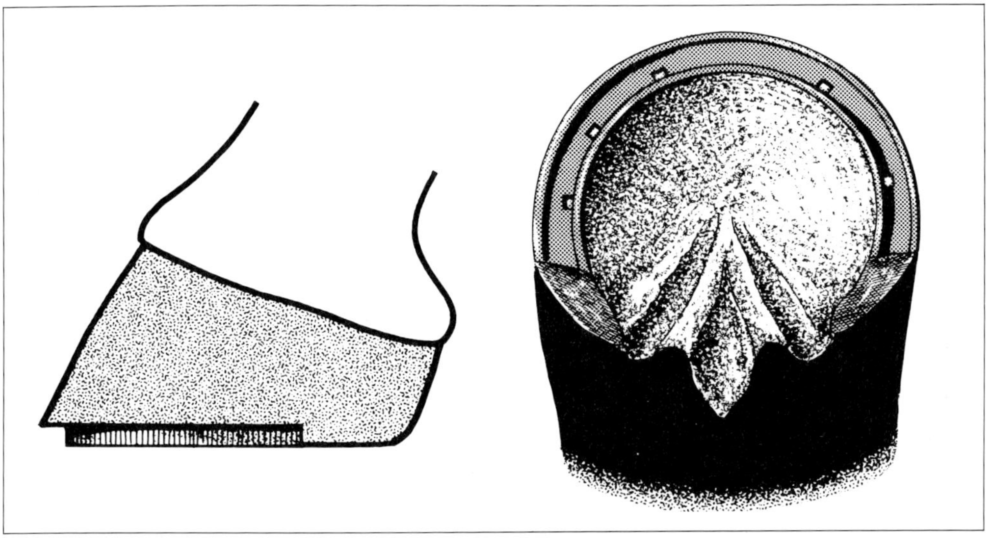

rekten Schlußfolgerungen dieser Erkenntnisse führten zu einem Eisen, das richtig am Huf saß, um ihn zu schützen und gleichzeitig seine natürlichen Funktionen zu erhalten. 1889 beschloß die traditionelle Hufschmiede-Innung, eine Organisation zu gründen zur Förderung des Fachhandwerks in der Schmiedekunst und die Erfassung der Schmiede in London und im Landesinnern.
In den Jahren 1890–91 erarbeitete sie ein Konzept für die Registrierung von Hufschmieden und eine Prüfungsordnung. Zuerst mußten die Prüflinge lediglich eine kurze theoretische Prüfung bestehen, um Hufschmied zu werden, aber dies sollte sich bald ändern und das Innungszertifikat »The Company's Certificate of Registered Shoeing Smith«, das eine praktische und theoretische Prüfung voraussetzte, fand volle Anerkennung. Die höheren Qualifikationen des »Associate« und des »Fellow« der Innung wurden 1907 respektive 1923 eingeführt. Außerdem begannen auch andere Organisationen, sich für eine Förderung der Hufschmiedelehre zu interessieren und das Ausbildungsniveau zu heben. Die nationale Schmiedevereinigung und die Gesellschaft der Agraringenieure führten einen Ausbildungsplan ein, der Rat der Grafschaft Berkshire errichtete eine Wanderschule für die Hufschmiedeausbildung, und die landwirtschaftlichen Gesellschaften machten sich sehr verdient durch das Ausschreiben von Schmiedewettbewerben auf ihren Schauen.

3. Die Zukunft

Es wird oft gesagt, daß die Blütezeit der Pferdezucht dahin sei. Wahr ist, daß das Pferd nicht mehr von ausschlaggebender Notwendigkeit für die Landwirtschaft und das Militär ist und daß das Transportsystem des Landes nicht mehr von ihm abhängt. Dennoch hat das Pferd nach wie vor einen bedeutenden Anteil an der Wirtschaft des Landes, vor allem durch das Vollblutwesen. Außerdem spielt es weiterhin eine bedeutende Rolle im Sport, Spiel und in einer Reihe von Freizeitbeschäftigungen. Hierzu zählen Jagden, Rennen, Polo, Hindernisrennen, Springturniere und die vielen Aktivitäten, die von den Reit- und Fahrvereinen und Ponyclubs weltweit unternommen werden. Nach dem Ersten Weltkrieg gingen die Pferdezahlen beständig zurück, und nach und nach verschwand das Pferd von der Straße und dem Bauernhof. Gegen Ende des Zweiten Weltkriegs sanken die Pferdezahlen wegen der rapiden Mechanisierung auf allen Gebieten so gewaltig ab, daß viele befürchteten, daß die Tage des Pferdes gezählt wären. Folglich sank der Bedarf an Schmieden, und die Zukunft des Handwerks sah schwarz aus, zumal die meisten praktizierenden Schmiede die Lebensmitte überschritten hatten und vorauszusehen war, daß die junge Generation diesen Beruf nicht ergreifen würde.
Hufbeschlag ist sowohl eine Kunst wie auch eine Wissenschaft, und es ist von grundlegender Wichtigkeit, daß die Personen, die das Handwerk ausüben, wissenschaftlich fundierte Kenntnisse erwerben.

KAPITEL II

Die Anatomie der Vorder- und Hintergliedmaßen

Anatomie ist die biologische Wissenschaft, die sich mit der Form und der Struktur des Körpers beschäftigt.

1. Osteologie (Lehre von den Knochen)

Das Studium der Knochen nennt man Osteologie. Der Begriff Skelett bezieht sich auf das System von Knochen und Knorpeln, die ein starres Gerüst und einen schützenden Rahmen für den Körper darstellen (Abb. 11). Ohne die Unterstützung der Knochen würde das Tier in sich zusammenfallen, und ohne ihren Schutz würden lebenswichtige Organe wie das Herz, die Lungen und die Eingeweide Verletzungen zugänglich sein. Knochen sind komplexe, lebende Gebilde, die neben ihrer Funktion als Stützsäulen bei der Bewegung eine Hebelwir-

Abb. 11 Skelett des Pferdes. Das Skelett besteht aus 205 Knochen: Wirbelsäule 54, Rippen 36, Brustbein 1, Schädel 34, Vorderhand 40, Hinterhand 40.

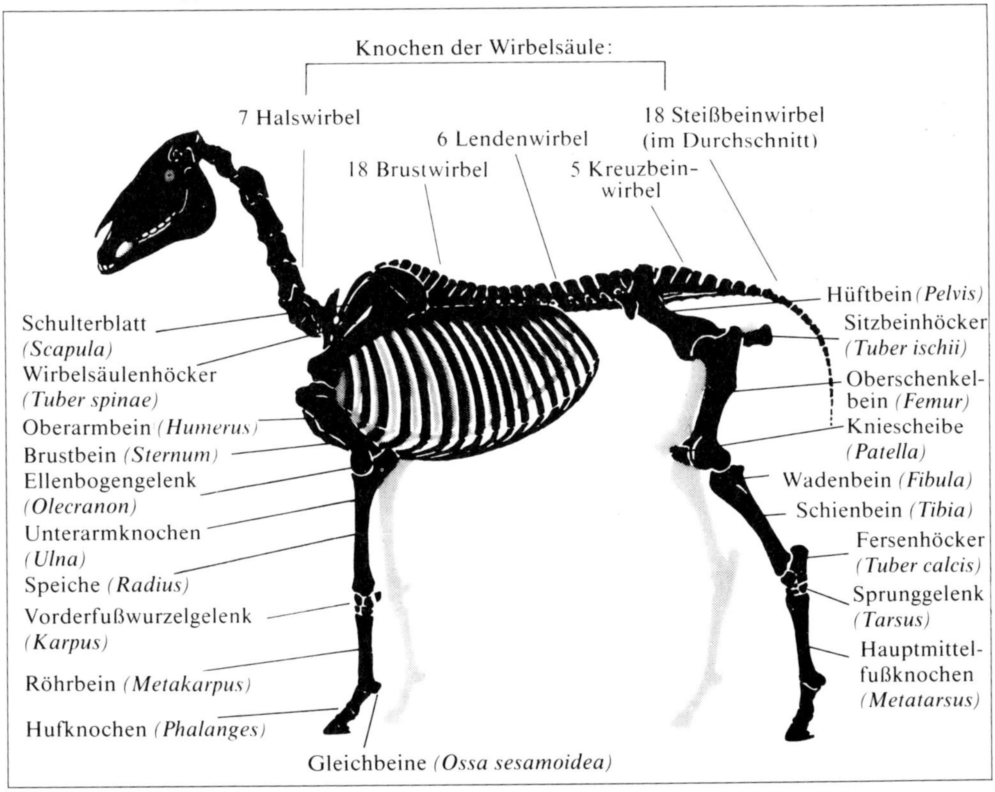

kung ausüben. Außerdem bilden sie Mineralstoffreserven für Kalzium und Phosphor und produzieren sowohl rote wie weiße Blutkörperchen.

Knochenklassen
Es gibt Knochen aller Formen und Größen, üblicherweise unterteilt man sie jedoch nach ihrer Form in vier Klassen.

Röhrenknochen
Ein Röhrenknochen zeichnet sich dadurch aus, daß er länger ist als breit und eine Markhöhle hat; z. B. das Oberarmbein, die Speiche, das Schienbein, das Oberschenkelbein. Der mittlere oder zylindrische Teil wird Schaft genannt, und die beiden Enden, die mit Gelenkknorpelmasse bedeckt sind, heißen Gliedende.

Kurze Knochen
Kurze Knochen sind relativ klein und kubisch geformt. Man findet sie im Vorderfußwurzelgelenk und im Sprunggelenk. Sie spielen eine bedeutende Rolle bei der Verteilung von Gewicht und Druck und verringern das Risiko von Verletzungen durch Erschütterung.

Platte Knochen
Platte Knochen dehnen sich nach zwei Seiten aus und sehen mehr oder weniger wie Platten aus. Diese Knochen, z. B. das Schulterblatt, bieten eine große Ansatzfläche für die Muskulatur und gewähren den darunterliegenden Organen Schutz.

Unregelmäßig geformte Knochen
Zu dieser Klasse gehören Knochen, die unregelmäßige Formen aufweisen, wie z. B. die Knochen der Wirbelsäule.

Physikalische Eigenschaften der Knochen
Die Knochen eines soeben verendeten Tieres sind gelblich-weiß gefärbt, beim lebenden Tier jedoch von bläulich-rosalicher Farbe, die durch das Blut in den Knochengefäßen verursacht wird. Sie sind sehr hart und erstaunlich widerstandsfähig gegen Druck.

Zusammensetzung der Knochen
Trockene, fettfreie Knochen von ausgewachsenen Pferden bestehen aus 45,7 % organischer (animalischer) Masse und 54,3 % anorganischer (mineralischer) Masse. Die organische Masse setzt sich aus einer Mischung von Eiweiß und Kohlenhydrat zusammen. Dies ist die Ursache für Gallertebildung, wenn Knochen ausgekocht werden. Die Härte der Knochen ist auf die anorganische Masse zurückzuführen, die zur Hauptsache aus Kalzium (28,6 %) und Phosphaten (12,9 %) besteht und Spuren von Magnesium, Natrium und anderen Elementen enthält. Wenn man die Mineralsubstanz durch Tauchen in eine 5 %ige Hydrochlorid-Lösung trennt, behält der Knochen seine ursprüngliche Form, wird jedoch weich und biegsam. Geht man den umgekehrten Weg und entfernt die anorganische Masse, wird der Knochen spröde und bricht leicht.

Struktur der Knochen
Ein Schnitt durch einen Knochen zeigt, daß er sich aus zwei verschiedenen Gewebeschichten zusammensetzt (Abb. 12). Dies sind eine äußere Schicht harten, dichten Materials (kompakter Knochen) und einer innen liegenden, locker angeordneten schwammigen Masse (spongiöser Knochen).

Kompakte Knochen
sind dicht und hart. Ihre Stärke richtet sich nach den Anforderungen, denen die Knochen entsprechen müssen. Röhrenknochen sind in der Mitte im allgemeinen stärker ausgebildet als an ihren Enden. Das große Röhrbein der Vordergliedmaße z. B. ist vorn dicker als hinten und in der Mitte stärker als an den Seiten. Dies entspricht dem Gewicht, das es tragen muß.

Spongiöse Knochen
sind leicht und bieten ein poröses Bild. Sie bestehen aus sich schneidenden zarten Knochenplatten und Nadeln. Die Plattenzwischenräume sind mit Mark gefüllt.

Die Knochenhaut
ist eine dünne Membran, die die Oberfläche der Knochen bedeckt, abgesehen von den Stellen, an denen sie durch Gelenkknorpelmasse bedeckt sind oder an denen Sehnen befestigt sind. Sie besteht aus zwei Schichten; außen aus einer dichten, fibrösen Schutzschicht und innen aus einer Zell- oder osteogenetischen Schicht. Die innere Schicht ist reich an Zellen, vor allem bei junger, im Wachstum befindlicher Knochenmasse. Diese Zellen bezeichnet man als Knochenbildner, da sie für die Bildung neuer Knochenmasse verantwortlich sind.

Das Endostium
ist eine dünne, fibröse Membran, die die Knochenmarkhöhle abgrenzt.

Das Knochenmark
ist die Substanz, die die Zwischenräume der spongiösen Knochen ausfüllt sowie die Markhöhle der Röhrenknochen. Es gibt zwei verschiedene Arten: Rotes Knochenmark, eine blutbildende Substanz, die nur bei jungen Tieren anzutreffen ist und nach und nach in der Markhöhle durch gelbes Knochenmark ersetzt wird, das weitgehend aus Fettzellen besteht.

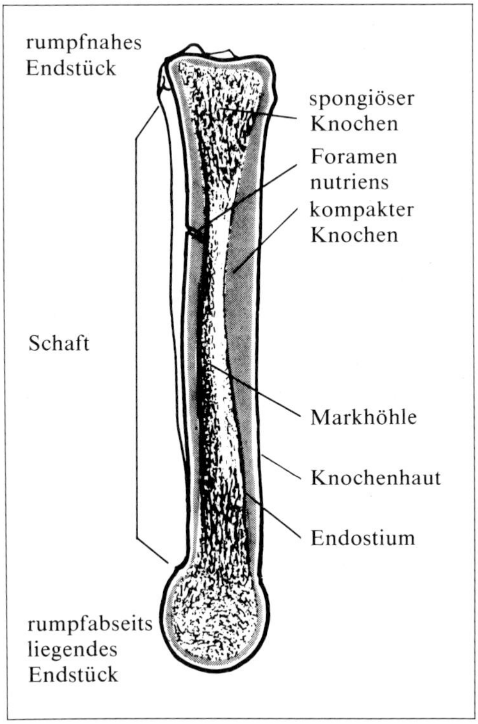

Abb. 12 Röhrbein, Sagittalschnitt, ein typischer Röhrenknochen.

Blutgefäße und Nerven

Arterien
Man unterscheidet zwei Gruppen von Arterien, die der Knochenhaut und die des Knochenmarks. Die Knochenhautarterien verzweigen sich in der Knochenhaut. Ihre Verzweigungen dringen durch kleine Öffnungen an der Oberfläche in den kompakten Knochen. In den größeren Knochen, vor allem den Röhrenknochen, dringen die Knochenmarksarterien oder die ernährenden Arterien durch das sogenannte Foramen nutriens (Abb. 12) in den Schaft ein, um sich im Knochenmark zu verzweigen.

Venen
An den Oberflächen der Gelenke befinden sich zahlreiche Öffnungen, die Venen Einlaß gewähren, welche Blut vom spongiösen Knochen zurückführen.

Nerven
Nerven begleiten die Blutgefäße im kompakten und spongiösen Knochen und in der Markhöhle.

Knochen unterhalb des Vorderfußwurzelgelenks und das Sprunggelenk

Bei der typischen Säugetierhand sind fünf Knochen des Vordermittelfußes zu erkennen, einer für jeden Finger, so wie es an der Vorderpfote eines Hundes zu sehen ist. Das Pferd hat drei Vordermittelfußknochen, von denen wiederum nur der dritte bzw. der Vordermittelfuß (Röhrbein) (Abb. 13 a) voll entwickelt ist und eine Zehe trägt. Die anderen beiden, der zweite und vierte, bzw. die Griffelbeine (Abb. 13 b und c) sind kleine, schlanke Knochen, die keine Zehe tragen und zu beiden Seiten des Vordermittelfußes sitzen.

Die Vordermittelhand (Vordermittelfuß; Röhrbein)

Dies ist ein typischer Langknochen, der eine nahezu vertikale Stellung zwischen dem Vorderfußwurzelgelenk nach oben und dem Fesselbein nach unten inne hat. Der Schaft ist schlank, stellt jedoch einen der stärksten Knochen des Skeletts dar. Das hohe Gewicht, dem er ausgesetzt ist, wird kompensiert durch die kompakte Knochenmasse, die nach vorn und zur Mitte hin besonders dick ist.

Die Vorderansicht (Abb. 13 a) ist glatt, von einer zur anderen Seite abgerundet und der Länge nach als fast gerade zu bezeichnen.

Die Hinteransicht (Abb. 13 c) ist von einer zur anderen Seite vergleichsweise flach. Direkt über der Knochenmitte befindet sich beidseitig eine angerauhte Stelle, an der die Griffelbeine befestigt sind. Diese Knochen bilden eine breite Rinne für den Fesselträger. Zwischen oberem und mittlerem Drittel befindet sich das Foramen nutriens für die Transmission der ernährenden Arterie.

Das obere Ende hat eine Gelenk-Oberfläche, die der vorderen Reihe der Karpal-

Abb. 13 Röhrbein (Vordermittelfuß) und Griffelbeine.

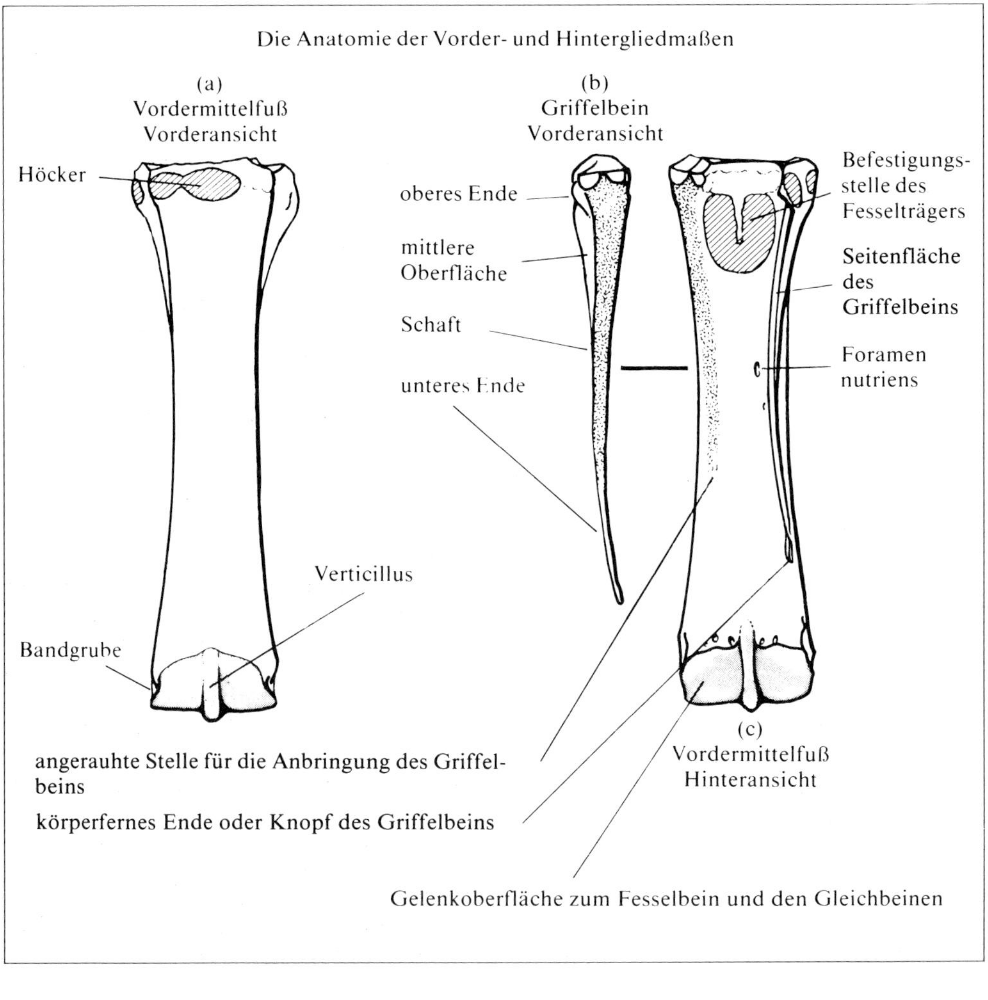

Knochen angepaßt ist. Antero-medial befindet sich eine rauhe, vorstehende Fläche, der Metakarpalhöcker, an dem der Extensor carpi radialis befestigt ist.
Das untere Ende hat eine Gelenkoberfläche, die mit dem Fesselbein und den Sesambeinen artikuliert. Eine antero-posterior verlaufende Rille teilt sie in zwei Gelenkteile, von denen der mediale etwas größer ist. Beidseitig befindet sich eine kleine Depression für die Befestigung der kollateralen Bänder des Fesselgelenks.

Die Griffelbeine
Sie sind der zweite und vierte Knochen des Metakarpus (Abb. 13 b und c). Sie sitzen zu beiden Seiten der Hinterfläche des Vordermittelfußknochens. Sie besitzen keine Markhöhle und verfügen lediglich über einen Schaft und zwei Enden.
Der Schaft ist ein dreiseitiger schlanker Knochenstab, der zum körperfernen Ende hin dünner wird und der Länge nach leicht gebogen ist.
Die vordere oder befestigte Fläche ist vergleichsweise flach und rauh, außer an ihrem körperfernen Ende. Der größte Teil dieser Fläche ist hinten am Vordermittelfußknochen befestigt durch ein zwischen den Knochen befindliches Band, das bei älteren Pferden teils oder vollkommen verknöchert. Die laterale Fläche ist glatt und rund, und die mediale Fläche, welche in sich glatt und konkav ist, bildet einen Teil der Rinne für den Fesselträger.
Das körpernahe Ende oder Köpfchen ist relativ groß. Die Gelenkoberfläche des medialen Griffelbeins hat zwei Facetten, die den zweiten und dritten Karpalknochen unterstützen, während lateral nur eine einzige Facette ist, die den vierten Karpalknochen unterstützt. Die Vorderfläche des körpernahen Endes beider Knochen hat zwei kleine Facetten für den Anschluß an den Vordermittelfußknochen, und seitlich ist er angerauht für Sehnen- und Bänderbefestigungen.
Das körperferne Ende besteht aus einem kleinen Knötchen, dem »Knöpfchen« des Griffelbeins. Es steht ein wenig von der Hinterfläche des Vordermittelfußknochens ab,

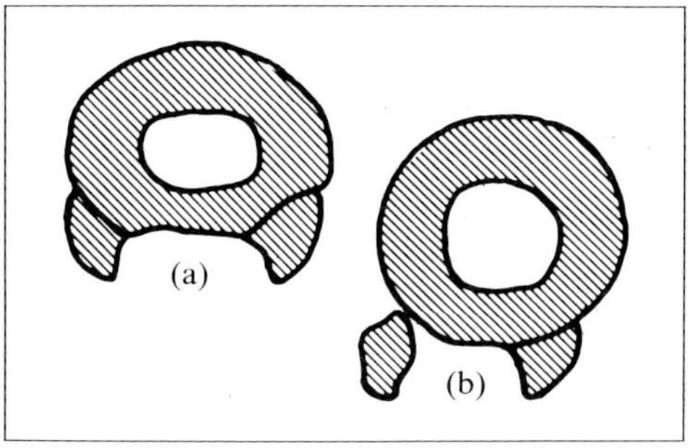

Abb. 14 Querschnitt (a) des Vordermittelfußknochens und (b) des Hintermittelfußknochens. Man beachte, daß der Vordermittelfußknochen zylindrischer geformt ist.

und da es etwas beweglich ist, läßt es sich leicht ertasten.
Die Griffelbeine sind unterschiedlich lang, dick und gebogen, das Mediale ist im allgemeinen das längere und dickere. Die Biegung ist sehr unterschiedlich, in einigen Fällen stellt das körperferne Ende einen deutlichen Vorsprung dar.

Die Hintermittelhandknochen
Allgemein haben die drei Hintermittelhandknochen die gleiche Anordnung wie die Vordermittelfußknochen, doch sind sie nach unten und nach vorn etwas stärker gewinkelt.

Die Hintermittelhand (Röhrbein)
In ihrer Form ähnelt sie der Vordermittelhand (Röhrbein) stark, doch ist sie etwa ein Sechstel länger; bei einem mittelgroßen Pferd beträgt der Unterschied zwischen 5 und 6 cm. Der Schaft ist zylindrischer geformt (Abb. 14). Er ist in der Mitte am dünnsten bei leicht verbreiterten Enden.
Der Schaft weist proximal und lateral eine seichte Vertiefung auf, die schräg nach unten verläuft und den Verlauf der großen Metatarsus-Arterie anzeigt. Medial sieht man eine ähnliche, doch schwächere Vertiefung für die Vene des Metatarsus. Das Foramen nutriens, welches manchmal doppelt angelegt ist, sitzt posterior vergleichsweise höher als am Vordermittelfußknochen.

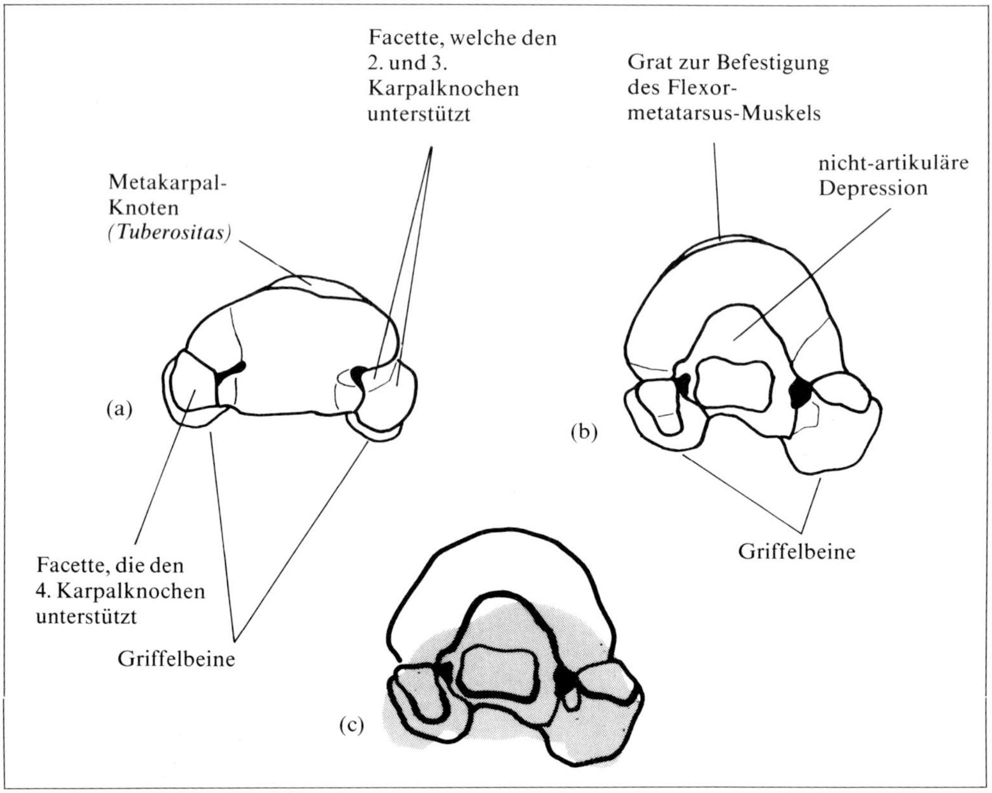

Abb. 15 Diagramm (a) der Gelenkoberfläche des körpernahen Endes des Vordermittelhandknochens und (b) des körpernahen Endes des Hintermittelhandknochens. Legt man die Gelenkflächen der zwei Knochen (c) aufeinander, stellt man fest, daß die Gelenkfläche des Hintermittelfußes von vorn nach hinten breiter ist und eine größere nichtartikuläre Depression aufweist.

Das körpernahe Ende ist antero-posterior gesehen viel breiter als das des Vordermittelfußknochens (Abb. 15). Seine Gelenkoberfläche ist leicht konkav und hat eine große, nicht-artikuläre Depression. Vorn bis etwas zur Seite reichend ist ein grober Grat, als Befestigungsstelle des Muskels Peroneus tertius (Flexor metatarsi).

Das körperferne Ende unterscheidet sich vom Vordermittelfußknochen nur insofern, als es sowohl seitlich, wie auch von vorn nach hinten breiter ist.

Die körpernahen Sesambeine (Gleichbeine)

Jedes Bein weist zwei körpernahe Sesambeine auf. Sie sitzen an der Hinterseite des körperfernen Endes des Vordermittelfußknochens (Abb. 16 u. Abb. 18) und sind durch Bänder fest mit dem Fesselbein verbunden. Ihre Aufgabe ist es, die Hebelwirkung der Beuger der Zehe zu unterstützen. Jedes Sesambein hat die Form einer dreiseitigen Pyramide.

Die vordere- oder Gelenkfläche entspricht der Hinteransicht der körperfernen Gelenkfläche des Vordermittelfußknochens.

Die hintere Fläche ist beim lebenden Tier mit Knorpelgewebe bedeckt und bildet im Verein mit der hinteren Fläche des gegenüberliegenden Sesambeins eine sanfte Vertiefung, in der die Hufbeinbeugesehne ruht.

Die abaxiale Fläche ist die schmalste der drei Seiten und bietet den kollateralen Bändern des Sesambeins Befestigungsfläche, ebenso den kollateralen Bändern des Fesselgelenks und einem Teil des Fesselträgers. Legt man die Gelenkflächen der zwei Knochen aufeinander, stellt man fest, daß die Gelenkfläche des Hintermittelfußes von vorn nach hinten breiter ist und eine größere nicht-artikuläre Depression aufweist.

Die Spitze der Pyramide ist abgerundet, und die Basis bietet den inferioren Sesambein-Bändern Befestigungsfläche.

Die körpernahen Sesambeine der Hintergliedmaßen sind etwas kleiner als die der Vordergliedmaßen, jedoch sind sie nicht dünner.

Abb. 16 Zehe des Pferdes; Vorderbein; Seitenansicht.

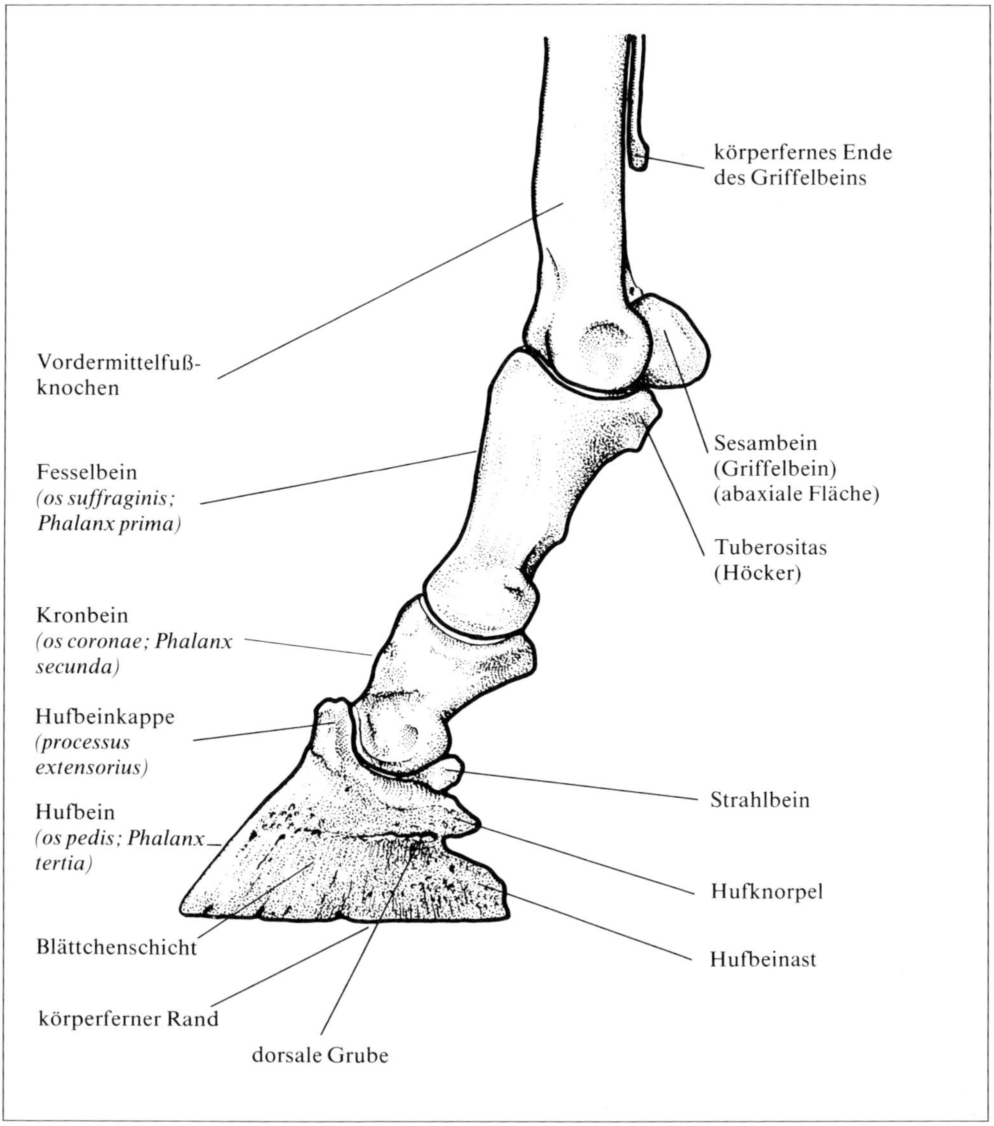

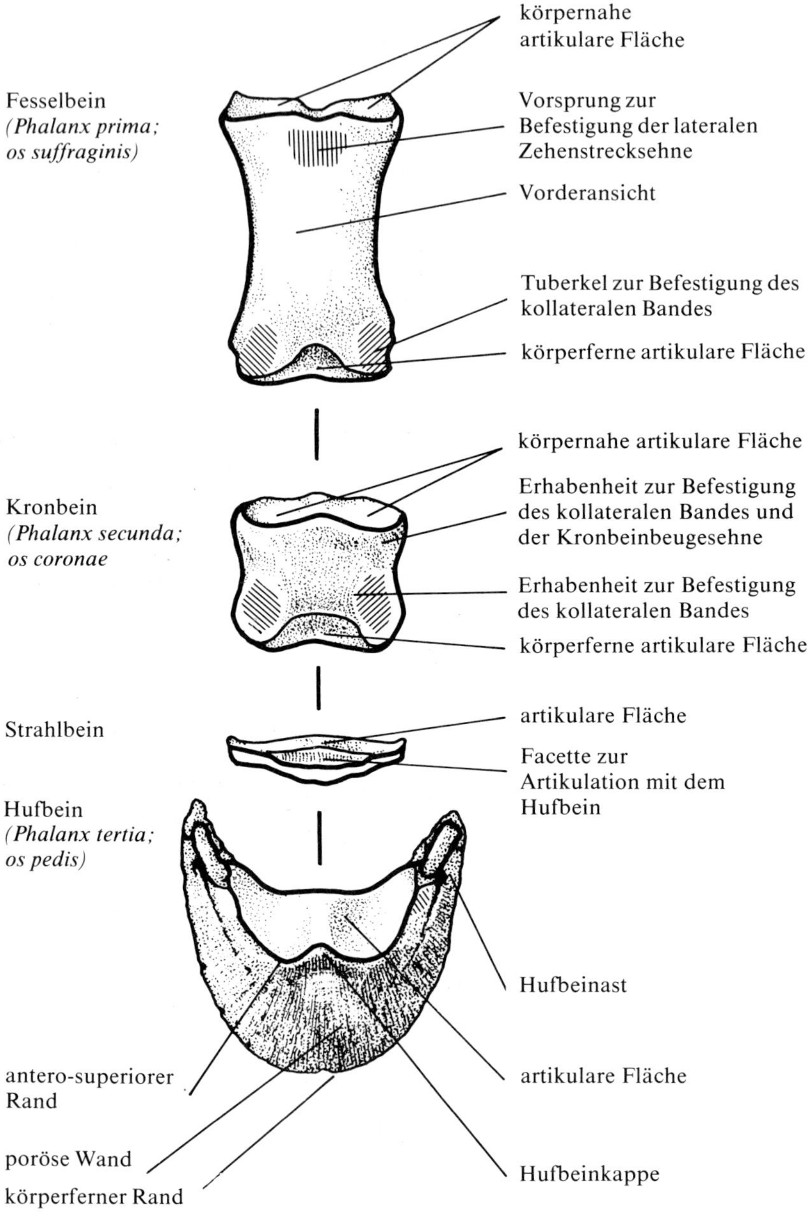

Abb. 17 Zehe des Pferdes; Vorderbein von vorn.

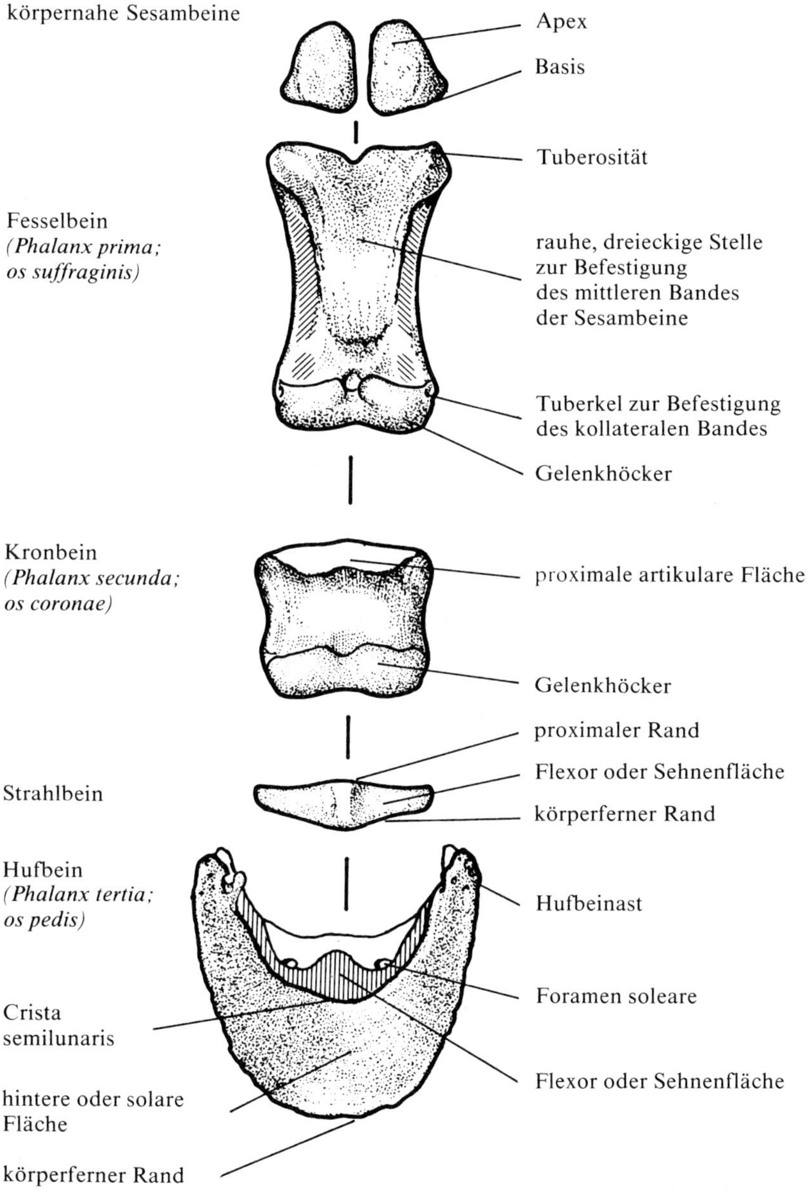

Abb. 18 Zehe des Pferdes; Vorderbein von hinten.

Die Zehenknochen
Die Zehe des Pferdes umfaßt drei Hauptknochen, die sogenannten Phalangen und das Strahlbein (Abb. 16, 17 u. 18).

Das Fesselbein (Phalanx prima; os suffraginis)
Das Fesselbein ist ein Langknochen, der sich zwischen dem Vordermittelfußknochen und dem Kronbein befindet. Vorwärts-abwärts steht er in einem Winkel von etwa 55 Grad zur horizontalen Ebene. Ist dieser Knochen übermäßig gewinkelt, so werden Bänder und Sehnen am hinteren Teil des Beins übermäßig beansprucht. Steht er fast steil, lastet beinahe das Gesamtgewicht des Pferdes auf diesem Knochen. Er besteht aus einem Schaft und zwei Enden.
Der Schaft ist zum Körper hin breiter und dicker als am körperfernen Ende. Die Vorderseite ist glatt und von einer Seite zur anderen leicht gerundet. Die Rückseite ist abgeflacht und weist eine dreieckige, rauhe Fläche auf, an der das mittlere Sesambeinband befestigt ist. Die Ränder bzw. die medialen und lateralen Flächen haben in der Mitte angerauhte Stellen oder Vorsprünge, für die Befestigung von Bändern, und eine seichte Vertiefung, die beim lebenden Pferd einen Zweig der Digitalarterie beherbergt.
Das körpernahe Ende weist eine Gelenkoberfläche auf, die dem körperfernen Ende des Vordermittelfußknochens entspricht. Es ist in zwei seichte Artikular-Kavitäten (Hohlräume) geteilt durch eine tiefe Rille, die von vorn nach hinten verläuft. Die mediale Kavität ist etwas größer. An jeder Seite befindet sich ein Höcker oder ein Vorsprung für die Befestigung von Bändern, und in der Mitte des vorderen Randes befindet sich eine leichte Erhöhung zur Befestigung der lateralen Digital-Extensor-Sehne.
Das körperferne Ende ist kleiner, und die Gelenkoberfläche ist in zwei Gelenkhöcker aufgeteilt durch eine seichte, undeutliche Vertiefung, die von hinten nach vorn verläuft und in der Mitte etwas größer ist. An beiden Seiten des körperfernen Endes ist eine Vertiefung zu sehen, auf der ein kleiner Knoten sitzt, an dem das kollaterale Band des Krongelenks befestigt ist. Das Fesselbein des Hinterbeins ist etwas kürzer, körperfern breiter und körpernah schmaler als der entsprechende Knochen am Vorderbein.

Das Kronbein (Phalanx secunda; os coronae)
Das Kronbein ist ein kurzer Knochen ohne Markhöhle. Es hat seinen Sitz zwischen dem Fesselbein und dem Hufbein und ist genauso gewinkelt wie das Fesselbein. Es hat zwei Enden und eine Ober- und Unterfläche.
Das körpernahe Ende ist artikular und gemäß dem körperfernen Ende des Fesselbeins geformt. Es ist durch einen niedrigen Grat, der von vorn nach hinten verläuft, in zwei seichte Aushöhlungen unterteilt, wovon die mediale etwas größer ist. Der Vorderrand ist in der Mitte für die Befestigung der Zehenstrecksehne angerauht. Am hinteren Rand befindet sich ein dicker, überhängender, glatter Vorsprung in Querrichtung, der beim lebenden Pferd zusätzlich mit einer Schicht aus fasrigem Knorpelgewebe überzogen ist, über die die Hufbeinbeugesehne läuft. Zu beiden Seiten des Randes befindet sich ein Vorsprung, an dem das kollaterale Band und die Kronbeinbeugesehne befestigt sind.
Das körperferne Ende artikuliert mit dem Hufbein und dem Strahlbein, wobei das letzte Gelenk der Zehe gebildet wird.
Der Form nach ähnelt es dem unteren Ende des Fesselbeins, ist aber antero-posterior ausgedehnter.
Von vorn ist es leicht eingedellt und in Querrichtung breiter als das untere Ende des Fesselbeins.
Von hinten ist es vergleichsweise glatt und besitzt eine Reihe von Öffnungen für den Durchtritt der Blutgefäße.
Das Kronbein des Hinterbeins ist schmaler und etwas länger als das entsprechende Bein der Vordergliedmaße.

Das Hufbein (Phalanx tertia; os pedis)
Dieser Knochen ist völlig von der Hufkapsel umschlossen, mit der er von der Form her Ähnlichkeit hat. Er besteht aus sehr

kompaktem Knochenmaterial und ist dichter als alle anderen Knochen des Skeletts, mit Ausnahme des Petrosums, das das innere Ohr enthält. Er ist ein sehr kurzer Knochen mit drei Flächen und zwei Ästen (Abb. 16, 17, 18).

Die laminale Fläche oder Vorderfläche ist nach unten geneigt und bildet mit dem Boden einen Winkel von 45 bis 50 Grad. Seitlich nimmt die Höhe langsam ab, und die Neigung wird, vor allem zur Körpermitte hin, steiler. Seine Oberfläche erinnert an Bimsstein und ist durch zahlreiche Öffnungen verschiedener Größe perforiert. An jeder Seite befindet sich eine Grube, die preplantare oder dorsale Grube, die von den Ästen nach vorn verläuft und dort in eine der großen Öffnungen mündet. Der körperferne Rand ist konvex, dünn und unregelmäßig gekerbt, wobei sich vorn oft eine besonders tiefe und breite Einkerbung befindet. Bei lebenden Pferden ist diese Fläche mit sensitiven Blättchen bedeckt, die mit der hornigen Blättchenschicht der Hufwand verzapft sind.

Die artikulare oder dorsale Fläche entspricht in der Form der körperfernen artikularen Fläche des Kronbeins und ist durch eine undeutlich markierte Rinne, die von vorn nach hinten verläuft, in zwei seichte Vertiefungen geteilt. Am hinteren Rand befindet sich eine seitlich auslaufende, abgeflachte Stelle, die mit dem Strahlbein artikuliert. Der antero-superiore Rand, welcher die Artikular- und Laminarflächen trennt, hat in der Mitte einen Vorsprung, die Hufbeinkappe, an der die Zehenstrecksehne befestigt ist. Beidseitig befinden sich kleine Gruben für den Durchtritt der kollateralen Bänder.

Die ventrale Fläche ist durch eine gebogene Linie, die Crista Semilunaris, in zwei ungleiche Teile geteilt. Die vordere oder solare Fläche, welche die größere der beiden Flächen ist, ist glatt, halbmondförmig und leicht gewölbt. Die hintere Fläche, die mit der Hufbeinbeugesehne verbunden ist, wird Flexor- oder Sehnenfläche genannt. An jeder Seite dieser Fläche befindet sich eine große Öffnung, die jeweils den Endverzweigungen der medialen und lateralen Digitalarterien in den semilunaren Sinus im Zentrum des Knochens Durchlaß gewähren.

Zwischen den großen Plantar-Öffnungen und der Crista Semilunaris befindet sich die rauhe, sehnige Fläche für die Insertion der Hufbeinbeugesehne.

Abb. 19 Hufbein und Hufknorpel.

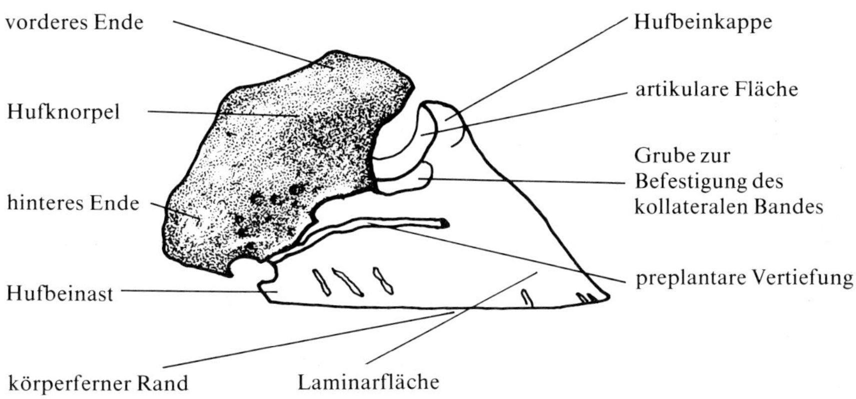

Die Hufbeinäste sind an jeder Seite nach rückwärts gerichtet, der zur Körpermitte befindliche ist gewöhnlich der kürzere. Jeder ist durch eine Kerbe in einen oberen (basilaren) und unteren (retrossalen) Ast geteilt. Bei alten Pferden sind sie gewöhnlich durch eine Knochenbrücke verbunden, die die Kerbe in ein Foramen verwandelt. Die körpernahen Ränder dieser Äste tragen die Hufknorpel.
Die Knorpel des Hufbeins sind rhomboide, gekrümmte Platten, die an den oberen Rändern der Hufbeinäste angebracht sind (Abb. 19). Sie sind groß und reichen so weit über die Krone, daß man sie tasten kann. Sie enthalten und stützen das Strahlpolster, und da sie elastisch sind, lassen sie eine gewisse Ausdehnung des hinteren Hufbereichs zu. Mit zunehmendem Alter verlieren sie ihre Elastizität, und wenn sie verknöchern, bilden sie die Grundlage der Hufknorpelverknöcherung.
Das Hufbein des Hinterbeins ist spitzer an der Zehe, und die ventrale Fläche ist konkaver oder gewölbter.

Abb. 20 Querschnitt durch ein synoviales oder diarthrotisches Gelenk.

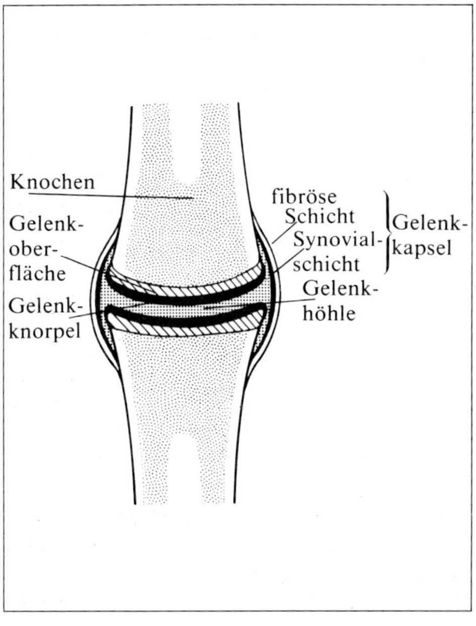

Das Strahlbein
Dies ist ein Weberschiffchen-förmiger Knochen, der sich hinter der Artikulation des Fessel- und Kronbeins befindet.
Die Gelenkfläche, die in der Mitte erhaben ist, artikuliert mit der körperfernen Gelenkfläche des Kronbeins. Die Flexor- oder Sehnenfläche ähnelt einer Gelenkfläche, ist aber ausgedehnter und nicht so glatt. Beim lebenden Tier ist sie mit Knorpelfasern bedeckt, und die Hufbeinbeugesehne zieht sich über diese Schicht.
Der körpernahe Rand ist breit und in der Mitte vertieft. Der körperferne Rand hat vorn eine zu den Seiten breit auslaufende Facette, die mit dem Hufbein artikuliert; dahinter liegt ein ausgehöhltes Stück, das stark perforiert ist. Die Enden haben abgestumpfte Spitzen. – Am Hinterbein ist das Strahlbein kürzer und schmaler.

2. Arthrologie (Lehre von den Gelenken)

Ein Gelenk oder eine Artikulation wird durch die Verbindung von zwei oder mehreren Knochen oder Knorpeln ausgebildet; die Lehre von den Gelenken nennt man Arthrologie. Gewöhnlich teilt man sie in drei Gruppen ein, die fibrösen Gelenke, die kartilaginösen Gelenke und die synovialen Gelenke (Diarthrosen) (Abb. 20). Diese verfügen über eine Gelenkhöhle und eine Gelenkkapsel und sind durch ihre große Beweglichkeit charakterisiert. Wird das Gelenk durch zwei Gelenkflächen gebildet, nennt man es ein einfaches Gelenk, wird es durch mehrere Gelenkflächen gebildet, wie beim Vorderfußwurzelgelenk, spricht man von einem zusammengesetzten Gelenk.
Die Form der Gelenkflächen ist unterschiedlich. Sie bestehen aus dichter, kompakter Knochensubstanz.
Der Gelenkknorpel bildet einen Überzug über die Gelenkflächen der Knochen. Er ist sehr glatt und bei den Gelenken am stärksten ausgebildet, die Druck und Reibung am stärksten ausgesetzt sind. Seine Funktion ist es, stoß- und reibungsbrechend zu wirken.

Die Gelenkkapsel bildet in ihrer einfachsten Form einen Tubus, dessen Enden an den Rändern der Gelenkflächen befestigt sind. Sie besteht aus zwei Schichten, einer äußeren, fibrösen Haut, die rund um die Ränder der Gelenkfläche befestigt ist und der Synovialhaut, die an dieser haftet. Die Synovialhaut ist eine dünne Membran, die die Gelenkhöhle bedeckt und Synovia (Gelenkschmiere) absondert. Synovia ist eine schleimige, strohfarbene Flüssigkeit, die das Gelenk schmiert.
Bänder sind starke Verbindungen aus fibrösem Gewebe, die die Knochen miteinander verbinden. Sie werden nach ihrer Lage bezeichnet. Soweit sie zur fibrösen Schicht der Gelenkkapsel gehören, nennt man sie periartikulare Bänder, soweit sie sich innerhalb der Gelenkkapsel befinden, intra-artikulare Bänder, und die Bänder, die seitlich befestigt sind, heißen kollaterale Bänder. Bänder, die direkt gegenüberliegende Knochenhälften verbinden, wie das Griffelbein mit dem Vordermittelfußknochen, nennt man interosseöse Bänder.

Das Fesselgelenk (Metacarpo-phalangiale Artikulation)

Die Knochen, die dieses Gelenk bilden, sind das Röhrbein, das Fesselbein und die proximalen Sesambeine. Das Gelenk kann sich beugen und strecken. Bei der Beugung sind eine leichte Abbiegung nach innen oder außen und eine leichte Drehung möglich. Beim stehenden Pferd bilden Röhrbein und Fesselbein vor dem Fesselgelenk einen Winkel von etwa 140°, während er am Hinterbein ca. 145° beträgt. Die beiden Sesambeine sind durch das intersesamoideale Band miteinander verbunden, das aus einer Faserknorpelmasse besteht und den Raum zwischen den beiden Knochen ausfüllt. Es erhebt sich über die Sesambeine, und seine Rückseite bildet eine seichte Grube, durch die die Hufbeinbeugesehne verläuft.

Befestigung der Sesambeine am Fesselbein

Die Sesambeine sind durch die distalen oder sesamoidealen Bänder mit dem Fesselbein verbunden sowie durch die kollateralen sesamoidealen Bänder mit dem Fesselträger.

A *Die distalen oder inferioren sesamoidealen Bänder* sind drei an der Zahl (Abb. 21 u. 22).

a) Das oberflächliche sesamoideale Band ist wie ein Ripsband beschaffen und körpernah an der Basis der Sesambeine befestigt und körperfern an den komplementären Faserknorpeln des Kronbeins.
b) Das mittlere sesamoideale Band hat eine dreieckige Form, ist dick an den Rändern und in der Mitte dünn. Es ist an der Basis der Sesambeine befestigt, und die dreieckige Fläche an der Rückseite des Fesselbeins.
c) Das tiefe oder gekreuzte Band besteht aus zwei Faserschichten, die an der Basis der Sesambeine angeheftet sind und einander kreuzen, um am hinteren, körpernahen Ende des Fesselbeins zu münden.

B *Die kollateralen sesamoidealen Bänder (Abb. 23)* sind lateral und medial an der abaxialen Fläche jeden Sesambeins angeheftet und teilen sich in zwei Zweige, die die entsprechende Seite jeden Sesambeins mit dem körperfernen Ende des Röhrbeins verbinden sowie mit dem körpernahen Ende des Fesselbeins.

C *Der Fesselträger.* Die Hauptaufgabe dieses Bandes ist es, das Fesselgelenk zu stützen, indem es eine übermäßige Dehnung verhindert, wenn das Glied mit Gewicht belastet wird. Er beginnt an der körperfernen Reihe der Karpalknochen und der rauhen Fläche des hinteren und körpernahen Endes des Röhrbeins (Abb. 13 c). Es hat die Form eines breiten, dicken Bandes, liegt in der Grube, die von den drei Metakarpalknochen gebildet wird und spaltet sich am körperfernen Ende des Röhrbeins. Die Zweige trennen sich und setzen sich zur abaxialen Fläche der entsprechenden Sesambeine fort, an denen ein beträchtlicher Teil jeden Zweigs befestigt ist. Das Restband setzt sich flach und schmal, schräg nach vorwärts-abwärts fort zur Vorderseite des Fes-

Abb. 21 Fesselgelenk (metacarpo-phalangeale Artikulation); von hinten gesehen; Gliederung der Oberfläche.

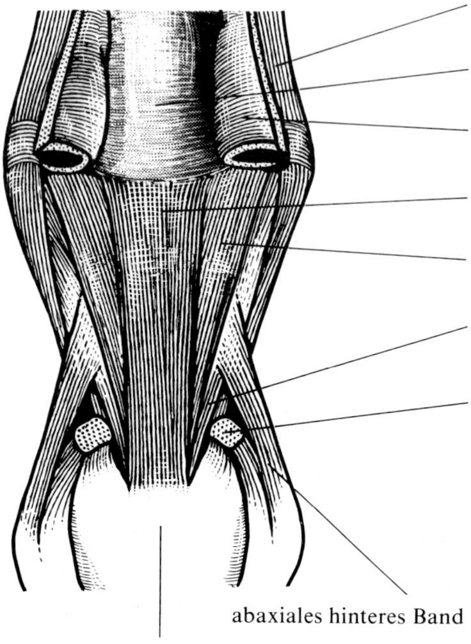

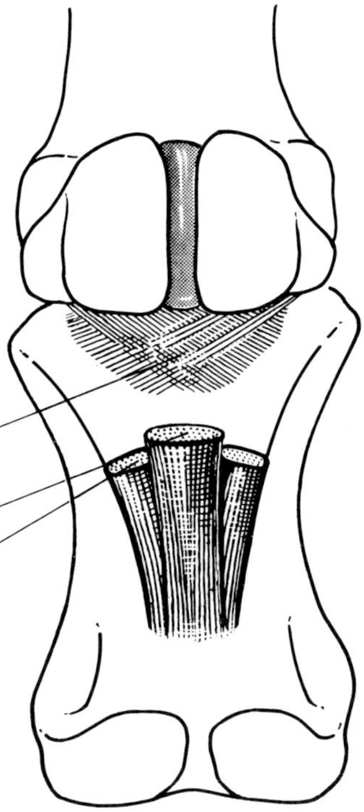

Abb. 22 Fesselgelenk (metacarpo-phalangeale Artikulation) von hinten, Gliederung des Inneren. Die oberflächlichen und mittleren Sesambeinbänder sind entfernt worden, um die tiefen oder gekreuzten Sesambeinbänder sichtbar zu machen.

selbeins, wo es sich mit der Zehenstreckersehne verbindet.
Die Gelenkkapsel des Fesselgelenks ist rund um den Gelenkrand angeheftet. Vorn ist sie verdickt, und hier befindet sich ein Schleimbeutel zwischen ihr und der allgemeinen Zehenstreckersehne. Hinten bildet sie einen Beutel, der zwischen dem Röhrbein und dem Fesselträger nach oben ragt. Eine Erweiterung dieses Beutels nennt man Gelenkgalle.

Abb. 23 Fesselgelenk (metacarpo-phalangeale Artikulation); Seitenansicht.

Das Krongelenk (proximale interphalangeale Artikulation)
Das Gelenk formiert sich zwischen dem körperfernen Ende des Fesselbeins und dem körpernahen Ende des Kronbeins (Abb. 24). Die hintere Gelenkfläche wird durch eine zusätzliche Faserknorpelschicht erweitert. Hinten stützt sie die Gelenkkapsel, und vorn hat sie Anteil an der vorderen Begrenzung der Sehnenscheide der Zehe, durch die die Hufbeinbeugesehne geht.
Das Gelenk verfügt über zwei kollaterale Bänder und zwei Bänderpaare posterior. Bei natürlicher stehender Stellung des Pferdes steht das Gelenk im gleichen Win-

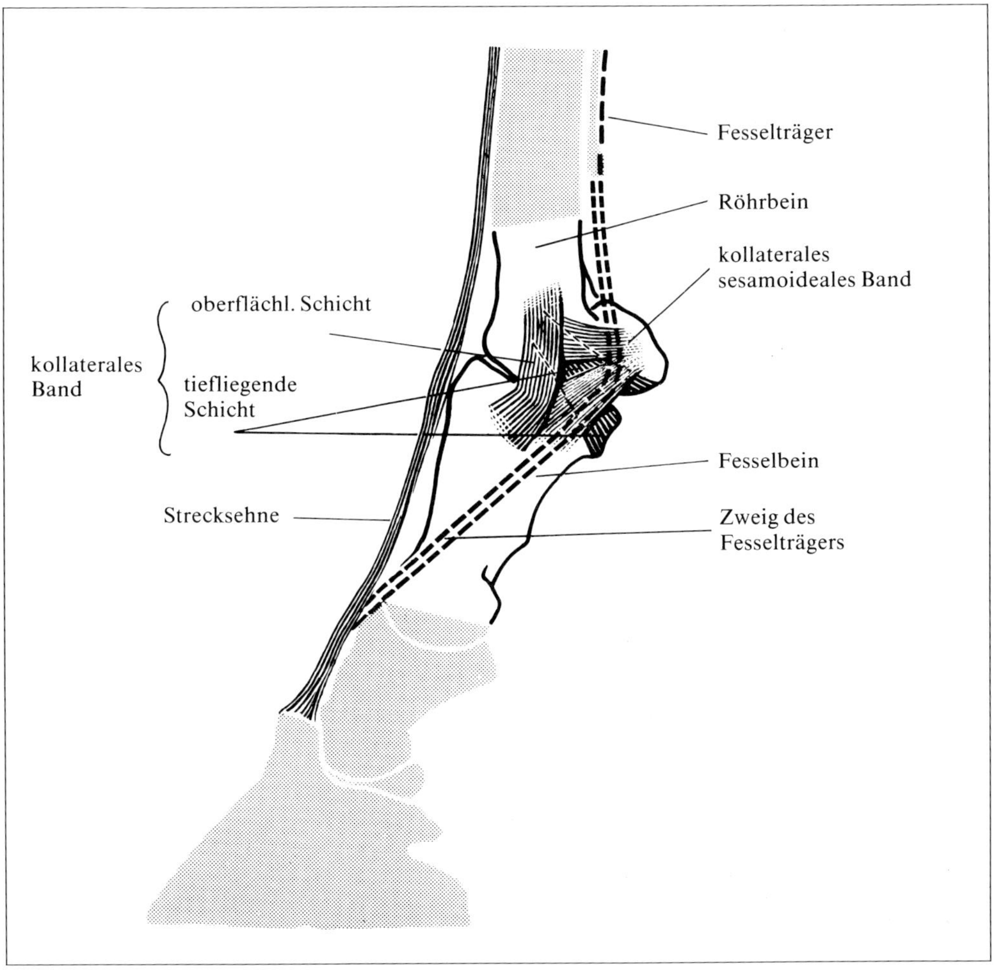

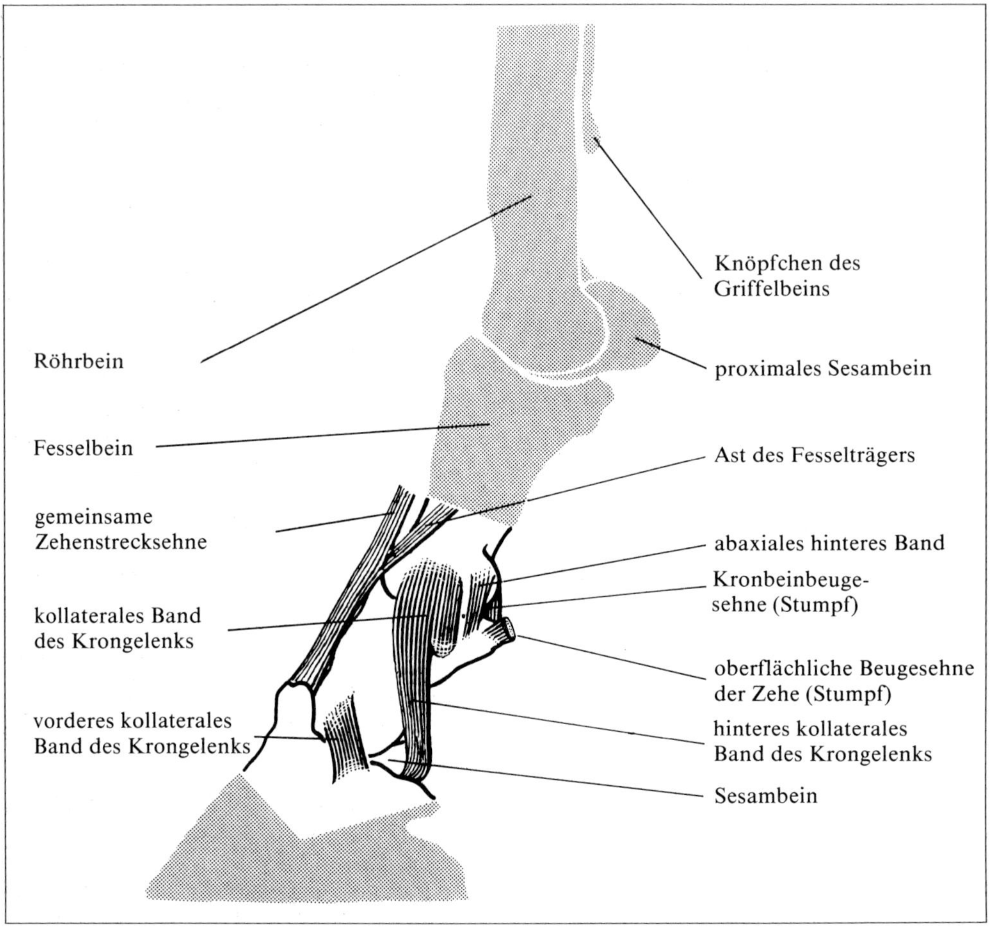

Abb. 24 Kron- und Hufgelenk (körpernahe und körperferne interphalangeale Artikulationen); Seitenansicht.

kel mit dem Fesselbein und Kronbein. Gelenke können sich lediglich beugen und strecken. Durch Manipulation kann bei der Flektion eine leichte Abbiegung zur Seite oder zur Mitte und eine leichte Drehung erreicht werden.

Die kollateralen Bänder sind kurze, starke Bänder, die körpernah an den Seiten des körperfernen Endes des Fesselgelenks und körperfern an den Seiten des körpernahen Endes des Kronbeins befestigt sind.

Einige der vorderen Fasern sind nach rückwärts-abwärts verlängert, um in das hintere kollaterale Band des Hufgelenks überzugehen.

Die hinteren Bänder bestehen aus zwei Paaren. Die abaxialen Paare gehen von der postero-lateralen Seite des Fesselbeins zum Hufknorpel, während das axiale Paar, welches kürzer ist, von der Rückseite des Fesselbeins zum Hufknorpel geht.

Die Gelenkkapsel verbindet sich vorn mit der gemeinsamen Strecksehne und auf beiden Seiten mit dem kollateralen Band. Nach hinten weitet es sich körpernah aus und bildet den Krongelenksack.

Das Hufgelenk
(distale interphalangeale Artikulation)
Das Gelenk wird durch die Verbindung von Fesselbein, Kronbein und Sesambein gebildet (Abb. 24). Die distale Gelenkfläche wird durch die gemeinsamen Gelenkflächen von Fesselbein und Sesambein gebildet. Das Sesambein ist durch das Ligamentum interosseum fest mit dem Hufbein verbunden. Das Ligamentum interosseum wird aus kurzen Fasern gebildet, die von seinem distalen Rand zur sehnigen Oberfläche des Hufbeins reichen.
Hufbein und Sesambein sind gemeinsam durch zwei Bänderpaare, die anterioren und posterioren kollateralen Bänder mit dem Fessel- und Kronbein verbunden.
Die medialen und lateralen vorderen kollateralen Bänder reichen von der Seite des Kronbeins bis zur seitlichen Grube der Hufbeinkappe. Die medialen und lateralen hinteren kollateralen Bänder sind zum Teil eine Fortsetzung der vorderen Fasern des kollateralen Bands des Krongelenks. Jedes geht nach rückwärts-abwärts, um am Ende des Sesambeins zu enden, zweigt aber zum Hufbeinast und der axialen Fläche des lateralen Knorpelgewebes ab.
Die Gelenkkapsel wird vorn durch die ausgedehnte Sehne des gemeinsamen Zehenstreckers unterstützt und an den Seiten durch die kollateralen Bänder. Hinten bildet sie körpernah einen ansehnlichen Sack, an jeder Seite befindet sich außerdem ein kleiner Sack dicht am lateralen Knorpelgewebe. Die natürlichen Bewegungsmöglichkeiten dieses Gelenks sind Strecken und Beugen, doch ist durch eine Flexion eine leichte seitliche Abbiegung und Drehung möglich.
Das Fesselgelenk, der Fesselträger und das Krongelenk des Vorderbeins sind den korrespondierenden Gelenken und Bändern der Hinterhand äußerst ähnlich.

3. Myologie (Lehre von den Muskeln)

Myologie ist die Lehre von den Muskeln und den dazugehörenden Strukturen. Die Muskeln beanspruchen für sich 40 bis 50 Prozent des gesamten Körpergewichts, und durch Kontraktion ermöglichen sie die Bewegung zahlreicher Organe und Körperteile. Außerdem setzen sie eine Menge Energie im Körper frei, die für die mechanische Arbeitsleistung genutzt wird sowie zur Erzeugung der Körperwärme. Es gibt drei Arten von Muskeln.
Die Eingeweidemuskeln oder glatten Muskeln sind unwillkürlich. Das bedeutet, sie sind unabhängig vom zentralen Nervensystem und ziehen sich konstant rhythmisch zusammen. Sie bestehen aus spindelförmigen Längsfasern und sind in Lunge, Magen, Eingeweiden und der Blase zu sehen. Sie kommen nicht einmal während des Schlafs zur Ruhe.
Skelett- oder quergestreifte Muskeln sind willkürlich. Sie unterstehen direkt der Kontrolle des zentralen Nervensystems und verbleiben in Ruhe, bis sie zur Kontraktion stimuliert werden. Ein typischer Skelettmuskel besteht aus einer Masse fleischigen Gewebes aus Längsfasern mit Querstreifen, die in einer Sehne enden und bei denen der Muskel an einem Knochen befestigt ist. Bei der Kontraktion verkürzt sich der Muskel und wird dicker, er wirkt auf die Knochen ein, an denen er befestigt ist und veranlaßt die Bewegung der Gliedmaße.
Die Herzmuskulatur ist durch ihr syncytisches Fasergewebe gekennzeichnet, welches quergestreift ist. So wie die Eingeweidemuskeln sind die Herzmuskeln unwillkürlich und somit unabhängig vom zentralen Nervensystem. Sie führen eine beständig wechselnde Spannung und Entspannung des Herzens herbei.

Die Muskulatur des Unterarms
Der Unterarm wird an drei Seiten von Muskeln bedeckt, wobei der mediale Aspekt des Radius subkutan bleibt. Die Strecker des Vorderfußwurzelgelenks und der Zehe befinden sich am vorderen und lateralen Bereich, während die Beuger sich im hinteren Bereich befinden. Die genaue anatomische Anordnung finden Sie in Abb. 25, die auf der nachfolgenden Seite aufgeführt ist.

Streckmuskulatur der Zehe
Der gemeinschaftliche Zehenstrecker (extensor pedis). Dieser Muskel entsteht am distalen Ende des Humerus und proximalen Ende des Radius. Seine Sehne geht abwärts über die Vorderfläche des Röhrbeins und des Fesselbeins. Kurz hinter der Mitte des Fesselbeins verbindet sie sich mit den Ästen des Fesselträgers, der dort beträchtlich breiter wird. Dann geht sie über das Krongelenk und das Kronbein, um sich an der Hufbeinkappe anzuheften. Am Fesselgelenk ist eine congenitale Bursa zwischen ihr und der Gelenkkapsel.

Lateraler Zehenstrecker (extensor suffraginis)
Dieser Muskel entsteht am lateralen und proximalen Aspekt des Radius. Seine Sehne erstreckt sich abwärts an der antero-lateralen Fläche des Röhrbeins. Sie zieht sich über die Vorderseite des Fesselgelenks, um sich am Vorsprung am proximalen Aspekt der Vorderseite des Fesselbeins anzuheften.

Abb. 25 Die Sehnen und Bänder des linken Vorderbeins; Seitenansicht.

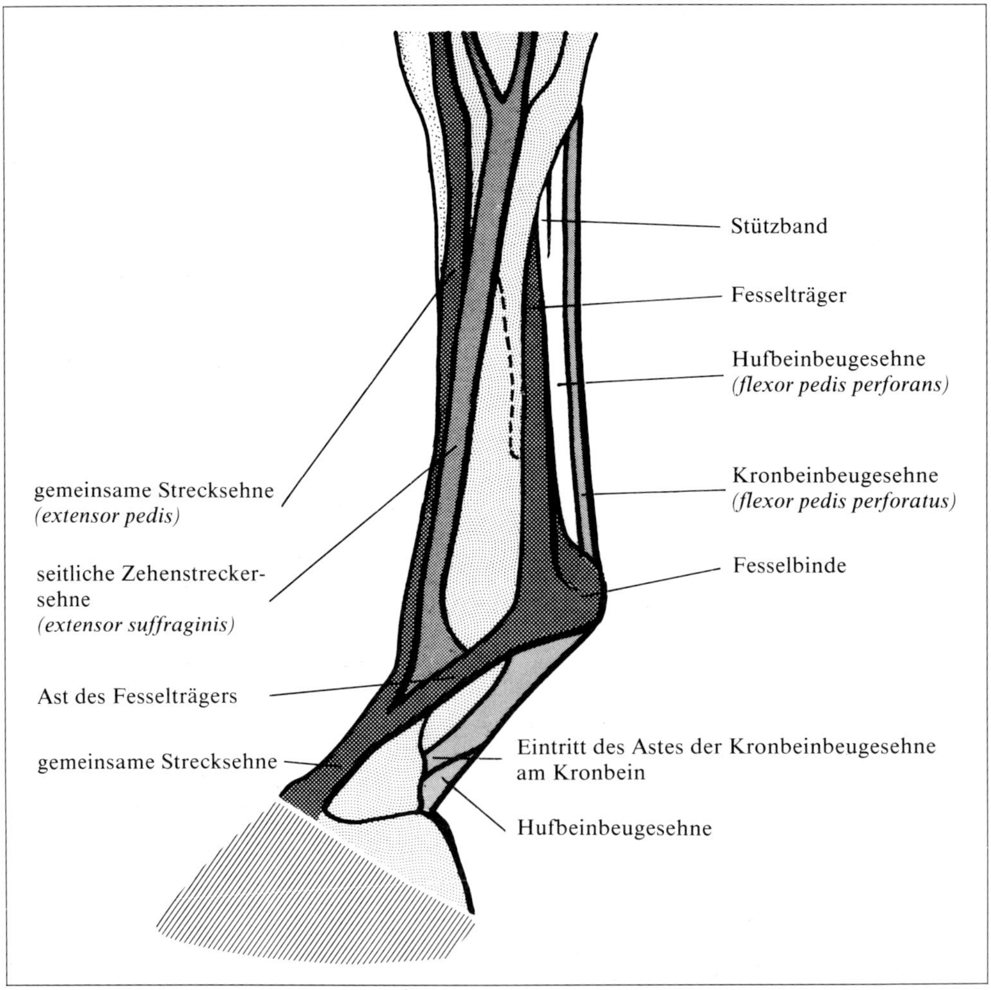

Beugemuskulatur der Zehe

Oberflächlicher Beugemuskel der Zehe (flexor pedis perforatus). Dieser Muskel beginnt am distalen Ende des Humerus und der Rückseite des Radius. Seine Sehne verläuft entlang des posterioren Aspekts des Metakarpus auf der tiefen Beugesehne (Hufbeinbeugesehne, flexor pedis perforans). Am Fesselgelenk wird sie breiter und überdeckt nach wie vor die Hufbeinbeugesehne. An dieser Stelle werden beide Sehnen durch die Fesselbinde unterstützt und zusammengehalten. Dort treffen sie auf das intersesamoideale Band. Im Bereich des distalen Endes des Fesselgelenks teilt sich die Sehne und bildet einen Ring, der die Hufbeinbeugesehne passieren läßt und an den Vorsprüngen zu beiden Seiten des proximalen Endes des Kronbeins befestigt ist.

Tiefer Beugemuskel der Zehe (flexor pedis perforans)

Dieser Muskel beginnt am distalen Ende des Humerus, dem Olekranon und der Rückseite des Radius. Seine Sehne liegt zwischen der Kronbeinbeugesehne und dem Fesselträger und erstreckt sich entlang des Metakarpus nach unten. Im mittleren Bereich des Metakarpus verbindet sie sich mit einem starken fibrösen Band, dem subkarpalen Band (checkband), das eine direkte Fortsetzung des posterioren Bands des Karpus darstellt.

Die Sehne verläuft abwärts über dem intersesamoidealen Band, geht durch die Öffnung, die durch die Teilung der Kronbeinbeugesehne gebildet wird und setzt sich fort über der Sehnenoberfläche des Sesambeins und ist an der Sehnenoberfläche des Hufbeins angeheftet.

Am Hinterbein sind die Sehnen der Streck- und Beugemuskeln und der Fesselträger sowie das Stützband unter dem Sprunggelenk genauso angeordnet, wie die korrespondierenden Strukturen des Vorderbeins.

Schleimbeutel

Ein Schleimbeutel ist ein geschlossener Sack, der von einer Synovialmembran umgeben und mit Gelenkschmiere gefüllt ist.

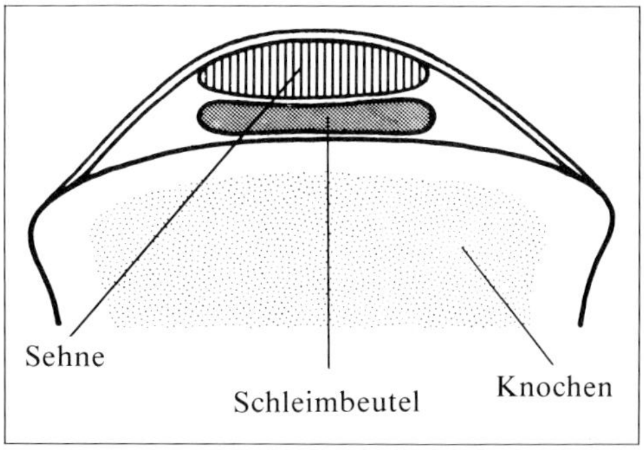

Abb. 26 Querschnitt durch einen Schleimbeutel.

Gewöhnlich befinden oder entwickeln sich Schleimbeutel an Stellen, die Druck oder Reibung ausgesetzt sind, zum Beispiel dort, wo eine Sehne über einen Knochenvorsprung läuft.

Kongenitale oder tiefe Schleimbeutel sind von Geburt an vorhanden und liegen zwischen Sehne und Knochen oder zwischen Sehnen.

Erworbene oder oberflächliche Schleimbeutel liegen im allgemeinen zwischen der Haut und einem Knochenvorsprung und entstehen nach der Geburt. Ein typisches Beispiel ist die Entwicklung einer Stollbeule, die einer leichten aber anhaltenden Verletzung folgt.

Sehnenscheide

Eine Sehnenscheide ist ein mit Gelenkschmiere gefüllter Sack, der eine Sehne umhüllt (Abb. 27). Die Sehnenscheide hat die

Abb. 27 Querschnitt durch eine Sehnenscheide.

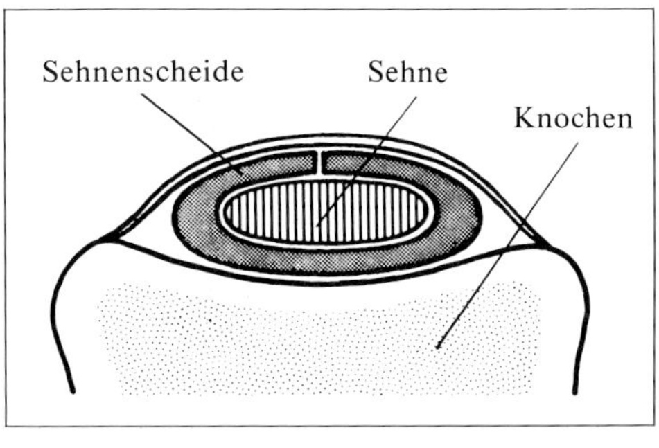

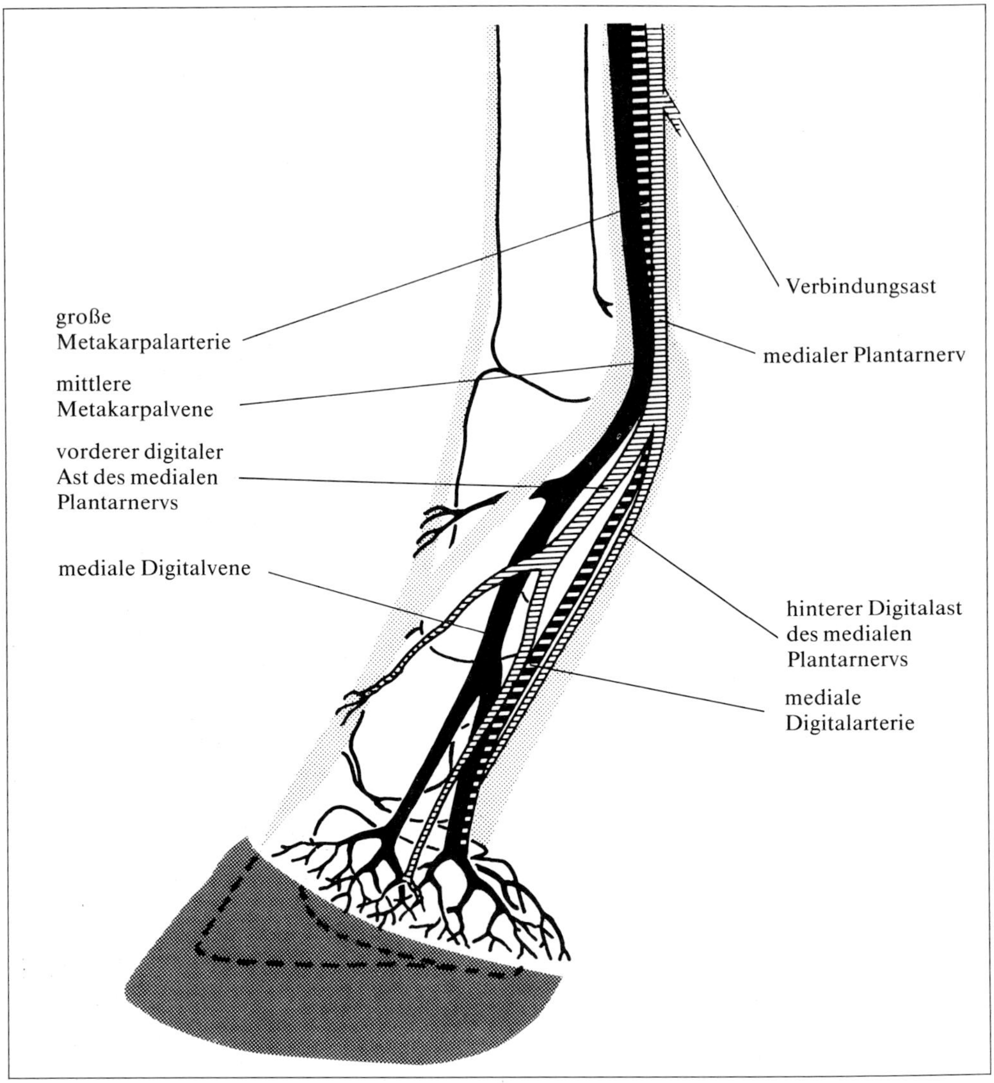

Abb. 28 Arterien, Venen und Nerven, Vorderbein und Huf; Medialansicht.

Funktion, Reibung zu verhindern und die Sehne zu schützen, wenn sie durch einen Kanal läuft. Sehnenscheiden bestehen aus zwei Schichten. Einer inneren Schicht, die an der Sehne haftet, und einer äußeren, die entlang des Kanals verläuft, in dem die Sehne liegt.

Die karpale Sehnenscheide beginnt 7 bis 10 cm über der Rückseite des Karpus und erstreckt sich nach unten zur Mitte des Metakarpus.
Die digitale Sehnenscheide beginnt 5 bis 7 cm über der Rückseite des Fesselgelenks und erstreckt sich abwärts bis zur Mitte des Fesselbeins.
Da die Sehnen des oberflächlichen und tiefen Beugemuskels der Zehe sich entlang des Vorderbeins nach unten erstrecken, sind sie

in die karpale Sehnenscheide gehüllt, wenn sie den Karpalkanal passieren, und in die digitale Sehnenscheide, indem sie das intersesamoideale Band zwischen den proximalen Sesambeinen kreuzen. Eine Erweiterung der letzteren nennt man Kniegalle und der ersten Sehnenscheidengalle.

4. Das System der Blutgefäße

Die Organe, die für die Blutzirkulation sorgen, sind das Herz und die Blutgefäße. Das Herz funktioniert wie eine Pumpe. Die Arterien sind dickwandige Kanäle, die das Blut vom Herzen zum Gewebe befördern. Wenn

Abb. 29 Arteriogramm des Pferdehufs.

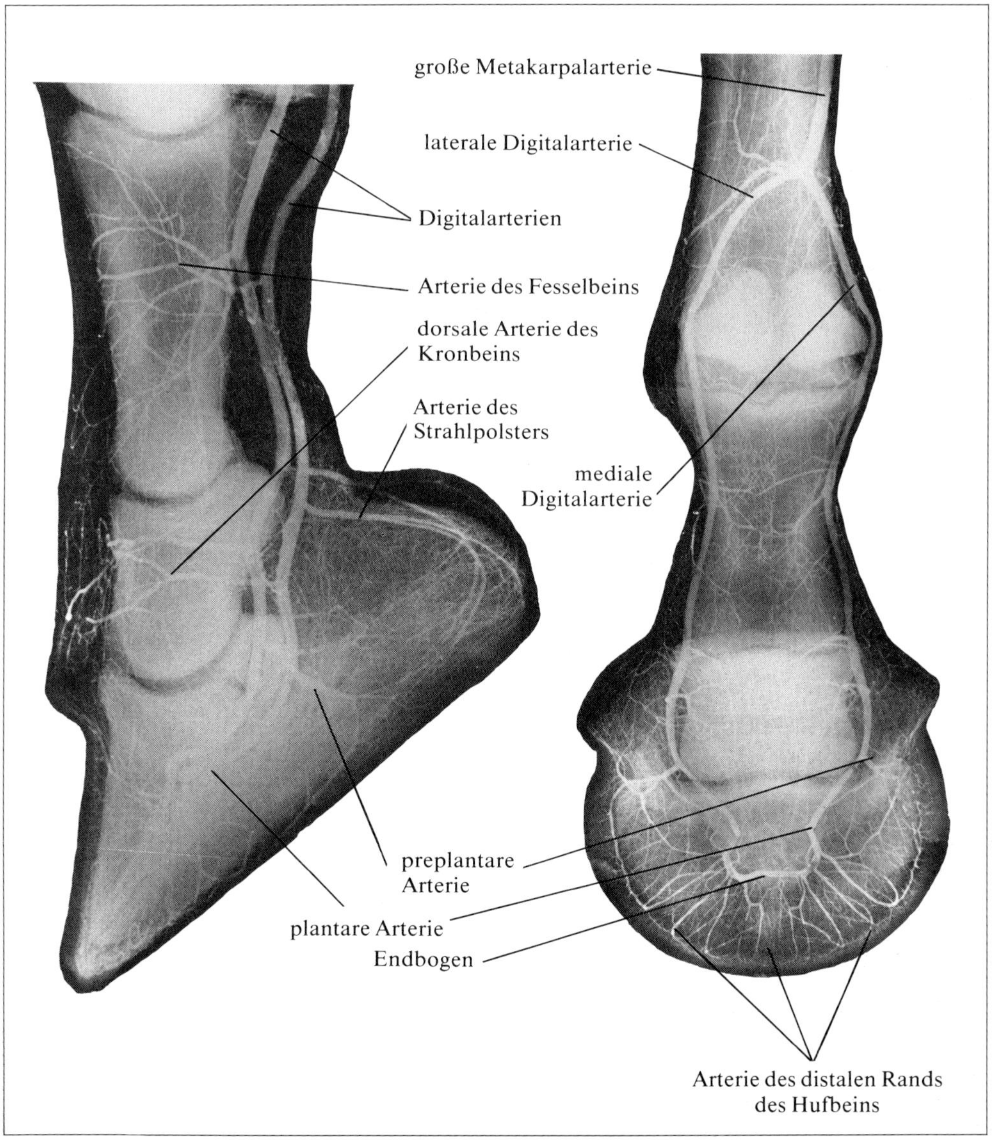

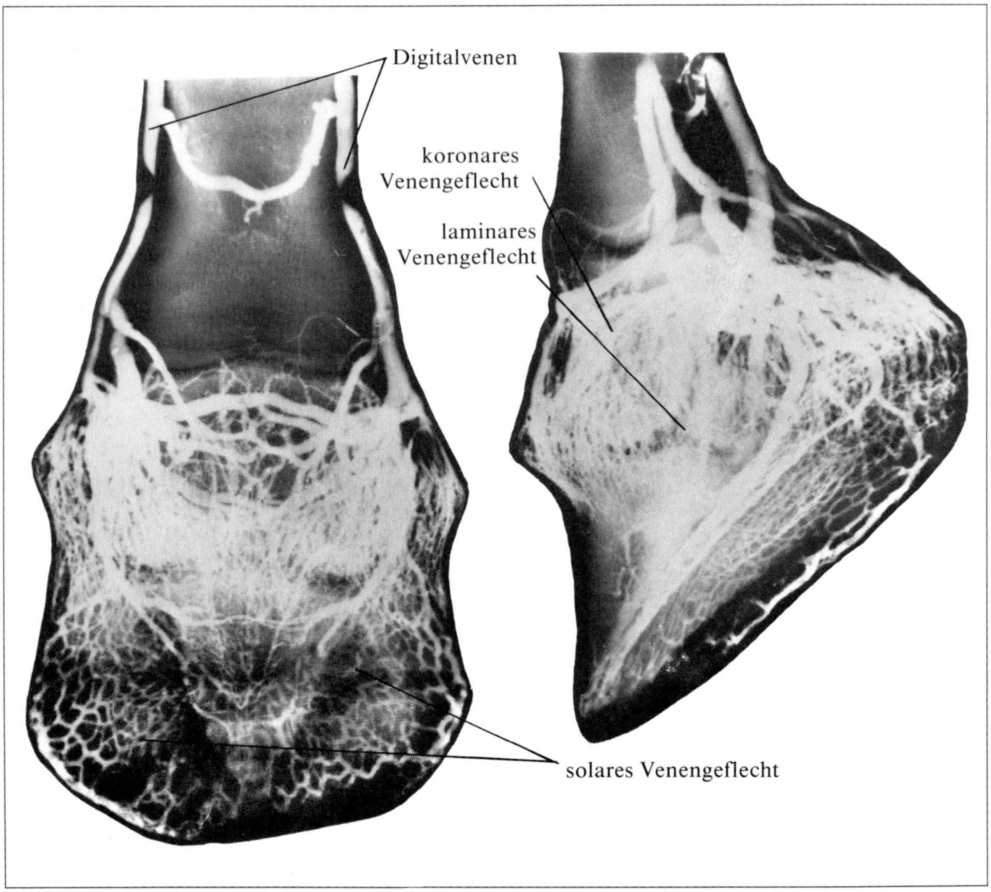

Abb. 30 Venogramm des Pferdehufs.

sie angeschnitten werden, entströmt ihnen pulsierendes, rotes Blut.

Die Kapillaren sind die mikroskopischen Endverzweigungen der Arterien, die im Gewebe münden.

Venen sind dünnwandige Kanäle, die das Blut zum Herzen befördern, und wenn man sie anschneidet, entströmt ihnen beständig dunkelrotes Blut. Die Wände der Venen sind viel dünner als die der Arterien und kollabieren, wenn sie nicht gefüllt sind. Große Venen sind mit Klappen versehen, deren freie Ränder herzwärts gerichtet sind und somit den Rückfluß des Blutes sichern.

Arterien des Vorder- und Hinterbeins und des Hufs

Die große Metakarpalarterie (gemeinsame Digitalarterie) befördert das Blut zum Bein und Huf (Abb. 28). Sie erstreckt sich abwärts entlang des Metakarpus im medialen Bereich der digitalen Beugesehnen, und direkt über der Fessel teilt sie sich in die laterale und mediale Digitalarterie.

Die medialen und lateralen Digitalarterien (Abb. 29) trennen sich im scharfen Winkel und erstrecken sich abwärts über die abaxiale Fläche des Sprunggelenks und weiter über die digitalen Beugesehnen bis zum inneren Kronbeinast, wo sich jede in zwei Endzweige aufteilt, die plantare und preplantare Arterie. Die preplantare Arterie erstreckt sich durch den Einschnitt im Kron-

beinast entlang der preplantaren Grube auf der Laminalfläche des Knochens und versorgt die sensitiven Laminae.
Die plantare Arterie erstreckt sich entlang der plantaren Grube, um durch die plantare Öffnung in das Hufbein einzutreten und vereinigt sich im semilunaren Sinus mit der entsprechenden Arterie der gegenüberliegenden Seite, um den Endbogen zu bilden. Von diesem Bogen gehen zahlreiche Verzweigungen in den Knochen und verzweigen sich weiter im Korium von Wand und Sohle.
Die inferioren Arterien beider Seiten münden ineinander, um die Arterie des distalen Rands des Hufbeins zu bilden. Außer den Abzweigungen zu Gelenken, Sehnen und der Haut liefern die Digitalarterien die Arterie des Fesselbeins, des Strahlpolsters und die dorsale Arterie des Kronbeins.
Am Hinterbein ist die große Metatarsalarterie eine direkte Fortsetzung der anterioren Tibialarterie. Sie entsteht in der Grube am lateralen Aspekt des Metatarsus, die durch die Verbindung von Röhrbein und Gleichbeinen gebildet wird. Etwas oberhalb des Knöpfchens des Gleichbeins setzt sie sich fort zum posterioren Aspekt des Metatarsus, wo sie sich in laterale und mediale Digitalarterien verzweigt, die die gleiche Anordnung haben wie am Vorderbein.

Venen des Vorder- und Hinterbeins und des Hufs

Die Venen des Hufs umfassen drei deutlich erkennbare Gefäßnetze, die man als solares, laminares und coronares Venengeflecht bezeichnet (Abb. 30).
Die Venen dieses Geflechts von Gefäßen stehen in freier Verbindung miteinander, und ihre Verzweigungen laufen zusammen, um die lateralen und medialen Digitalvenen zu bilden.
Die lateralen und medialen Digitalvenen steigen vor den korrespondierenden Digitalarterien an der Gliedmaße hoch und verbinden sich direkt oberhalb der Fessel, zwischen der Hufbeinbeugesehne und dem Fesselträger, um einen Venenbogen zu bilden.
Drei metakarpale Venen gehen von dem Venenbogen aus. Die mediale metakarpale Vene steigt mit der großen Metakarpalarterie an der Gliedmaße hoch, die laterale Metakarpalvene mit dem lateralen plantaren Nerv und die tiefe Metakarpalvene zwischen dem Fesselträger und dem medialen Gleichbein. Die Venengeflechte, der Venenbogen und die digitalen Venen des Hinterbeins sind genauso angeordnet wie die des Vorderbeins. Es ist interessant, sich klarzumachen, wie die Funktion des Hufs die Zirkulation der Venen aufrecht erhalten hilft. Wenn der Huf belastet wird, dehnt er sich aus und der Blutdruck in den Venen erhöht sich, so daß sie sich entleeren. Wenn der Huf gehoben wird, reduziert sich der Druck, und die Venen füllen sich. Dies funktioniert so perfekt, daß die Digitalvenen und die Venen des Hufs keine Klappen besitzen.

5. Das Nervensystem

Das Nervensystem ist ein komplexer Mechanismus, durch den die verschiedenen Körperteile miteinander koordiniert werden. Es besteht aus zwei Teilen, dem zentralen Nervensystem, zu dem das Gehirn und das Rückenmark gehören und dem peripheralen Nervensystem.
Die peripheralen Nerven sind in zwei Klassen eingeteilt. Afferente Nerven, die Impulse von Sinnesorganen zum zentralen Nervensystem leiten, und efferente Nerven, die Impulse in die umgekehrte Richtung leiten.

Nerven der Vorder- und Hinterhand und des Hufs

Der mediale Plantarnerv (Abb. 28), der eine Fortsetzung des medialen Endzweigs des Mediannervs ist, erstreckt sich an der medialen Seite der Kronbeinbeugesehne am Röhrbein entlang abwärts, gemeinsam mit der großen Metakarpalarterie. Ungefähr in der Mitte des Röhrbeins teilt sich ein Zweig ab, der sich schräg nach unten über die Beugesehnen fortsetzt und dem lateralen Nerv anschließend folgt. Am Fesselgelenk teilt sich der Nerv in zwei Digitaläste.

a) Der vordere Digitalast (dorsal) setzt sich nach vorn fort und teilt sich, um sich in der Haut und im Korium des Hufs zu verzweigen.
b) Der hintere Digitalast (volar) setzt sich abwärts entlang der Beugesehnen fort, um das Hufbein, Sesambein, das Strahlpolster und das Corium der Sohle zu versorgen.

Der laterale Plantarnerv wird durch eine Fusion des terminalen Ulna Nervs mit einer der Endverästelungen des Mediannervs gebildet. Er zieht sich abwärts entlang des Röhrbeins, entlang des lateralen Rands der Hufbeinbeugesehne hinter der lateralen, metakarpalen Vene. Etwa 25 cm über dem Knöpfchen des Gleichbeins verbindet er sich mit dem Zweig des medialen Plantarnervs. Am Fesselgelenk teilt sich der Nerv in zwei digitale Zweige, die sich ebenso verästeln, wie die Digitalnerven am medialen Aspekt der Zehe.

Am Hinterbein entstehen die Plantarnerven durch eine Gabelung des Tibialnervs. Sie entstehen in der Gegend des Metatarsus, eine an jeder Seite der Hufbeinbeugesehne, begleitet von der metatarsalen Sehne jener Seite. Etwas unterhalb der Mitte des Metatarsus geht vom medialen Plantarnerv ein kleiner Zweig ab, der sich schräg abwärts und seitwärts hinter der Kronbeinbeugesehne schlängelt, um sich mit dem lateralen Nerv direkt über dem Knöpfchen des Gleichbeins zu verbinden.

An der Fessel teilen sich sowohl die medialen wie auch die lateralen Nerven in zwei Äste. Sie haben die gleiche Anordnung wie die entsprechenden Äste der Plantarnerven des Vorderbeins.

KAPITEL III

Struktur und Funktion des Hufs

Die Hornkapsel ist eine dichte, hornige Schicht am Ende der Zehe. Der Begriff Huf wird gebraucht, um die Hornkapsel und dazugehörige Strukturen zu beschreiben. Der Huf ist eine hochspezialisierte Struktur, die in der Lage ist, der Abnutzung zu widerstehen, Gewicht zu tragen und Erschütterung abzuschwächen oder zu verhindern.

Der Huf ist eine Fortsetzung der Haut. Die äußeren Hufteile, zu denen die Wand, die Sohle, der Strahl und die Huflederhaut gehören, haben sich aus den oberen Schichten der Haut oder Epidermis entwickelt. Der innere Bereich des Hufs oder das »Leben«, zu dem die sensitiven Laminae, die sensitive Sohle, der sensitive Strahl und die Lederhaut gehören, ist aus den tiefen Schichten der Haut oder der Lederhaut entstanden. Aus dieser Beschreibung der Formation des äußeren und inneren Hufbereichs dürfte ersichtlich sein, daß die sensitiven Strukturen nicht – wie manchmal angenommen wird – die entsprechenden Teile des äußeren Hufs sekretieren.

1. Der äußere Huf

Der äußere Huf, der keine Blutgefäße enthält und gefühllos ist, zieht sich über die sensitiven Strukturen und umfaßt Wand, Sohle und Strahl.

Die Wand

Die Wand ist der Teil des Hufs, der sichtbar ist, wenn der Huf auf dem Boden ruht und zur Beschreibung in Spitze, Seiten und Trachten (Abb. 31) eingeteilt wird.

Abb. 31 Der äußere Hufbereich; Seitenansicht. Man erkennt das wellige Hornwachstum, das in einer Reihe von Ringen sichtbar wird, die parallel zur Krone verlaufen und Veränderungen des Hornwachstums anzeigen.

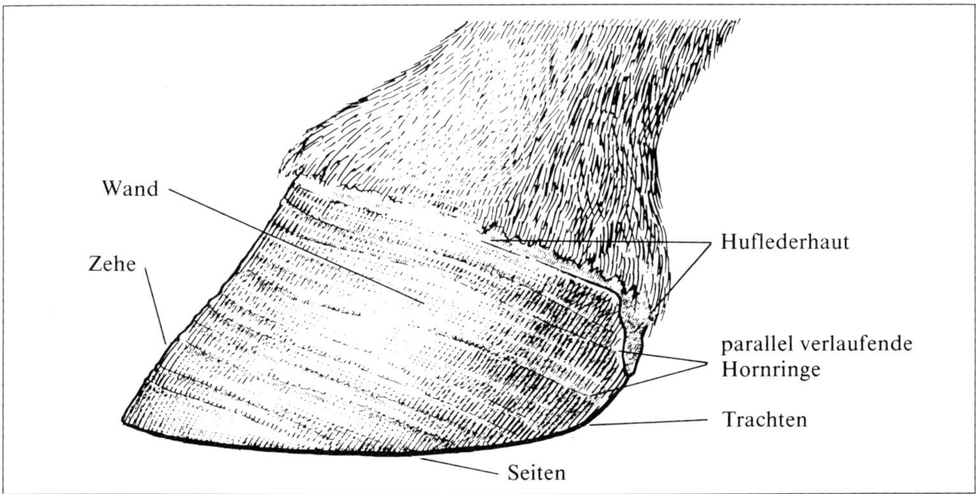

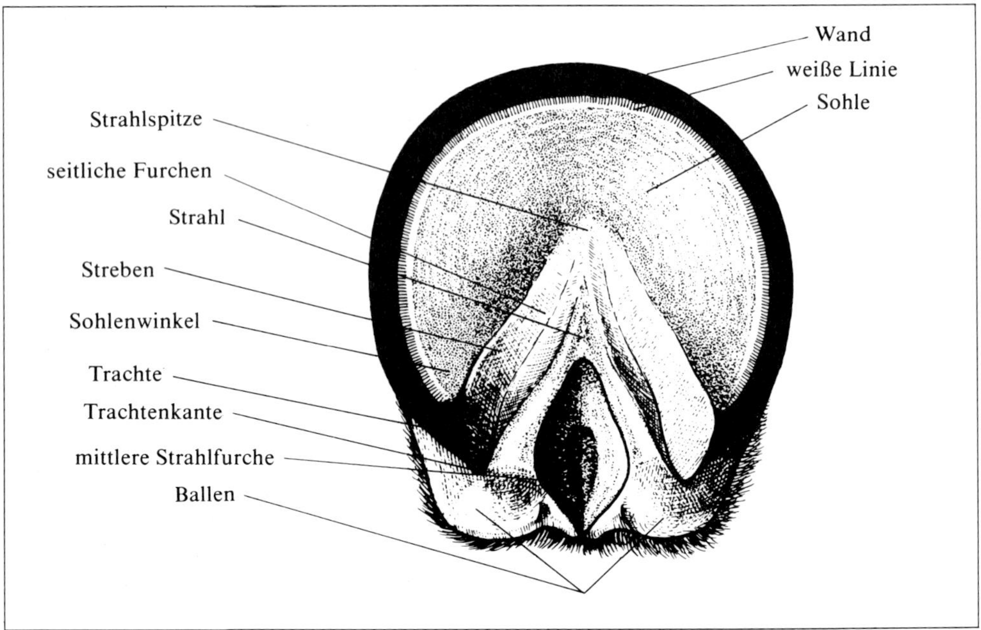

Abb. 32 Vorderhuf-Tragefläche.

Abb. 33. Hinterhuf-Tragefläche. Ein Hinterhuf ist spitzer an der Zehe, gerader an den Seiten und hat eine stärker gewölbte Sohle als ein Vorderhuf.

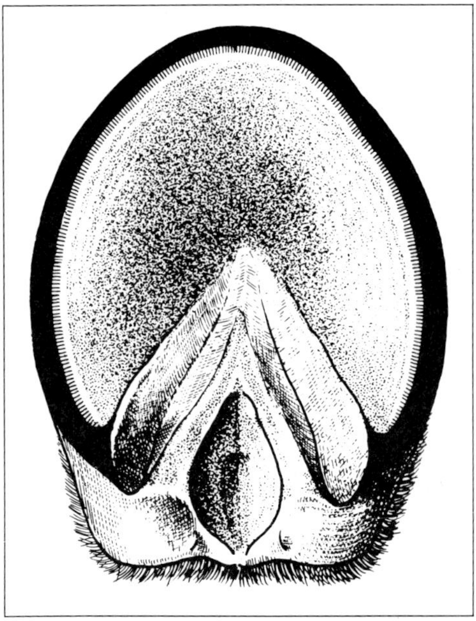

Die Spitze ist der vordere Teil des Hufs, zu beiden Seiten der Mittellinie. Sie geht in die Seiten über, die ihrerseits in die Trachten übergehen.

Die Wand bildet keinen vollständigen Kreis, sondern ist nach innen und vorn im scharfen Winkel abgeknickt, wobei die Streben gebildet werden (Abb. 32 und 33). Die Streben erscheinen auf der Tragefläche des Hufs als konvergierende Rillen, die mit der Sohle verschmolzen und mit dem Strahl verbunden sind. Indem sie den Kreis, den die Wand bildet, nicht schließen, lassen sie eine Ausdehnung des Hufs zu. Da sie ein Teil der Wand sind, tragen sie Gewicht und sorgen für zusätzliche Tragefläche und Festigkeit an den Trachten. Ihr natürliches Wachstum und ihre Entwicklung dürfen nicht behindert werden. Schneidet man sie fort, so wie es manchmal geschieht, beraubt man den Huf seiner Stützen an den Trachten und ein Zwanghuf ist die Folge. Die Gegend der Sohle zwischen Wand und Streben nennt man die Sohlenwinkel.

Die äußere Oberfläche verläuft von einer zur anderen Seite konvex und schräg nach unten. Die Neigung ist an den Seiten geringer als an der Spitze, sie ist stärker im medialen als im lateralen Bereich. An den Trachten steht die Wand beinah steil (Abb. 42). Die Oberfläche ist glatt und wird durch eine Anzahl von Hornwellen oder Hornringen gekreuzt (Abb. 31), die parallel zum proximalen Rand verlaufen und Veränderungen des Hornwachstums anzeigen. Die Färbung der Wand ist durch die Färbung der Haut an der Krone bestimmt. Ist die Haut weiß, enthält sie kein Pigment, folglich ist das darunterliegende Horn auch weiß. Weißes Horn gilt als brüchig.

Die Huflederhaut (Abb. 31) ist eine dünne Schicht der Epidermis, die oberhalb des proximalen Rands entsteht und einen Rand aus weichem, hellgrauem Horn bildet, der die Verbindungsstelle zwischen Epidermis und Wand überbrückt. Proximal ist sie am stärksten und nimmt zunehmend ab, je weiter sie die Wand herabwächst. An den Trachten bildet sie eine breite Kappe, die mit dem Strahl verwächst. Ist der Huf trokken, kann man die Huflederhaut nicht sehen, doch waren die Hufe der Feuchtigkeit ausgesetzt, z. B. nach einem Hufbad, ist sie deutlich zu erkennen.

Neben der Aufgabe, verschiedenartige Strukturen miteinander zu verbinden, nämlich die Haut, die Wand und den Strahl, regelt die Huflederhaut die Verdunstung des darunterliegenden Horns. Aus diesem Grunde ergibt sich die Notwendigkeit, sie beim Raspeln nicht anzutasten. Wenn dies jedoch häufig geschieht, ist eine zu starke Verdunstung die Folge, und die Hufe werden spröde.

Die innere Oberfläche (Abb. 34) ist von einer zur anderen Seite konkav geformt. Sie ist in vertikaler Richtung von 500 bis 600 hornigen Blättchen überzogen, die sich von der Saumlederhautrinne zur Tragefläche und den Streben ausdehnen. Jedes Hornblättchen trägt 100 bis 200 sekundäre Blättchen. Diese insensitiven Blättchen verzapfen sich mit den entsprechenden sensitiven Blättchen des Hufs und bilden eine feste Einheit. Interessant ist zu beobachten, daß eine ständige Bewegung zwischen den Hornblättchen und den sensitiven Blättchen besteht, während die Hornblättchen abwärts wachsen; und daß die exponierten Blättchen nach kurzer Zeit mit einer Hornschicht bedeckt sind, nachdem man einen Teil der Wand entfernt hat. Diese Beobachtung führte zu der Annahme, daß die Hornblättchen von den sensitiven Blättchen sekretiert werden. Dies ist nicht der Fall; die

Abb. 34 Sagittalschnitt des Hufs – Oberfläche von innen.

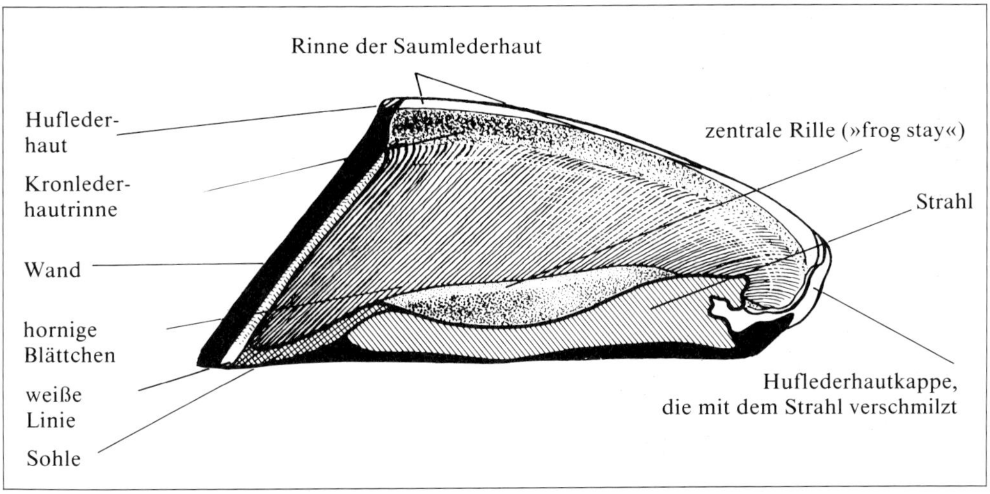

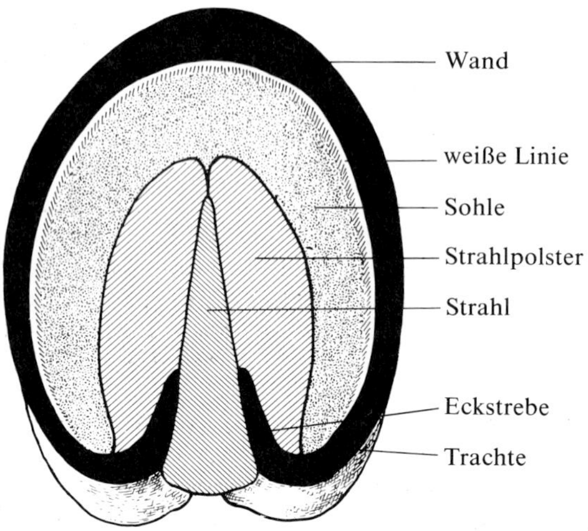

Abb. 35 Horizontalschnitt des Hufs.

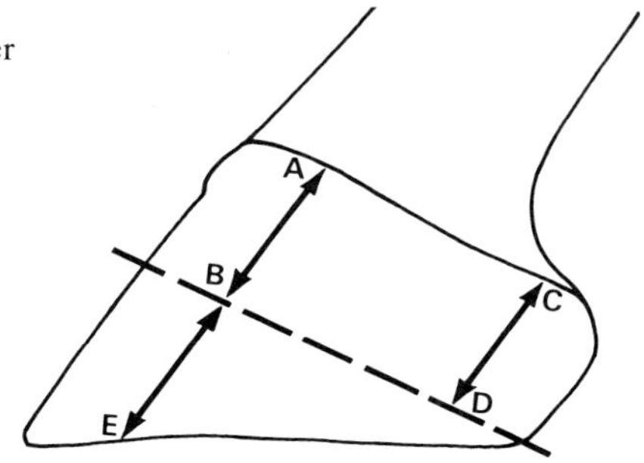

Abb. 36 Wachstumsgeschwindigkeit der Wand.

Hornschicht besteht aus dem Hornmaterial, das von den sekundären sensitiven Blättchen sekretiert wird, um Kontakt mit den sekundären Hornblättchen herzustellen.

Der proximale oder Kronrand ist dünn und ausgehöhlt, um die große Kronlederhautrinne zu bilden, in der die Kronlederhaut liegt. Über diesem dünnen Rand liegt die Saumlederhautrinne, in der die Saumlederhaut liegt. Diese Rinnen laufen an den Trachten zusammen.

Der distale (Trage-)Rand hat Kontakt mit dem Boden und hier verbindet sich ihre Innenfläche mit dem vorderen Sohlenrand (Abb. 32). Diese Verbindung ist an der Tragefläche des Hufs durch eine weiße Linie deutlich gekennzeichnet.

Die weiße Linie

Die weiße Linie zeigt die Verbindungsstelle zwischen den unempfindlichen Blättchen der Wand und den Röhrchen der Sohle an. Zwischen ihnen formiert sich ein weiches, plastisches Horn von gelblicher Färbung, das vermutlich von der Sohlenlederhaut sekretiert wird. Dieses weiche Horn stellt eine gute Verbindung zwischen Wand und Sohle her und ermöglicht es der Sohle, etwas nachzugeben, wenn Gewichtsbelastung besteht.

Die weiße Linie ist ein bedeutendes anatomisches Merkmal und dem Hufschmied wird sie zur Richtschnur. Sie zeigt die Dicke der Wand an, die Lage der sensitiven Strukturen, und gemeinsam mit der Neigung der Wand lassen diese Merkmale den Schmied entscheiden, in welchem Winkel er die Nägel eintreiben und befestigen muß, ohne die sensitiven Strukturen zu verletzten oder Druckstellen zu verursachen, die sogenannten Vernagelungen. Besonders wichtig ist, die Nägel am Außenrand der weißen Linie anzusetzen. Die Wand ist vom proximalen zum distalen Rand gleichmäßig dick, jedoch stärker an der Zehe als an den Trachten (Abb. 35). Das innere Viertel ist dünner als das äußere, außer an den Hinterhufen. Die Wachstumsgeschwindigkeit der Wand hängt von einer Reihe von Faktoren ab (Abb. 36). Sie wächst gleichmäßig rund um den proximalen Rand um etwa 2,5 cm in einem Vierteljahr. Daher braucht das Horn

durchschnittlich 9 bis 12 Monate, um vom proximalen Rand zur Zehe herunterzuwachsen, und zu den Trachten etwa 6 Monate.
Während des Wachstums wird die Wand komprimiert und keratinisiert, sie wird hart und zäh. Da die Wand an der Zehe länger und älter ist als an den Trachten, ist sie entsprechend härter. Beim unbeschlagenen Huf schützt das harte Horn an der Zehe gegen Reibung und übermäßige Abnutzung, während das weichere Horn an den Trachten die Ausdehnung des Hufs unterstützt, wenn er belastet wird.
Die Wachstumsgeschwindigkeit der Wand variiert von Pferd zu Pferd. Werden Pferde gearbeitet, wächst es schneller, als wenn sie nur im Stall stehen. Außerdem scheint das Wachstumstempo von der Gewichtsbelastung beeinflußt zu werden, denn wenn man einen Teil der Wand entfernt, um den vom Eisen verursachten Druck zu verhindern, wird die Wand an dieser Stelle schneller wachsen als die übrige Wand, die mit dem Eisen in Kontakt steht.
Die Wachstumsgeschwindigkeit der Wand wird nicht durch irgendwelche Anbringungen an ihrer Oberfläche beschleunigt, läßt sich durch ein Zugpflaster an der Krone jedoch anregen.

Die Hufsohle
Die Sohle stellt den Großteil der Bodenfläche des Hufs dar, hat zwei Flächen und zwei Ränder (Abb. 32 und 34).
Die äußere Fläche ist gewölbt. Dieses Merkmal ist am Hinterhuf stärker ausgebildet als am Vorderhuf, variiert jedoch auch beträchtlich bei den verschiedenen Rassen und Schlägen.
Die innere Fläche ist konvex und der konkaven ventralen Fläche des Hufbeins angeglichen (Abb. 37). Sie ist mit zahlreichen winzigen Öffnungen versehen, in denen sich die einzelnen Papillen der sensitiven Sohle befinden.
Der vordere (konvexe) Rand ist viel dicker als der hintere Rand und seine Verbindung mit der Wand ist durch die weiße Linie gekennzeichnet.

Abb. 37 Sagittalschnitt des Hufs. Man beachte, daß das Hufbein nicht parallel zur Tragefläche des Hufs steht und sich so in den Huf einpaßt, daß seine Spitze etwas tiefer liegt als seine Äste.

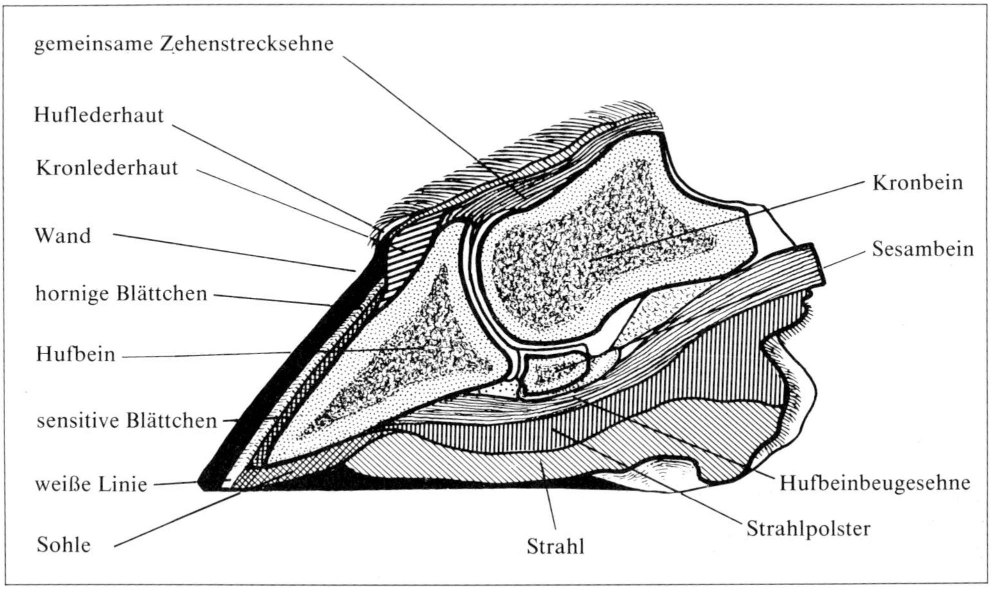

Der hintere (konvexe) Rand besteht aus zwei gewinkelten Teilen, die sich zwischen der Wand und den Eckstreben befinden. Zwischen ihnen liegt ein Dreieck, in das der Strahl sich einpaßt.

Die Sohlen schwerer Kaltblutpferde sind gewöhnlich flacher als die der Reitpferde und Ponys. Die Sohlenstärke variiert beträchtlich; bei manchen Pferden ist sie fest und starr, bei anderen dünn und nachgiebig. Das Wachstum der Sohle unterscheidet sich von dem der Wand durch Abblättern, wenn die Fasern eine gewisse Endlänge erreicht haben. Dies ist notwenig, wenn die Sohle ihre natürliche Wölbung behalten soll, denn sie nutzt sich nicht durch Reibung ab.

Die Sohle hat die Aufgabe, die über ihr befindlichen sensitiven Strukturen zu schützen, einer Gewichtsbelastung standzuhalten und mit ihrem vorderen Rand Gewicht zu tragen. Man wird feststellen, daß die Sohle weniger dicht und widerstandsfähig gegen Reibung ist als die Wand, und daß sich direkt über ihrem vorderen Rand keine sensitiven Strukturen befinden. Die Wölbung der Sohle zeigt an, daß sie eher dazu geschaffen ist, einer Gewichtsbelastung standzuhalten, als Gewicht zu tragen, obwohl der Teil der Sohle, der mit der Wand verbunden ist, zur Tragefläche gehört.

Eine normal ausgebildete, gesunde Sohle ist auf Grund ihrer Art zu wachsen mit Hornschuppen bedeckt. Des schönen Aussehens wegen schneiden manche Schmiede die Sohle aus, bis sie »sauber« aussieht und dem Druck mit dem Daumen nachgibt. Wenn die Sohle voll funktionsfähig bleiben soll, muß ihre schützende Dicke erhalten bleiben; jedes Ausschneiden stellt eine Unsitte dar und ist abzulehnen.

Der Strahl

Der Strahl ist eine keilförmige Masse aus weichem, elastischem Horn, das wie Gummi wirkt und sich in den Winkel zwischen Eckstreben und Sohle einpaßt (Abb. 32 und 33). Seine Tragefläche sollte mit dem Boden Kontakt haben.

Man beschreibt ihn mit vier Flächen, einer Basis und einer Spitze.

Die Tragefläche (außen) hat im hinteren Bereich eine seichte Furche, die man als mittlere Strahlfurche bezeichnet. Diese Furche wird durch zwei Erhöhungen begrenzt. Zwischen ihnen und der Eckstrebe befinden sich zwei ausgeprägte Vertiefungen, die lateralen und medianen Furchen.

Die Innenfläche hat eine zentrale Erhöhung (»frog stay«) (Abb. 34). Zu beiden Seiten dieser Erhöhung befinden sich Furchen. Die gesamte Oberfläche ist nach dem Strahlpolster geformt und mit winzigen Öffnungen versehen, in denen sich die Papillen des Strahlpolsters befinden.

Die Basis (hinteres Ende) ist in der Mitte vertieft und hat zu beiden Seiten dieser Vertiefung prominente Erhöhungen, die Ballen.

Die Strahlspitze ist abgerundet. Sie liegt eingekeilt in der Mitte des hinteren Sohlenrands und befindet sich kurz vor der Mitte der Tragefläche des Hufs.

Die lateralen und medialen Flächen sind mit Sohle und Eckstreben verbunden.

Der Strahl enthält mehr Feuchtigkeit als jeder andere Teil des Hufs. Dies ist die Ursache für seine weiche, biegsame Beschaffenheit. Die Strahlspitze, die viel härter ist als die Basis, fungiert als Tastorgan und stimuliert die Nervenenden des darunterliegenden Strahlpolsters. Ein übermäßiges Wachsen des Strahls wird dadurch reguliert, daß sich Schuppen lösen, wenn sie eine bestimmte Endgröße erreicht haben und durch Abnutzung, die durch die Reibung mit dem Boden entsteht. Der Strahl bietet dem Hufgelenk und der Aponeurosis der Hufbeinbeugesehne Schutz, er spielt eine bedeutende Rolle im Stoßbrecher-Mechanismus des Hufs, und seine keilförmige Gestalt verhilft dem Pferd zu einem sicheren Stand.

Wenn der Huf auffußt, wird der Strahl belastet und zusammengedrückt. Durch die Zwischenräume, die durch die mittlere und seitlichen Strahlfurchen entstehen, ist er in der Lage, sich auszudehnen, ohne gegen die Sohle und die Eckstreben gedrückt zu werden (Abb. 32). Außerdem wird er nach oben gedrückt und übt Druck auf das Strahlpol-

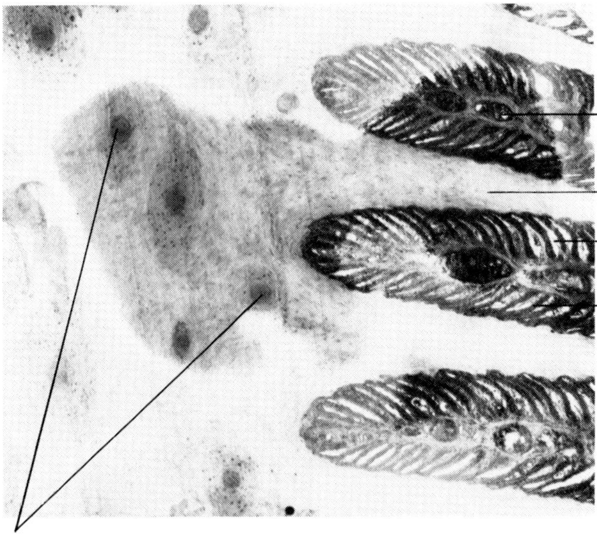

Abb. 38 Querschnitt des äußeren und inneren Hufs: a) Teil der Wand, auf dem die Hornröhrchen sichtbar werden; b) Verbindung der hornigen und sensitiven Blättchen.

ster aus. Dieses wiederum leitet den Druck über das laterale Knorpelgewebe weiter an die Wand, welche sich ausdehnt (Abb. 42). Um voll funktionsfähig zu sein, muß der Strahl normal groß und gesund sein. Dies zu gewährleisten, muß er Kontakt mit dem Boden haben. Ist dies nicht der Fall, bildet er sich nach kurzer Zeit zurück, die Trachten konvergieren, und es bildet sich ein Zwanghuf. Eine Atrophie des Strahls kann durch Druckeinwirkung geheilt werden. Doch sollte man wissen, daß der Druck eines Stegeisens wenig Erfolg erspricht. Nur wenn der intermittierende Druck der natürlichen Gewichtsbelastung wiederhergestellt ist, kann der Strahl wieder sein natürliches Format erlangen, und der Entwicklung eines Zwangshufs ist Einhalt geboten.

Die Struktur des Horns

Das Horn des Hufs ist fast vollständig keratinisiert und setzt sich aus modifizierten Epithelzellen zusammen. Das Horn der Wand enthält zahlreiche Röhrchen, die parallel angeordnet sind und vom proximalen zum distalen Rand verlaufen (Abb. 38). Die Hornröhrchen der Sohle sind ähnlich angeordnet, während die des Strahls etwas stärker gewunden sind. Das Horn am Strahl ist verhältnismäßig weich, elastischer und weniger stark keratinisiert als das der Wand und der Sohle.

Der Feuchtigkeitsgehalt des Hufs ist ein bedeutender Faktor. Er beträgt zwischen etwa 25 Prozent in der Wand und 40 Prozent im Strahl. Die Hornröhrchen enthalten Flüssigkeit, die von den Papillen der Lederhaut stammt, oder von der Oberfläche absorbiert wird. An der Oberfläche des Hufs findet eine ständige Verdunstung statt, die durch diese beiden Vorgänge ausgeglichen wird. Wird die Verdunstung zu groß, wird der Huf spröde und bricht. Wird die Verdunstung andererseits verhindert, sammelt sich zu viel Flüssigkeit an, und der Huf wird weich. Aus diesem Grunde sollten keine wasserundurchlässigen Öle und Fette auf eine normale, gesunde Wand aufgetragen werden. Sie sind dann anzuwenden, wenn der Feuchtigkeitsgehalt des Hufs nicht zufriedenstellend ist, wenn Gefahr besteht, daß er spröde wird und wenn seine Elastizität erhalten werden soll.

Hornzellen werden durch alkalische Substanzen aufgelöst, daher sollte man bei der Hufpflege berücksichtigen, welchen Schaden Ammoniak anrichten kann, der bei der Zersetzung von Urin und Kot frei wird. Horn ist ein schlechter Wärmeleiter und bietet den unter ihm liegenden Strukturen einen wirksamen Schutz gegen extreme Temperaturen. Ein normaler Huf kann Kälte widerstehen und das Aufbrennen eines rotglühenden Eisens vertragen, sofern dieses nur kurze Zeit aufliegt.

2. Der sensitive oder innere Teil des Hufs

Die Lederhaut oder der sensitive Teil des Hufs (Abb. 39, 40, 41) ist ein modifizierter Teil der tiefen Hautschichten, welcher mit Blutgefäßen und Nerven ausgestattet ist. Er ernährt die entsprechenden Teile des Hufs.
Die Saumlederhaut (Saumband) liegt in der Saumlederhautrinne direkt über dem proximalen Rand der Kronlederhaut. Sie besitzt feine Papillen, welche die Lederhaut ernähren.
Die Kronlederhaut (Kronenwulst) ist eine dicke, halbkreisförmige Struktur, die sich oberhalb der sensitiven Blättchen befindet und in der Kronlederhautrinne liegt. Ihre Oberfläche ist mit langen Papillen bedeckt, die in die Öffnungen der Kronlederhautrinne passen und die Wand mit Nahrung versorgen.
Die sensitiven Blättchen, zu denen sowohl die primären wie sekundären Blättchen gehören, sind an der Knochenhaut der laminaren Fläche des Hufbeins befestigt und sind ein Teil des Hufknorpels. Sie erstrecken sich in vertikaler Richtung von der Kronlederhaut zum distalen Rand des Knochens und verhaken sich mit den hornigen Blättchen der Wand, welche sie mit Nahrung versorgen. An der Zehe sind die Blättchen länger als an den Trachten, wo sie nach innen wachsen und die sensitiven Eckstreben bilden.
Es ist bemerkenswert, daß das Gewicht des Pferdes durch die Verbindung der hornigen mit den sensitiven Blättchen getragen wird. So wird im Galopp, wenn das Pferd nur auf einem Bein auffußt, sein gesamtes Gewicht lediglich durch die Verzahnung dieser zarten Strukturen getragen. Im Verhältnis zu seinem Körper hat das Pferd kleine Hufe, doch durch die Verzahnung von 500 bis 600 primären Blättchen und etwa 72.000 sekundären Blättchen ergibt sich eine Fläche von etwa 52 cm^2, wobei die funktionalen Flä-

Abb. 39 Der innere oder sensitive Huf; Seitenansicht.

Abb. 40 Die sensitive Sohle und der sensitive Strahl.

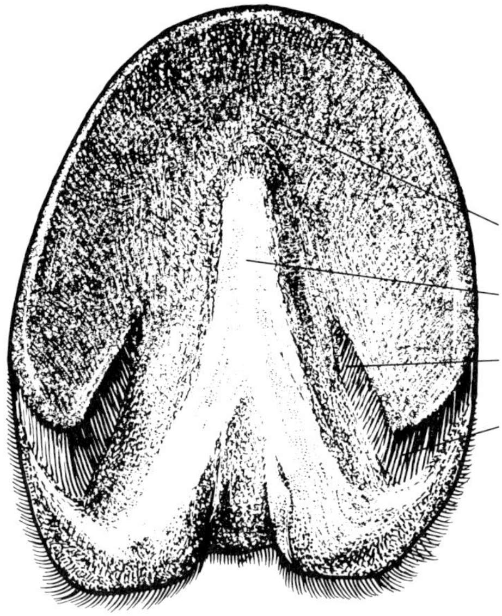

chen des inneren Hufs kleine Proportionen haben, ohne dadurch an Kraft einzubüßen.
Die sensitive Sohle (Sohlenlederhaut) steht in Verbindung mit der hornigen Sohle. Sie haftet fest an der Knochenhaut der Sohlenfläche des Hufbeins und hat an ihrer freien Seite lange Papillen, welche in die Öffnungen der Sohle eindringen und diese ernähren.
Der sensitive Strahl (Lederhaut des Strahls) ernährt das Strahlpolster, nach dem er geformt ist und mit dem er verwachsen ist.
Das Strahlpolster ist ein keilförmiges Polster aus elastischen Fasern und befindet sich im hinteren Hufbereich. Es paßt sich in den Hohlraum zwischen den Trachten ein (Abb. 37). Es ist fest, aber nachgiebig und verfügt über vier Flächen, eine Basis und eine Spitze. Die äußere Fläche ist an der tiefen Zehenbeugesehne befestigt, die innere Oberfläche ist nach der Strahllederhaut geformt, und die laterale und mediale Fläche ist mit den Hufknorpeln verbunden. Die Spitze liegt vorn und hat Verbindung mit der tiefen Zehenbeugesehne an ihrer Anheftung. Die Basis liegt posterior unter der Haut und ist durch eine Vertiefung in zwei runde Gebilde gespalten, die Ballen. Das Strahlpolster ist ein wichtiger Stoßbrecher, indem es sich ausdehnt, wenn der Huf belastet wird.
Die empfindsamen Teile des Hufs, die von den Digitalarterien mit Blut versorgt werden, sind reich an Gefäßen, und jede Wunde blutet hier stark.
Die Nervenversorgung des empfindsamen Teils des Hufs geschieht von den Endverzweigungen der Digitalnerven her. So wertvoll diese Nervenversorgung auch ist, indem sie das Pferd über die Art des Untergrunds informiert, auf dem es sich bewegt, sie ist nicht grundlegend für die Fortbewegung, denn alle sensorischen Nerven des Hufs können durchtrennt werden, ohne die Funktionsfähigkeit und Sicherheit des Fortbewegungsmechanismus ernsthaft zu beeinträchtigen.

3. Funktionen des Hufs

Der Huf hat eine Doppelfunktion: erstens als Stoßbrecher und zweitens als Gleitschutz.

Stoßbrechender Mechanismus

Die Auswirkungen der Erschütterung sind durch die winklige Stellung der Gliedmaßen auf ein Minimum beschränkt und durch die Bewegung des Hufs beim Auffußen, wenn das Gewicht des Pferdekörpers auf ihm ruht. Untersucht man die Bedeutung des Hufs als Stoßbrecher unter Gewichtsbelastung, muß er als Ganzes gesehen werden, da seine verschiedenen Strukturen interdependent sind. Da der hintere Bereich der Tragefläche des Hufs zuerst den Boden berührt, liegen die Strukturen, die am stärksten stoßdämpfend wirken, ebenfalls hinten. Welche Bedeutung dem Stoßbrechermechanismus des Hufs zukommt, zeigt die Tatsache, daß mehr als ein Viertel des Pferdegewichts von jedem Vorderbein getragen wird, wenn das Tier steht, und daß in bestimmten Phasen des Galopps das Gesamtgewicht auf einem Huf ruht.

Der Huf wird durch die elastische Gelenkverbindung des Hufgelenks vor Erschütterungen geschützt. Außerdem durch eine leichte Senkung des Hufbeins und der Sohle, durch die Elastizität des Strahls und Strahlpolsters, die Nachgiebigkeit der Hufknorpel und die Ausdehnung der Wand an den Trachten.

Fußt der Huf, so wird das Gewicht vom Strahl und der hinteren Hufwand getragen (Abb. 42). Der Strahl wird zusammengedrückt und dehnt sich aus und zwar besonders stark bei Pferden mit gut entwickeltem Strahl und niedrigen Trachten. Hierbei wird Druck auf Strahlpolster und Eckstreben ausgeübt, die ihrerseits auf die Hufknorpel drücken, diese zum Nachgeben veranlassen und die dünne Wand an den Trachten auseinanderdrücken. Ist der Huf ohne Gewichtsbelastung, ziehen sich der Strahl und die Strahlpolster zusammen, und der Hufknorpel und die Wand nehmen ihre ursprüngliche Position wieder ein. Der Ausdehnungsgrad ist gering; an einem Vorderhuf gemessen, nachdem der gegenüberlie-

Abb. 41 Tragefläche des Hufs. Wand, Sohle und Strahl sind zur Hälfte entfernt worden, um ihre Verbindung mit dem sensitiven Huf zu illustrieren.

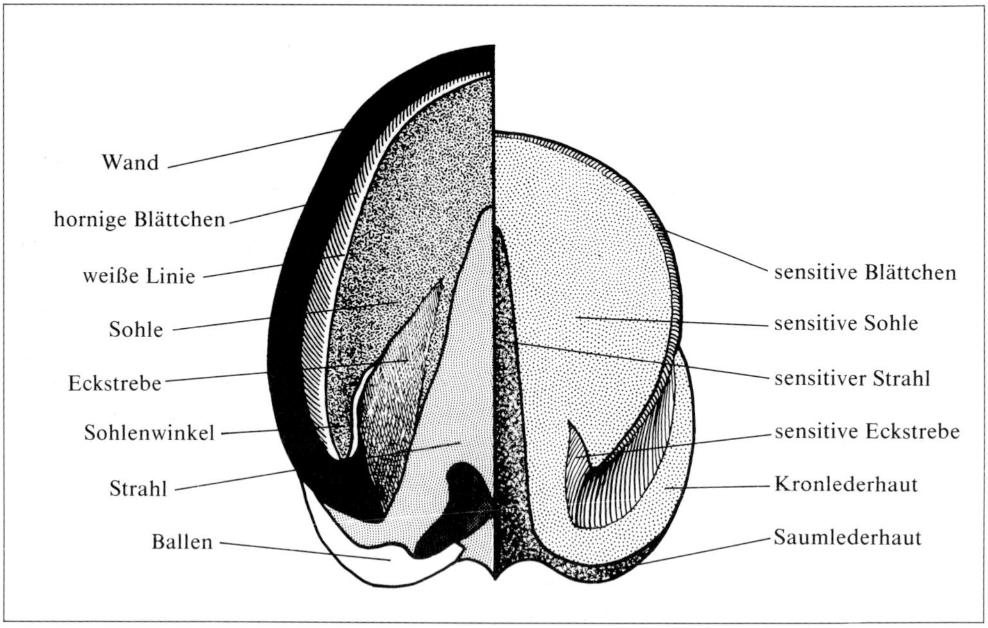

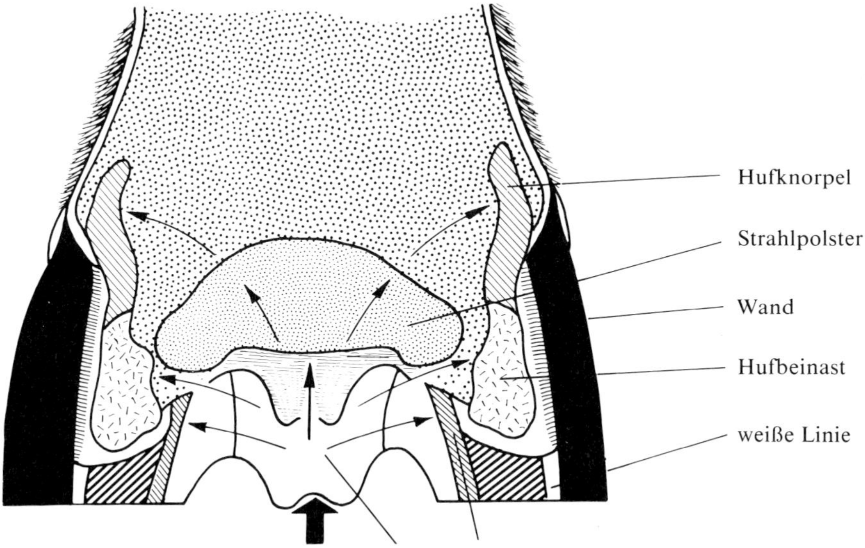

Abb. 42 Querschnitt durch den hinteren Hufbereich. Sobald der Huf belastet wird, wird der Strahl zusammengedrückt und dehnt sich aus. Hierbei wird auf Eckstreben und Strahlpolster Druck ausgeübt, der auf die Hufknorpel weitergeleitet wird. Diese wiederum bewirken die Ausdehnung des Hufs an den Trachten.

gende Huf angehoben wurde, beträgt die Ausdehnung etwa 1 mm. In Bewegung ist der Ausdehnungsgrad natürlich stärker. Pferde mit niedrigen Trachten und einem gut entwickelten Strahl zeigen eine stärkere Ausdehnung als Pferde mit hohen Trachten und einem kümmerlichen Strahl. Falls der Strahl so klein ist, daß er keinen Kontakt mit dem Boden hat, wird er unter Gewichtsbelastung durch die Senkung des Hufbeins nach unten gedrückt. Hierbei werden die Hufknorpel eingezogen, was die Entwicklung eines Zwangshufs begünstigt.

Gleitschutzmechanismus

Die Tragefläche des Hufs besteht aus Wand, Sohle und Strahl. Die Sohle ist konkav oder untertassenförmig, und wie eine Untertasse, die konkav ist und einen Rand hat, greift sie fest in den Untergrund, wenn sie belastet wird. Tatsächlich kann sie nur durch eine ruckartige Bewegung von oben gelöst werden.

Struktur und Funktion des Hufs

Der keilförmige Strahl, welcher in seiner Mitte und an beiden Seiten eine Furche hat, kommt als erster Teil des Hufs mit dem Boden in Kontakt. Will ein Pferd bremsen, stemmt es seine Hufe in den Boden, wobei der Strahl sich eingräbt. Die Verbindung einer untertassenförmigen Sohle mit einem keilförmigen Strahl hilft dem Pferd sein Gleichgewicht zu halten und verhindert ein Ausgleiten, wenn das Pferd abwendet oder plötzlich bremst.

4. Physiologischer Hufbeschlag

Der Zweck des Hufbeschlags ist der Schutz der Hufe vor übermäßiger Abnutzung. Werden Anatomie und die Prinzipien der Physiologie des Hufs erkannt und beachtet bei der Zubereitung des Hufs und beim Anfertigen und Aufpassen des Hufeisens, bleibt seine natürliche Funktion erhalten – und viele der schwerwiegenden Folgen des Hufbeschlags bleiben aus. Zu diesem Zweck sollten folgende Punkte berücksichtigt werden:

- Die Wand sollte in dem Maße gekürzt werden, daß sie einer normal abgenutzten Wand eines unbeschlagenen Hufs entspricht.
- Der äußere Rand des Eisens ist dem Tragerand der Wand anzupassen. Wird die Wand beraspelt, um sie dem Format des Eisens anzupassen, wird die Huflederhaut zerstört, der Huf wird spröde, Tragefläche geht verloren, und es verbleibt weniger Wandmasse, um die Nägel zu befestigen.
- Die Sohle sollte nicht beschnitten werden. Sie ist nie zu dick, da sie den inneren Hufbereich schützt.
- Das Ausschneiden der Eckstreben oder das »Öffnen der Trachten« – wie man dieses Vorgehen landläufig nennt – ist zu unterlassen. Die Eckstreben sind ein Teil der Wand, und folglich ist es ihre Aufgabe, Gewicht zu tragen. Außerdem sind sie wichtig im Stoßbrechermechanismus des Hufs.
- Der Strahl sollte nicht beschnitten werden. Ist er kleiner als normal, hat er keinen Kontakt mit dem Boden, und erhält er keinen Strahldurck, kann er nicht angemessen funktionieren.
- Das Eisen muß eine ebene Tragefläche haben und auf der Wand, den Eckstreben und dem äußeren Sohlenrand aufliegen.
- Das Eisen sollte mit möglichst wenig Nägeln gefestigt werden, da sie das Horn beschädigen. Sie sollten nicht an den Trachten eingetrieben werden, denn dies würde die natürliche Ausdehnung hindern.

Diese Erwägungen sind unerläßlich, sollen die Regeln des physiologischen Hufbeschlags Beachtung finden. Läßt man sie außer acht, kann der Huf nicht normal funktionieren, und nachteilige Veränderungen mit entsprechender Lahmheit sind unweigerlich die Folge.

KAPITEL IV

Das Werkzeug des Hufschmieds

Die Werkzeuge, welche der Schmied zum Abnehmen der Eisen, zum Ausschneiden und Annageln des Eisens verwendet, nennt man das Hufbeschlagwerkzeug, während das Werkzeug, das am Schmiedeherd und am Amboß benutzt wird, um das Eisen zu schmieden und fertigzustellen, Schmiedewerkzeug heißt.

1. Das Hufbeschlagwerkzeug

Hufbeschlaghammer

Dieser Hammer (Abb. 43) wiegt 300 bis 500 Gramm und dient zum Eintreiben der Nägel, zum Entfernen der Nagelspitzen, zum Nieten und zum Herausziehen der Nägel. Er hat eine große Schlagfläche und eine kurze, gebogene Finne, die weit genug ist, um Nägel zu ziehen, und eng genug, um Nagelspitzen leicht entfernen zu können.

Nietklinge

Dieses Werkzeug (Abb. 44) ist etwa 15 cm lang und aus Stahl gefertigt. Viele Schmiede machen sich ihre eigene Nietklinge aus einer alten Raspel. Das meißelförmige Ende, das circa 4 cm breit ist, wird zusammen mit dem Hufbeschlaghammer benutzt, um die Niete zu öffnen, bevor das Eisen abgenommen wird. Man benutzt sie auch, um loses Horn an der Sohle zu entfernen und um den Kopf eines unsachgemäß eingetriebenen Nagels zu lockern, damit er von der Zange erfaßt und gezogen werden kann. Das spitze Ende benutzt man zum Entfernen abgebrochener Nägel und zum Reinigen von Nagellöchern. Die Spitze sollte so sein, daß sie der Klinge eines Hufnagels entspricht.

Abnehmzange

Diese Zange (Abb. 45) hat 25 bis 30 cm lange Schenkel und ein 2,5 bis 3 cm breites Maul, das geschärft werden muß. Man benutzt sie zum Anheben der Schenkel des Eisens, zum Abnehmen des Eisens, zum Ziehen von Nägeln, zum Abknipsen irgendwelcher Nagelüberstände und zum Bilden der Niete.

Hauklinge

Die Hauklinge (Abb. 46) wird gewöhnlich vom Schmied aus einer alten Raspel gemacht. Sie ist etwa 25 cm lang, wobei 6 cm

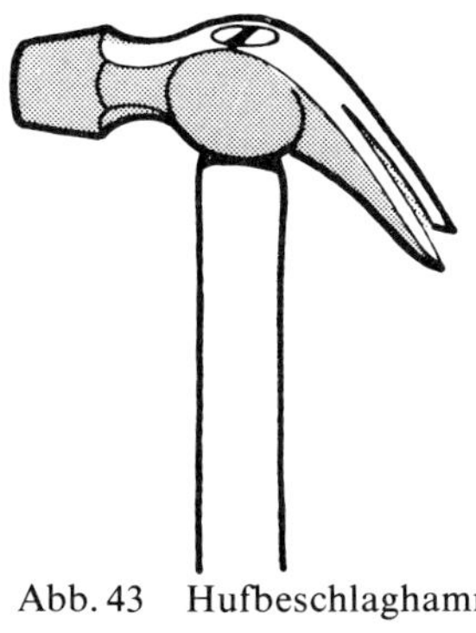

Abb. 43 Hufbeschlaghammer

Abb. 44 Nietklinge

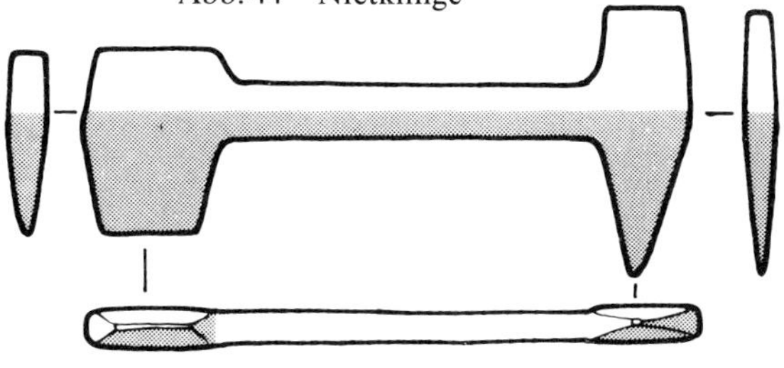

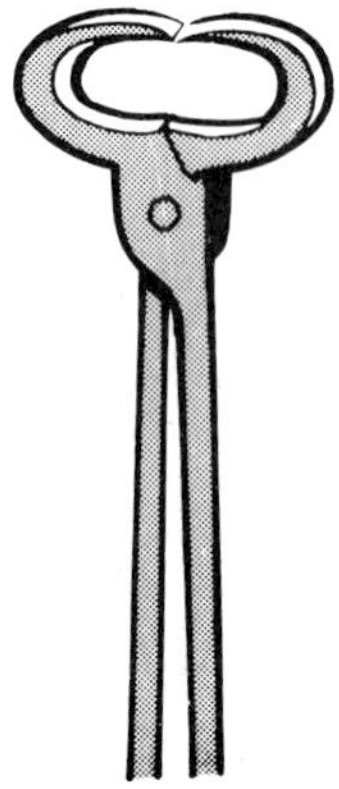

Abb. 45
Abnehmzange für Hufbeschlag

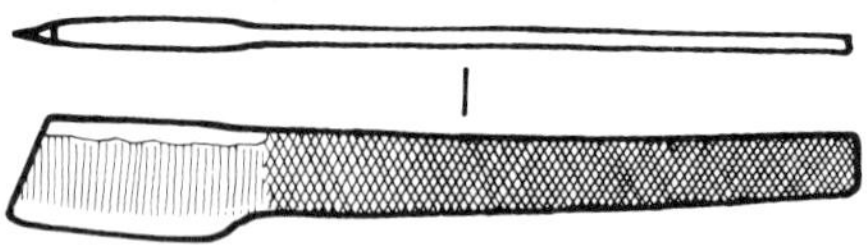

Abb. 46 Hauklinge

Abb. 47 Hufschneider

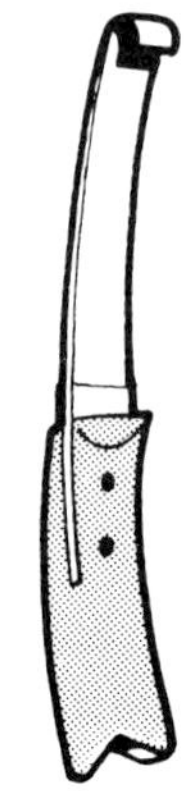

Abb. 48 Rinnhufmesser

eines Endes scharf gemacht wurden. Man benutzt sie zum Kürzen übermäßig langer Hufe, indem man sie mit einem Holzschlegel durch die Wand treibt oder mit dem Hufbeschlaghammer. Ein nützliches Werkzeug, doch erfordert es Geschick und Achtsamkeit im Umgang, da es sich leicht in der Hand dreht, wenn geschlagen wird und in den sensitiven Huf schneidet. Dies passiert besonders schnell beim Kürzen der Hufe von Jungpferden, die noch nicht schmiedefromm sind und empfindlich auf das Hämmern reagieren.

Hufschneider

Dieses Werkzeug (Abb. 47) hat 25 bis 30 cm lange Schenkel und ein zangenähnliches Maul mit einer scharfen und einer abgeflachten Seite. Seine Benutzung ist gefahrloser als die der Hauklinge, und daher verwenden sie einige Schmiede ausschließlich zum Kürzen zu langer Wände. Bei der Arbeit hält man die abgeflachte Seite an die Außenseite der Wand, während die scharfe, schneidende Seite sich innen befindet. Ein Hufknipser, an dem beide Seiten des Mauls geschärft sind, wird von manchen Schmieden dem üblichen Hufschneider vorgezogen. Doch sind beide Werkzeuge gleich brauchbar, und die Wahl zwischen ihnen ist eine Frage der persönlichen Vorliebe.

Rinnhufmesser

Die Schneide des Messers (Abb. 48) ist nicht breiter als 1,5 cm und leicht gekrümmt. Die Spitze ist aus Sicherheitsgründen nach innen umgebogen. Der Griff ist aus Horn oder Holz, und am Ende des Griffs befindet sich eine V-förmige Einkerbung, die bei einem Holzgriff mit Metall ausgelegt ist.
Ursprünglich wurde dieses Messer zum Ausschneiden der Sohle entworfen, einer folgenschweren Unsitte, die inzwischen abgeschafft ist. Man benutzt es zum Kürzen der Wand, zum Entfernen losen Horns aus der Sohle und von Hornfetzen am Strahl sowie zum Ausschneiden der Sohle in den Sohlenwinkeln. Man verwendet es auch, um kleine Hornstücke dort zu entfernen, wo ein Aufzug angebracht werden soll. Eine Methode, die nicht zu empfehlen ist. Mit der Außenkante der Spitze säubert man die Sohle und die Strahlfurchen nach dem Abnehmen des Eisens. Das Ende des Griffs wird beim Aufbrennen der Eisen auf den Huf benutzt.

Untersuchungs-Rinnmesser
Dieses Messer (Abb. 49) ist dem Rinnhufmesser ähnlich, hat jedoch eine viel dünnere Schneide. Wie sein Name schon sagt, dient es dazu, den Huf zu untersuchen, das Horn rund um Stichwunden wegzuschneiden und um Steingallen herauszuschneiden. Letzteres ist nicht immer sinnvoll, da in den Löchern sich Steine und andere Fremdkörper festsetzen. Sowohl das Rinnhufmesser wie auch das Untersuchungs-Rinnhufmesser wird für Rechts- und Linkshänder hergestellt.

Hufraspel
Diese Raspel (Abb. 50) muß lang und breit sein, um es dem Hufschmied zu ermöglichen, eine ebene Tragefläche zu schaffen. Die Standard-Hufraspel ist 40 cm lang, mit einem groben und einem Feilen-Profil und hat gesägte Ränder. Die grobe Seite wird zur Beseitigung überständigen Wandhorns verwendet, zum abschließenden Glätten der Tragefläche und Abfeilen der Nieten. Die Feilenseite wird zum Glätten des Eisens, heißen Beraspeln der Schenkelenden und zum Formen der Niete gebraucht. Mit der gesägten Kante wird die scharfe, äußere Kante der Wand geglättet, damit sie nicht spleißt, nachdem das Eisen aufgenagelt wurde. Einige Schmiede ziehen eine Raspel mit Griff vor, die auf einer Seite eine Feilenfläche hat.

Nietzange
Dies ist ein Spezialwerkzeug (Abb. 51) für das Schließen und Einbetten der Niete. Es empfiehlt sich besonders bei jungen oder empfindlichen Pferden, die sich ängstigen, wenn mit dem Hammer auf ihre Hufe geschlagen wird.
Neben all diesen Werkzeugen ist ein Metalllineal erforderlich, um den Huf zu messen und die erforderliche Eisenlänge, die für das Anfertigen des Hufeisens vom Stab abgeschnitten werden muß, falls das Eisen selbst gefertigt wird.
Einige Schmiede benutzen einen Zirkel, um die Länge der Zehe zu messen, und eine Wasserwaage, um den Winkel der Wand

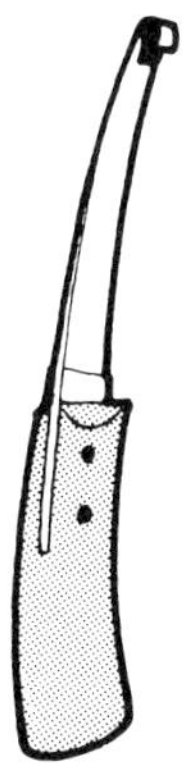

Abb. 49
Untersuchungs-Rinnmesser

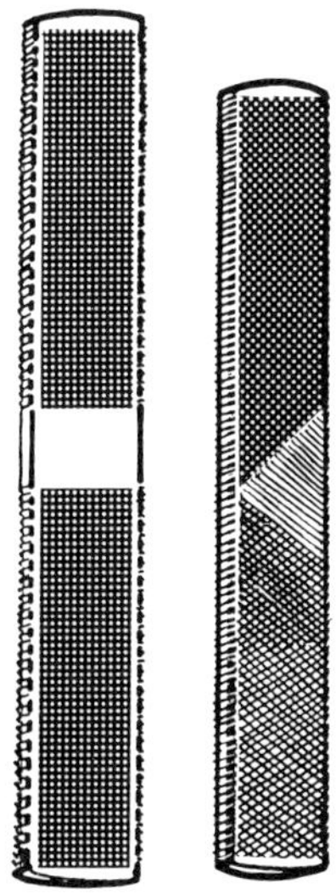

Abb. 50 Hufraspel

Abb. 51 Nietzange

herauszufinden; doch behaupten die meisten Schmiede, daß die Zubereitung des Hufs ebenso gut und genau nach Augenmaß erfolgen kann. In Zweifelsfällen ist es besser, das Pferd vorführen zu lassen, um die Fußung zu beobachten.

2. Schmiedewerkzeug

Amboß
Der Schmiedeamboß (Abb. 52) ist so gestaltet, daß er den speziellen Anforderungen genügt. Er besteht aus Schmiedeeisen, hat eine Vierkant-Grundform, ein gerundetes Horn und wiegt zwischen 110 und 140 kg. Die Bahn oder Arbeitsfläche, die etwa 60 zu 15 cm mißt, verfügt über eine aufgeschweißte Stahlplatte und wird zum Schmieden und

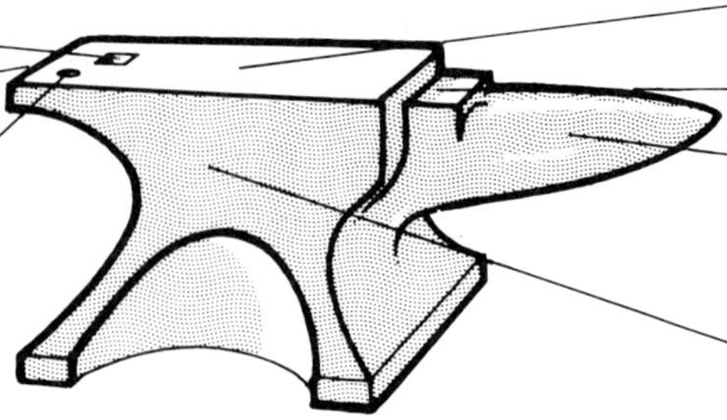

Abb. 52 Amboß.

Dehnen des Eisens benutzt. Das Horn dient zum Biegen des Eisens und zum Formen der Hufeisen. An der Basis des Horns befindet sich eine kleine, rechteckige, flache Platte, etwa 1 cm unter der Bahnfläche. Sie ist nicht so hart wie die Bahn, hat keine aufgeschweißte Stahlplatte und wird benutzt, wenn Eisen mit dem Warm- oder Kaltmeißel geschnitten wird, damit die Kanten des Werkzeugs nicht abstumpfen. Das gegenüberliegende Ende des Amboß ist das Vierkanthorn. Es ist dünner gehalten, damit der Schmied einen Schenkel des Eisens bei der Arbeit unter die Bahn halten kann. Auf der Arbeitsfläche des Vierkanthorns befinden sich zwei Öffnungen, die den Amboß voll durchdringen. Die eine ist quadratisch und wird als Gesenkloch bezeichnet. Sie faßt den Schaft der Werkzeuge, die unter das zu bearbeitende Eisen gelegt werden, wie den Abschrot und den Verhau-Schroter, und der Schmied legt den Schenkel des Eisens obendrauf, wenn er den Dorn benutzt. Das zweite ist ein kleines rundes Loch, das weniger als 2,5 cm Durchmesser hat und dazu dient, die Spitze eines Dorns oder eines Treibers aufzunehmen, wenn Löcher für die Aufnahme von Stollen im Schenkel des Eisens angebracht werden. Der Schmied befestigt seinen Amboß so, daß die Bahn 70 bis 75 cm über dem Boden ist, mit einer leichten Neigung weg von seinem Standort, so daß Späne und lose Metallstücke bei jedem Hammerschlag auseinander fliegen und auf den Boden fallen. Er stellt ihn in einer Entfernung vom Schmiedefeuer auf, die es ihm ermöglicht,heißes Eisen vom Feuer mit einer seitlichen Armbewegung auf den Amboß zu legen, ohne sich weit bewegen zu müssen. So kühlt sich das Eisen in der Zwischenzeit auch nicht ab.

Der Amboß kann in einen gußeisernen Stand gesetzt werden, doch ziehen die meisten Schmiede es vor, ihn auf einer Holzbank oder einem Baumstumpf zu verbolzen, der etwa 5 cm in den Boden versenkt wird. Die Elastizität des Holzes läßt den Hammer nach jedem Schlag hochfliegen. Dies ermöglicht es dem Schmied, schneller zu schlagen und sich dabei weniger anzustrengen. Ein Amboß ist gut plaziert, wenn ein schwerer Schlag auf das Horn ihn nicht bewegt. Seine Qualität wird am Klang gemessen.

Handhammer

Dies ist der Hammer (Abb. 53), den der Hufschmied üblicherweise am Amboß benutzt. Er wiegt 2½ bis 4 Pfund, hat eine flache und eine konvexe Schlagfläche und einen Eschen- oder Hickorystiel von etwa 30 cm Länge. Die flache Seite wird benutzt, wenn mit Werkzeugen gearbeitet wird und wenn der Schmied mit einem Zuschläger arbeitet; dann schlägt er damit den Takt auf dem Amboß, um die Kraft anzuzeigen, die bei jedem Schlag erforderlich ist. Die konvexe Seite benutzt man zum Schmieden und Biegen des Eisens. An einer Seite des Kopfes ist eine Kugel oder ein »Ohr« und an der anderen ein Docht. Diese Vorsprünge dienen dazu, Aufzüge anzufertigen.

Ball-Niethammer
Einige Schmiede ziehen einen Ball-Niethammer vor (Abb. 54), um diese Art von Arbeit durchzuführen. Die Schlagfläche des Hammers ist flach. Die andere Seite hat eine Nietknolle, die allgemein als »Bullnase« bezeichnet wird.

Vorschlaghammer
Ein Vorschlaghammer (Abb. 55) wiegt etwa 9 Pfund und hat einen 90 cm langen Stiel. Am häufigsten sieht man den zweiseitigen Hammer, doch werden auch andere Hämmer benutzt. Es gibt solche, bei denen die Finne quer zur Schlagfläche, und solche, wo die Finne in Richtung Schlagfläche steht.
Er wird vom Zuschläger nach Anweisung des Schmieds geschwungen, wenn heißes Metall geschmiedet und durch ein Werkzeug gehämmert werden soll, und wenn Walk- oder Stempeleisen geschmiedet werden.

Feuerzange
Diese Zange (Abb. 56) wird mit 10 cm langen Backen und 60 bis 75 cm langen Griffen gefertigt, die es dem Schmied ermöglichen, heißes Metall zu bearbeiten, ohne zu nah am Feuer sein zu müssen.

Beschlagzange
Diese Zange (Abb. 57) wird vom Schmied am Amboß benutzt, um heißes Metall zu greifen und zu bearbeiten. Sie hat kürzere Griffe als die Feuerzange (von 30 bis 45 cm) und Backen von 2,5 bis 5 cm Länge. Dieses Verhältnis von Backenlänge zur Grifflänge und die Tatsache, daß die Griffe parallel zueinander stehen, wenn die Zange gebraucht wird, ermöglichen einen besonders guten Griff.
Zwei Typen sind im Umlauf: die mit geschlossenen Backen, welche man zum Greifen schmaler Stäbe benutzt, und die mit offenen Backen, eine Beschlagzange, mit der man starke Formen bearbeitet.

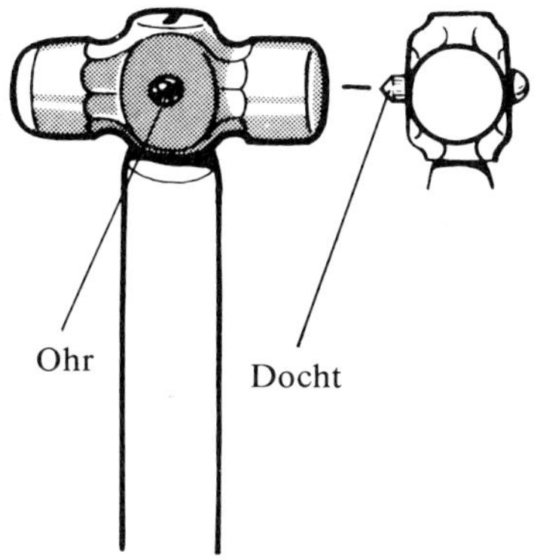

Abb. 53 Handhammer

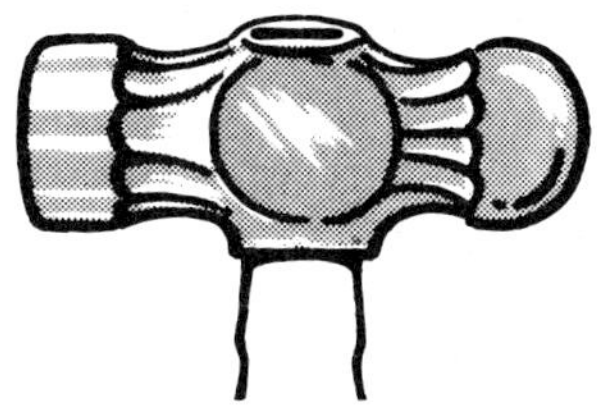

Abb. 54 Ball-Niethammer

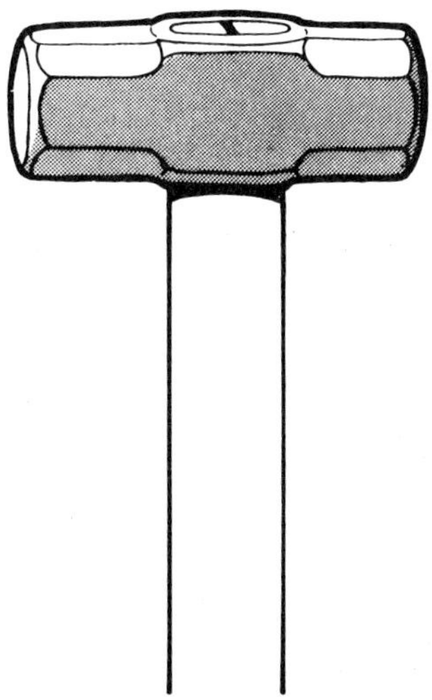

Abb. 55 Vorschlaghammer

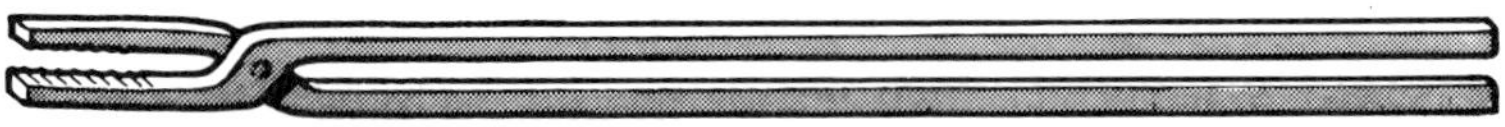

Abb. 56 Feuerzange

Warmmeißel

Dies ist ein meißelförmiges Werkzeug (Abb. 58), etwa 10 cm lang, mit einer 1,5 cm breiten Schnittfläche. Man benutzt es zum Schneiden von Eisen-Stangen, und es wird wie ein Hammer mit einem Griff versehen.

Kaltmeißel

Dieses Werkzeug (Abb. 59) ähnelt in der Form dem Warmmeißel, ist aber massiver und hat eine schärfere Schnittfläche. Man benutzt es, um Eisenstangen kalt zu schneiden. Bei der Arbeit mit dem Warm- oder Kaltmeißel wird die Arbeit auf die Eisenplatte des Ambosses gelegt, um die Schnittflächen zu schonen.

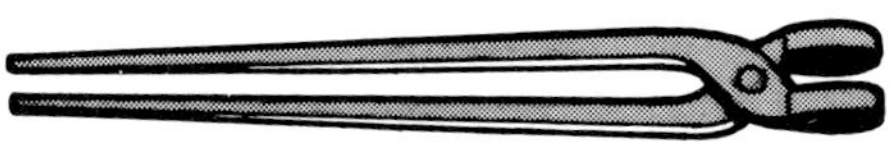

Abb. 57 Beschlagzange

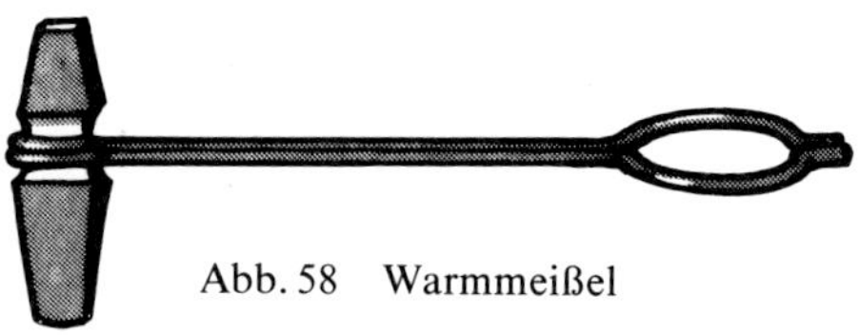

Abb. 58 Warmmeißel

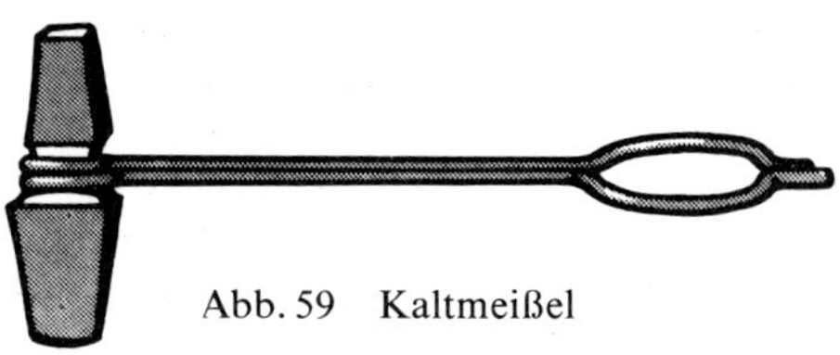

Abb. 59 Kaltmeißel

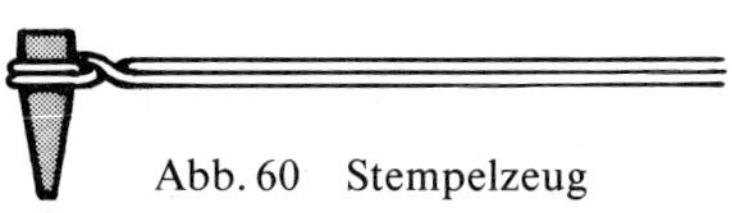

Abb. 60 Stempelzeug

Stempelzeug

Dies ist ein Dorn (Abb. 60), der wie ein Hammer mit einem Stiel versehen ist. Man gebraucht ihn zum Anfertigen der Löcher. Folglich muß seine Spitze die gleiche Form wie die Nagelköpfe haben.

Das Stempelzeug wird vom Schmied gehalten und entweder vom Zuschläger mit einem Vorschlaghammer geschlagen oder vom Schmied selbst, mit der flachen Seite seines Handhammers. Es wird erst mit leichten Schlägen und dann immer stärker geschlagen, bis die Spitze die Dicke des Eisens fast vollständig durchdringt.

Falzeisen

Dies ist ein stumpfer Meißel (Abb. 61), der wie ein Hammer mit einem Griff versehen ist. Er hat eine flache Seite und eine abgeschrägte und wird zum Ziehen einer Vertiefung oder Rille, entlang des Rands der Hufeisenbodenfläche, benutzt. Bei der Arbeit wird die abgeschrägte Seite nach außen gehalten, was es dem Schmied ermöglicht, zu sehen, wie der Falzvorgang fortschreitet.

Warm- und Kaltmeißel, Dorn und Falzeisen sind sogenannte »Top-Werkzeuge«, weil man sie oben auf die Arbeit legt und anschließend mit dem Hammer auf sie schlägt. Gewöhnlich versah man diese Werkzeuge mit einem ovalen Loch in der Mitte für einen Holzgriff, doch ist der Rückschlag solch eines starren Griffs beträchtlich. Dies wurde vermieden, indem man Griffe aus dünnen Metallstäben herstellte und sie um das Werkzeug drehte.

Abschrot

Dies ist ein Werkzeug (Abb. 62) mit geraden Kanten, das bis zu 2 Pfund wiegt, wie ein Meißel geformt ist und einen Schaft hat, der in das quadratische Loch auf der Bahn des Amboß paßt. Es wird benutzt, um Eisenstangen der Länge nach zu schneiden, die über seine Kante gelegt werden und mit dem Vorschlaghammer bearbeitet werden, bis sie durchgetrennt sind und abgebrochen werden.

Verhau-Schroter
Dieses Werkzeug (Abb. 63) hat eine halbrunde Schnittfläche, die dazu dient, die Schenkel eines Eisens abzuschneiden oder zu kürzen. Es hat einen Schaft, der in das quadratische Loch auf der Bahn des Ambosses paßt. Man benötigt den Verhau-Schroter in 3 oder 4 Größen, um den üblichen Hufeisengrößen gerecht zu werden. Bei der Arbeit wird die konkave Seite vom Schenkelende des Hufeisens weggehalten (Abb. 131).

Konkaves Werkzeug oder Gesenke
Dieses Werkzeug (Abb. 64) ist eine Form, durch die ein rotglühender Eisenstab langsam vom Schmied gezogen wird, während es gleichzeitig mit dem Vorschlaghammer so bearbeitet wird, daß eine Seite konkav geformt wird. Es hat einen Schaft, der in das quadratische Loch auf der Bahn des Ambosses paßt.
Abschrot, Verhau-Schroter und Gesenke sind sogenannte »Boden-Werkzeuge«, weil die Arbeit oben auf sie gelegt und dann mit dem Hammer bearbeitet wird.

Nagellochdorn
Dies ist ein langer Stahldorn (Abb. 65) mit einer Spitze, die ganz dem Hals eines Nagels entspricht. Man benutzt ihn, um die Nagellöcher fertigzustellen, die mit dem Stempelzeug vorgearbeitet wurden, und um ein heißes Eisen aufzubrennen.
Zu diesem Zweck wird er in das Nagelloch außen an der Zehe gedrückt. Die Spitze des Nagellochdorns wird schnell stumpf und folglich zu groß. Ist dies geschehen, ist es besser, ihn zu erwärmen und wieder in Form zu schlagen, als eine neue Spitze zu feilen. Nagellochdorne bestehen aus Werkzeug-Stahl, das eine schwierige Arbeitswärme hat. Daher sollte die Spitze nur rotglühend sein, bevor sie in Form gehämmert wird, sie sollte zu einer dünnen Spitze langgezogen werden und schließlich mit ein paar abschließenden Schlägen auf ihren Kopf geformt werden. Beim Auslochen der Eisen kann man auch die Stellung der Hufnägel beeinflussen.
Wird er weißglühend erhitzt, bricht die Spitze ab, wenn der Nagellochdorn gebraucht wird, und wird er bei schwarzer Hitze benutzt, zerbricht er. Die Lebensdauer der Spitze kann verlängert werden, indem man sie härtet und tempert, anstatt sie an der Luft abkühlen zu lassen. Wird die Spitze rotglühend erhitzt und dann in Öl oder Fett geschwenkt, bis sie abgekühlt ist, wird sie einen silbrigen Glanz zeigen, sehr hart sein und beim Schlagen zerbrechen. Zum Tempern der Spitze kratzt man alles Rauhe ab, erhitze sie in einem niedrigen Feuer, bis sie blau wird, dann nehme man sie heraus und lösche sie im Wasser.

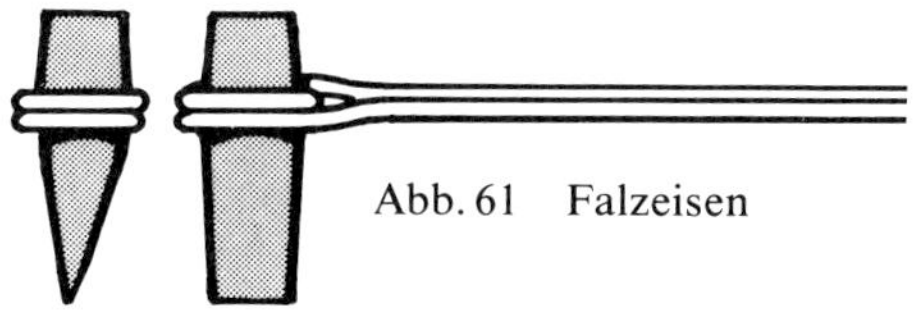

Abb. 61 Falzeisen

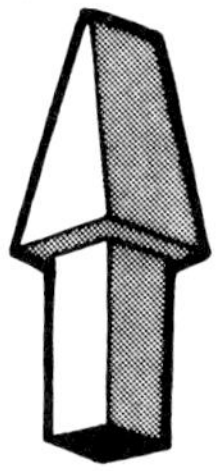

Abb. 62
Abschrot

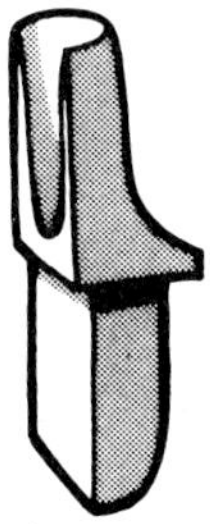

Abb. 63
Verhau-Schroter

Abb. 64 Gesenke

Abb. 65 Nagellochdorn

Abb. 66 Dorn

Abb. 67 Stollenlochdorn

Dorn

Die Art von Dorn (Abb. 66), die die Schmiede benutzen, ist rund und wird benutzt, um ein Loch in ein Schenkelende eines Hufeisens zu machen, bevor es mit einem Treiber erweitert wird, damit ein Stollen eingepaßt werden kann. Man arbeitet mit ihm über dem kleinen runden Loch auf der Bahn des Amboß, damit die Spitze nicht stumpf wird und der Schenkel des Eisens nicht verbiegt.

Stollenlochdorn

Dieses Werkzeug (Abb. 67) ähnelt einem Dorn. Es ist so geformt, daß es dem Zapfen eines Stollens entspricht und wird benutzt, um ein mit dem Dorn vorgefertigtes Loch zu vergrößern, damit der Stollen hineinpaßt. Man arbeitet mit ihm über dem runden Loch auf der Bahn des Amboß. Der Stollenlochdorn wird zunächst von der Bodenfläche des Eisens durch das Loch getrieben, anschließend von der Tragefläche her. Hierbei bildet sich ein Metallrand um das Loch an der Bodenfläche, der einen festen Sitz des Stollens garantiert.

3. Der Schmiedeherd

Es gibt zwei Arten von Schmieden, die fest installierten und die transportablen. Prinzipiell sind beide gleich, insofern, als Luft durch den Schmiedeherd geblasen wird, um ein konzentriertes Feuer zu erzeugen, das sich bis zur Schweißhitze steigern kann.
Die feste Schmiede hat entweder eine metallene Feuerschüssel oder einen Metallrost, der von Brandziegeln umgeben ist und einer Gußeisenplatte, gegen die ein geneigtes Feuer, etwa 2,5 cm hoch und 45 cm breit aufgebaut wird. Über dem Feuer befindet sich der weit offene Rauchfang, der nach oben in den Kamin mündet. Am anderen Ende der Schmiede ist ein gußeiserner Löschtrog eingelassen, der mit Wasser gefüllt ist und zum Eintauchen heißer Werkzeuge und Löschen des heißen Eisens zum Tempern vorgesehen ist.
Kohle von guter Qualität ist der beste Brennstoff für das Feuer, da sie zu Koks verbrennt, der lange anhält, bevor er zu Asche wird und wenig Schlacke bildet. Ein gutes Feuer hat ein tiefes Koksbett, das von der Kohle genährt wird, die an seinen Rändern aufgehäuft und nach und nach in die Mitte gefüllt wird. Das kleine, konzentrierte Koksfeuer oder der »heiße Fleck« des Schmiedefeuers sollte um 23 cm tief sein, und hineingelegtes Metall sollte um 15 cm über dem Boden liegen, damit es nicht vom kalten Windzug erreicht wird, der vom Blasebalg oder Gebläse erzeugt wird. Wird das Feuer zu heiß, reguliert der Schmied die Hitze, indem er kaltes Wasser aus dem Löschtrog darüber spritzt. Eisenspäne verbinden sich mit Koks zu Schlacken, die keine Hitze abgeben. Ihre Bildung zeigt sich daran, daß das Feuer sich ausdehnen will. Wird das Feuer losgenommen, werden sie schwarz und sind leicht zu erkennen.
Die Luft wird mit einem Blasebalg oder einem Gebläse durch das Feuer geblasen. Blasebälge werden von Hand betrieben und funktionieren in doppelter Weise; das heißt, bei jedem Aufwärts- und Abwärtsschwingen des Blasebalggriffs wird ein Luftstrom erzeugt, der in einem beständigen, nicht unterbrochenen Luftzug durch das Feuer geht.

Abb. 68 Ein beliebtes Feldschmiedemodell für englische Hufschmiede. Seine Feuerschüssel mißt im Durchmesser 45 cm und ist 15 cm tief, ist für Rückengebläse entworfen und verfügt über ein von Hand betriebenes Gebläse mit verschiedenen Tourenzahlen.

Gebläse werden mit der Hand oder von elektrischen Motoren angetrieben. Die letzteren sind vorzuziehen, da durch sie ein Regulieren, Einstellen und Fortbestehen des Luftstroms gewährleistet wird. Um zu verhindern, daß der Luftstrom das Feuer beeinträchtigt, packt der Schmied es fest auf und stapelt Kohle rundherum, damit es sich nicht ausbreiten kann.
Die Geräte zum Erhalten des Feuers sind das Stochereisen, die Feuerharke, die dazu dient, Schlacken zu entfernen, das Feuer zusammenzuhalten, indem die Kohlen von den Rändern in das Feuer geharkt werden, und die Feuerschaufel, die an den Seiten flach gehalten ist, zum Aufstapeln des Feuers dient und zum Festklopfen. All diese Geräte haben einen Griff von 45 bis 90 cm Länge. Legt der Schmied ein Eisen oder den Schenkel eines Hufeisens ins Feuer, so nennt man das »Erhitzen«, das so lange anhält, bis die für die Arbeit erforderlichen Hitzegrade erreicht sind. Die Hitzegrade für die jeweiligen Verrichtungen des Hufschmieds variieren beträchtlich und hängen weitgehend vom handwerklichen Geschick und Können des einzelnen Schmieds ab.
Schmiede messen die Temperatur des erhitzten Eisens nicht in Grad Celsius oder Fahrenheit, sondern beurteilen die Hitze,

Abb. 69 Rechteckige Motorgebläse-Schmiede: Dieses Schmiedemodell wird gewöhnlich auf landwirtschaftlichen Schauen bei Schmiedewettbewerben benutzt. Es handelt sich um ein Modell mit Gasantrieb, mit einer 75 zu 63 cm großen Feuerschüssel, die 18 cm tief ist und Öffnungen an den Seiten hat, die es zulassen, daß lange Stangen erhitzt werden. Sie wurde für ein Bodengebläse entworfen.

Abb. 70 Transportabler Schmiede-Gasofen: Die innere Heizkammer ist 23 cm breit, 10 cm hoch an der Vorderseite und verringert ihre Höhe nach hinten bis auf 2,5 cm und mißt 30 cm von vorn nach hinten. Sie wird durch Propan- oder Calorgas betrieben. Sie ist mit einer feuerfesten Spezialsubstanz beschichtet. Um eine hochintensive Hitze zu erreichen, ist sie in schweren Stahl eingelassen, wiegt 45 Pfund, ist mit zwei Hebe-Ösen ausgestattet, die den Transport erleichtern, und hat eine maximale Aufheizzeit von 8 Minuten.

die sie für bestimmte Arbeitsgänge benötigen, nach seiner Farbe. Natürlich variiert die Bezeichnung der verschiedenen Färbungen des heißen Eisens je nach Landstrich, doch können die folgenden Beschreibungen als Leitfaden dienen.

Weißglut oder Schweißhitze
Das Metall ist weiß und sprüht Funken. Diese Hitze wird beim Formen des Eisens mit dem Hammer und zum Schweißen benötigt.

Hellrote Glut
Das Metall ist gerade nicht mehr weiß. Es ist sehr biegsam und leicht zu bearbeiten. Diese Hitze eignet sich zum Ziehen der Aufzüge, Abschneiden der Schenkelenden und Anbiegen der Stollen.

Rote oder kirschrote Glut
Das Eisen zeigt einen hellen Schein und der Schmied bedient sich dieser Glut für den Großteil seiner Arbeit, wie zum Formen und Fertigstellen eines Hufeisens und zum Öffnen der Nagellöcher.

Schwarze oder blaue Glut
Das Eisen zeigt einen sehr schwachen Schein. Man benötigt diese Glut bei geringfügigen Veränderungen an der Form und zum Ebnen des Eisens.
Heute ist es allgemein üblich, daß die Schmiede zum Beschlagen zu den Ställen fahren. Dies macht den warmen Beschlag zu einem Problem, da der Schmied eine transportable Schmiede zu den Ställen bringen und aufbauen muß (Abb. 68 und 69), was sowohl umständlich wie auch zeitraubend ist. Diese Schwierigkeiten sind jetzt weitgehend überwunden worden. Mit Propan- oder Calorgas geheizt, sind sie speziell für das Erhitzen von Hufeisen entworfen worden, für die Bearbeitung von Stahlstangen und kleinen Gegenständen (Abb. 70).

KAPITEL V

Das Hufeisen und die Hufnägel

1. Das Hufeisen

Ein Hufeisen hat ein Vorderteil, Seitenteile und Schenkelenden. Das Stück vom Vorderteil bis zum Schenkelende nennt man einen Schenkel (Abb. 71). Das Vorderteil befindet sich zwischen den ersten Nagellöchern jeder Seite. Den Teil des Schenkels, zwischen dem letzten Loch und dem Schenkelende, nennt man Seitenteil.
Die Gesamtsubstanz eines Eisens, das heißt die Breite und Dicke des Metalls, nennt man die Stärke; und die Breite, die das Eisen einnimmt, seine Deckfläche. Daher sagt man von einem Eisen mit großem Umfang, es habe eine große Deckfläche. Eisen haben zwei Flächen; die Tragefläche, die mit der Tragefläche des Hufs Kontakt hat und die Bodenfläche sowie zwei Kanten, die innere und die äußere. Zwei Vorder- oder Hintereisen bilden ein Eisenpaar, ein Paar Vorder- und Hintereisen bilden einen Satz.

Materialien zur Herstellung von Hufeisen
Hufeisen sind im Laufe der Zeit aus einer Vielzahl von Materialien hergestellt worden, zu denen Gummi, Hartgummi, Plastik, Messing und Kupfer zählen, doch haben sich Schmiedeeisen und Stahl am besten bewährt. Schmiedeeisen ist fast reines Eisen mit einem Kohlegehalt von maximal 2 %, mit Spuren von Phosphor, Schwefel und Silikon. Erhitzt läßt es sich leicht bearbeiten und schweißen. Eisen, die aus gebrauchten schmiedeeisernen Eisen gemacht sind, sind sehr widerstandsfähig. Diese besondere Härte ist auf die chemischen Verbindungen zurückzuführen, die beim Erhitzen zwischen dem Eisen und der Kohle entstehen, und nicht etwa auf das Hämmern, wie allgemein angenommen wird.
Wenn Stahl, der 1 bis 1,5% Kohle enthält, erhitzt wird, wird er biegsam und dehnbar, doch wird er übermäßig erhitzt oder zu rasch abgekühlt, wird er extrem hart und brüchig. Eisen aus Stahl haben den Ruf, sich schnell abzunutzen und leicht zu brechen. Die Praxis bestätigt diese Vorurteile nicht, und heute werden Eisen aus Stahl allgemein benutzt.
Aluminium – ein Leichtmetall – wiegt etwa ein Drittel eines schmiedeeisernen Hufeisens und wird für Renneisen verwendet.
Konkaver, gefalzter Stahl und flache Eisenstäbe sind die zwei Materialien, aus denen gewöhnlich Hufeisen gefertigt werden.

Konkave, gefalzte Stahlstäbe

Breite des Stabs cm	Dicke des Stabs				
	× 0,64 cm	× 0,79 cm	× 0,95 cm	× 1,11 cm	× 1,27 cm
1,27	✶				
1,59	✶	✶	✶	✶	
1,91			✶	✶	✶
2,22					✶

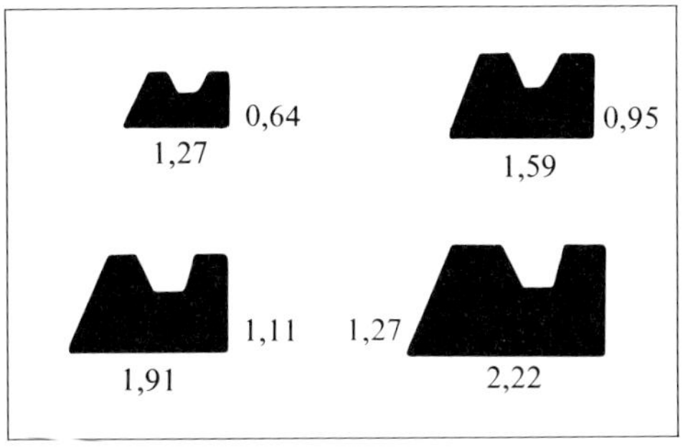

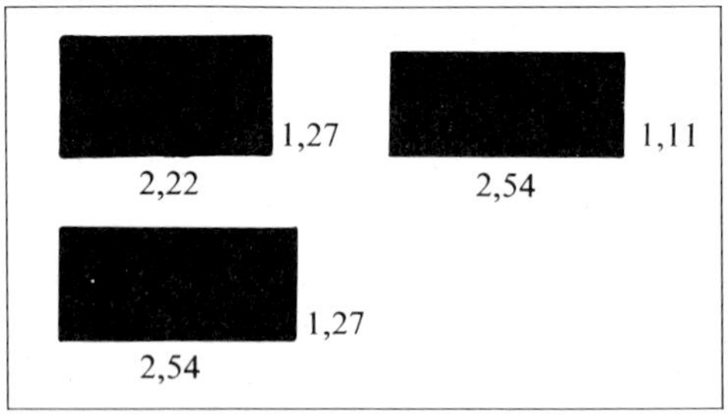

Flacher Eisenstab

Breite des Stabs cm	Dicke des Stabs × 1,27 cm	× 1,11 cm
2,22	✶	
2,54	✶	✶

Die Form der Eisen
Welches Eisen aufgeschlagen wird, hängt vom Pferd ab und von der Art der Arbeit, die es leisten soll. Doch haben alle Eisen eine Reihe grundlegender Merkmale gemeinsam, egal ob für Reit-, Fahr- oder Jagdpferde, für Galopper oder Traber.

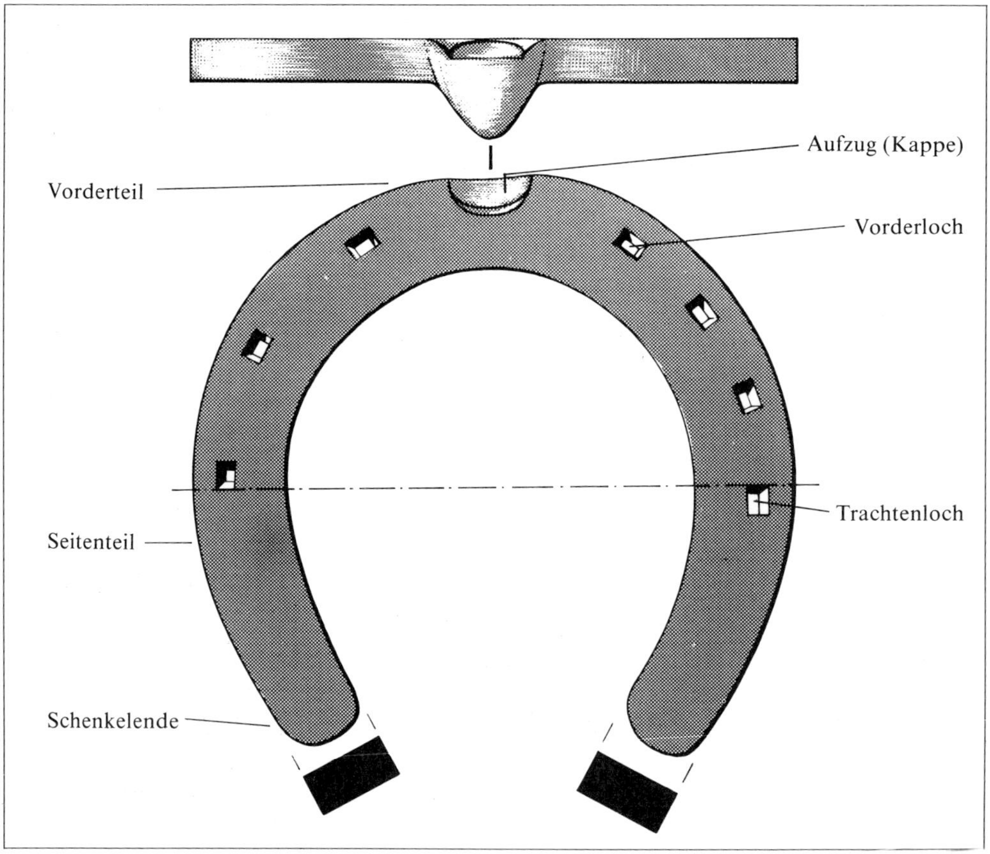

Abb. 71 Standard-Hufeisen mit glatter Boden- und Tragefläche. Die Nagellöcher befinden sich an der richtigen Stelle. An jedem der Schenkel wurden drei Nagellöcher vor einer imaginären Linie eingestanzt, die das Eisen in zwei gleiche Teile teilt. Das Nagelloch des Schenkelendes im äußeren Schenkel des Eisens befindet sich direkt hinter dieser Linie.

Die Breite des Eisens richtet sich nach der natürlichen Tragefläche des Hufs und sollte Wand, weiße Linie und den Außenrand der Sohle abdecken. Die durchschnittliche Breite eines Eisens entspricht in etwa der doppelten Wandstärke. Das Vorderteil des Eisens sollte etwas breiter sein, weil es sich hier am schnellsten abnutzt und die Schenkelenden etwas schmaler, damit der Strahl nicht eingeengt wird. Unter zu breiten Eisen sammeln sich leicht Kies und Steine an, und sind sie abgenutzt, sind sie auch glatt.

Die Stärke des Eisens hängt von seiner Größe ab. Ist es zu dick, steht der Huf zu hoch über dem Boden, wodurch der normale Druck auf den Strahl beeinträchtigt wird; außerdem braucht man übermäßig lange Nägel wegen der tiefen Nagellöcher. Damit der Huf ausgewogen bleibt, muß das Eisen von gleichmäßiger Stärke sein. Ist das Vorderteil übermäßig dick, belastet es die Beugesehnen und führt zum Stolpern. Wenn andererseits die Schenkelenden zu dick sind, steht das Kronbein zu steil, der Strahl hat keinen Kontakt mehr mit dem Boden, und mit der Zeit kann sich eine Überdehnung des Gelenks einstellen.

Die Tragefläche ist die dem Huf zugewandte Seite des Eisens. Es gibt verschiedene Ausführungen, die alle ihre besonderen Kennzeichen haben.

Eine glatte, flache Tragefläche (Abb. 73), die die Wand, die weiße Linie und den Sohlenrand bedeckt, verschafft dem Huf eine feste Standfläche und eignet sich für alle normalen Vorder- und Hinterhufe.

Eisen mit nach außen abgeschrägter Tragefläche (Abb. 73) waren dazu entworfen worden, einer Kontraktion dadurch entgegenzuwirken, daß die Dehnung des Hufs gefördert wurde. Doch hat sich dies in der Praxis nicht bewahrheitet, und Lahmgehen war die Folge.

Bei einer abgedachten Tragefläche (Abb. 74) ist die innere Kante abgeschrägt, um den Sohlenrand zu entlasten. Schräg abgedachte Eisen haben den Nachteil, daß sich Kies und Steinchen unter ihnen ansammeln, und bei tiefem Boden lösen sie sich leicht.

Eisen, die so stark schräg abgedacht sind, daß nur ein schmaler Rand der Tragefläche verbleibt, nennt man »abgedachte Eisen« (Abb. 75). Diese wurden zur Behandlung schwerer Fälle von gesenkter Sohle entwickelt, haben heute jedoch kaum mehr als historische Bedeutung. Durch die schmale Tragefläche sind sie schwierig zu richten und aufzunageln. Allzu bald wächst die Wand über den Rand des Eisens und spleißt, oder sie liegt vor der Kante des Eisens und wird zusammengedrückt, was Lahmgehen zur Folge hat.

Bei der Bodenfläche des Eisens ist ihre Bodenhaftung und ihre Abnutzung zu berücksichtigen und zu prüfen, inwieweit sie den Hufnägeln Halt bietet.

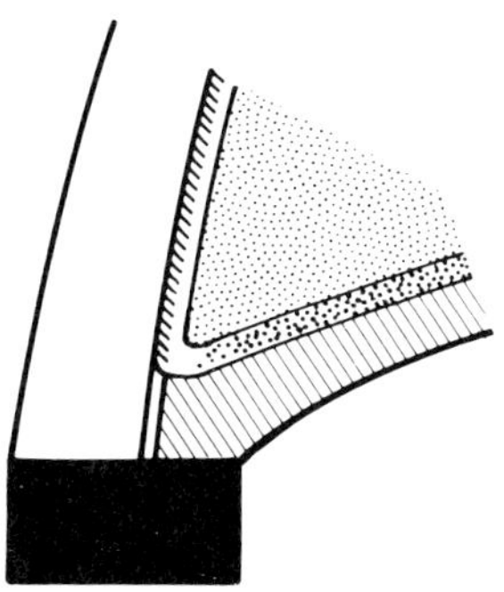

Abb. 72 Sektion eines Eisens mit planer, flacher Tragefläche.

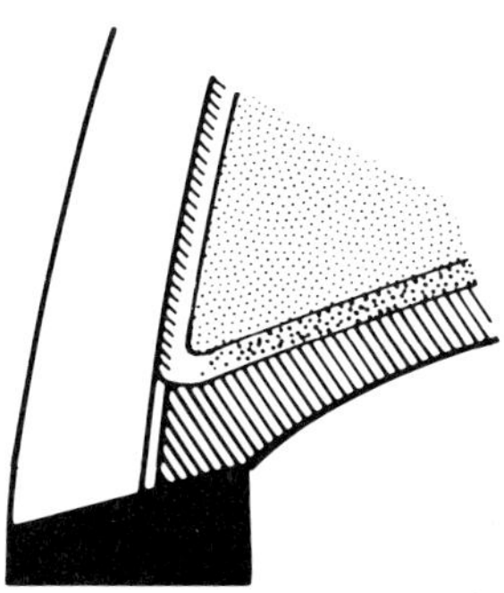

Abb. 73 Sektion eines Eisens mit nach außen abgeschrägter Tragefläche.

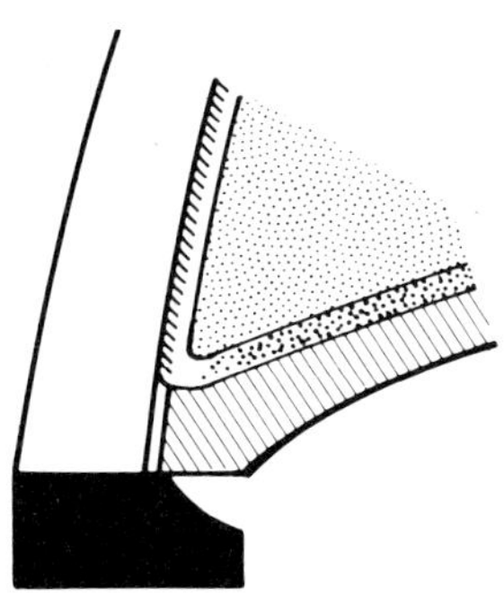

Abb. 74 Sektion eines schräg abgedachten Eisens.

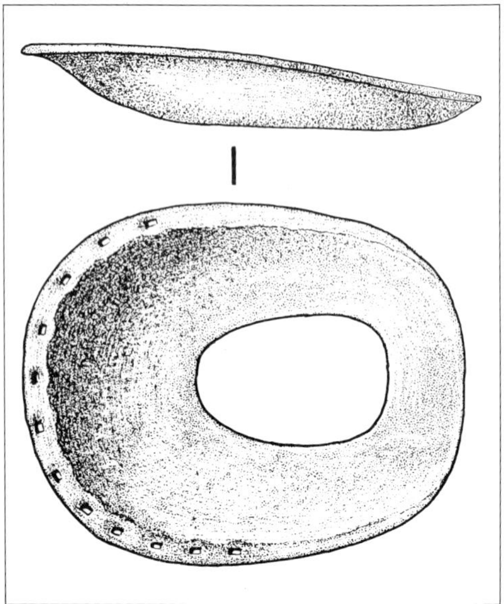

Abb. 75 Ein abgedachtes Eisen (nach Saucer).

Ein glattes Stempeleisen (Abb. 72) hat eine flache, plane Bodenfläche, die sich gut trägt und nur durch die Nagellöcher unterbrochen wird.
Ein konkaves Eisen (Abb. 76) hat an der Bodenfläche eine abgeschrägte Innenkante. Hierdurch ist es leichter als ein schlichtes Stempeleisen mit der gleichen Breite der Tragefläche, wodurch es dem Pferd mehr Halt vermittelt. Außerdem lösen sich die Eisen weniger leicht bei schwerem Geläuf.

Bei konvexen Eisen (Abb. 77) ist die Innenkante der Bodenfläche dicker als die Außenkante und zwar um etwa 0,5 cm. Dieses Eisen schlägt man Pferden auf, die ihre Eisen schnell abnutzen. Hier wird die Innenkante zuerst abgenutzt und schont die Außenkante und Nagelköpfe, die dadurch später abgenutzt werden.
Ein gefalztes Hufeisen (Abb. 78) hat eine Vertiefung oder Rille, die rund um die Bodenfläche verläuft und zwei erhöhte Flächen schafft. Es gibt dem Pferd mehr Halt und verhindert das Ausgleiten, trägt sich aber nicht so gut wie ein glattes, flaches Eisen. Da die Nagellöcher in die Rille gestanzt werden, finden die Nagelköpfe nur an zwei Seiten Halt, doch hat dies den Vorteil, daß man genau erkennen kann, ob sie exakt sitzen und daß man einzelne Nägel leichter herausziehen kann.
Bei Eisen, die aus einem glatten Eisenstab geschmiedet wurden, ist es nicht üblich, den Falz um das Vorderteil herumzuführen oder die Schenkelenden zu falzen, weil das Eisen sich dann an den besonders stark beanspruchten Stellen noch schneller abnutzen würde. Werden maschinell hergestellte Eisen abgeändert, schließt sich der Falz gewöhnlich, und es erweist sich als unmöglich, die Nägel nachzuschlagen, ohne den Falz wieder zu öffnen. Und sie lockern sich schon nach kurzer Zeit.
Oft wird behauptet, ein gefalztes Eisen sei leichter als ein glattes Eisen, doch ist dies

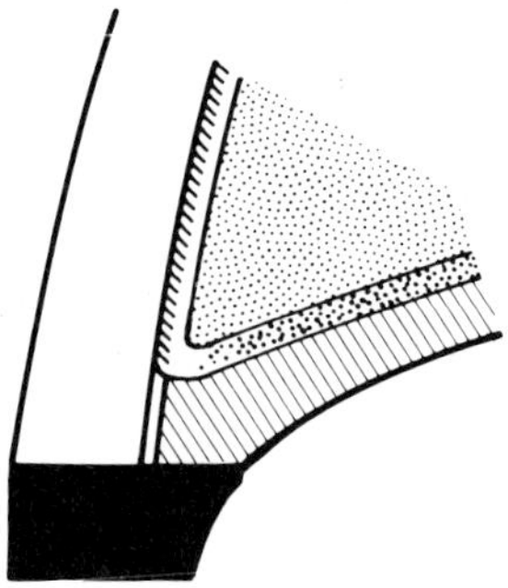

Abb. 76 Sektion eines konkaven Eisens.

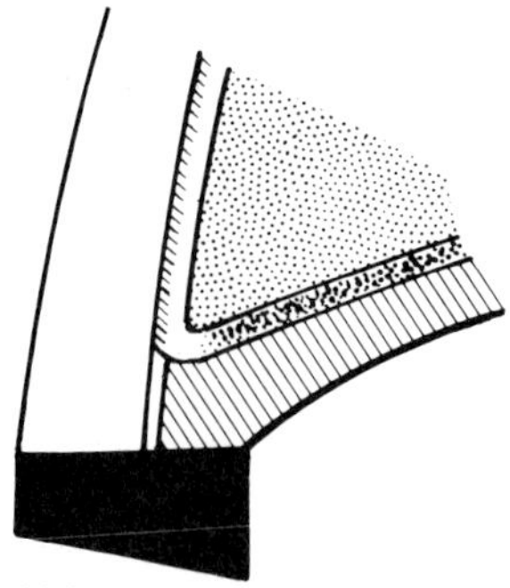

Abb. 77 Sektion eines konvexen Eisens.

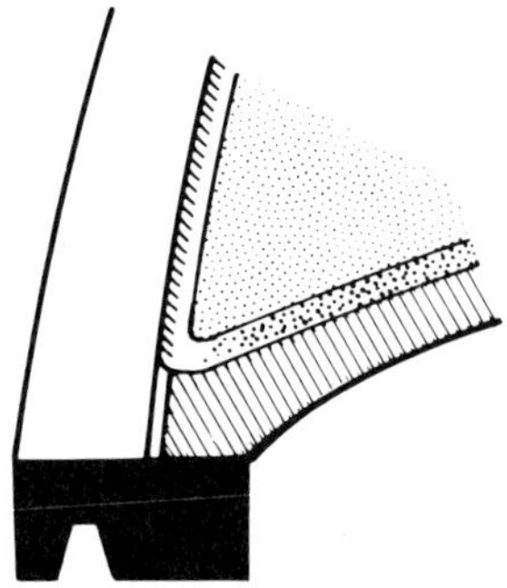

Abb. 78 Sektion eines gefalzten Eisens.

ein Trugschluß, sofern das Hufeisen aus einem glatten Eisen gemacht wurde, denn bei der Fertigung wird keinerlei Eisen weggenommen.

Ein konkaves gefalztes Eisen (Abb. 79) verbindet die Vorteile eines konkaven mit denen eines gefalzten Eisens und ist das beliebteste Allzweckeisen für Jagdpferde, Reitpferde und Ponys.

Das »Rodway Eisen« (Abb. 80) hat zwei parallel zueinander verlaufende Falze an der Bodenfläche, die drei erhöhte Flächen schaffen. Die Nagellöcher werden in den äußeren Falz gestanzt. Dieses Eisen wurde in der Hoffnung entworfen, daß drei Erhöhungen dem Pferd mehr Halt geben würden, doch hat es in Wirklichkeit keinerlei Vorteile gegenüber dem Eisen mit einem Falz und trägt sich auch nicht besser.

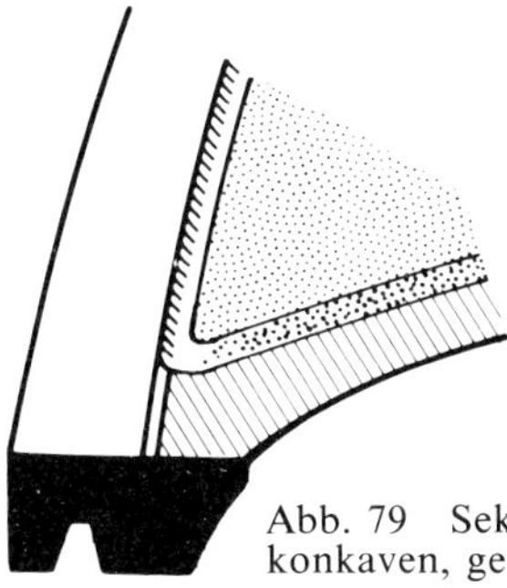

Abb. 79 Sektion eines konkaven, gefalzten Eisens.

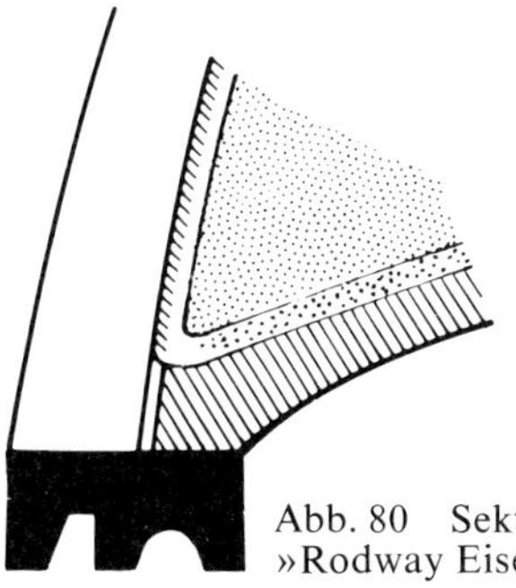

Abb. 80 Sektion eines »Rodway Eisens«.

Das Gewicht des Eisens ist von Bedeutung, und es läßt sich generell sagen: »Je leichter das Eisen, desto besser ist es«. Doch muß man dabei die Abnutzung berücksichtigen. Wie sehr schwere Eisen ein Pferd ermüden, wird allzuleicht übersehen. Das Eisen für einen schweren Kaltblüter wiegt etwa 5 Pfund. Bei dreißig Tritten in der Minute muß er notwendigerweise 130 Pfund pro Bein heben, das sind insgesamt 600 Pfund für alle vier Beine. Am Ende eines gewöhnlichen Arbeitstages von vier Stunden Schrittleistung summiert sich dies auf über 60 Tonnen. Macht man sich klar, daß dieses zusätzliche Gewicht der Eisen sich am Ende eines langen Hebelarms befindet, kann man sich leicht vorstellen, welchen Kraftaufwand das Pferd seine Tagesleistung kostet und in welchem Maße schwere Eisen dazu beitragen, die Gliedmaßen zu belasten und das Pferd zu ermüden.

Die Abnutzung des Eisens hängt von zahlreichen Faktoren ab, vom Material, aus dem das Eisen ist, der Oberflächenbeschaffenheit der Straßen und Wege, auf denen das Pferd geht, von der Arbeit, die es leisten muß und vom Gangwerk und Gebäude des einzelnen Tiers. Ein Satz Hufeisen sollte im Schnitt 4 bis 5 Wochen halten, beziehungsweise über eine Entfernung zwischen 150 und 750 km. Pferde nutzen ihre Eisen schneller ab, wenn sie auf Schotterwegen und Betonstraßen gehen. Beide geben ihm wenig Halt, vor allem, wenn sie feucht sind. Das Arbeitstempo des Pferdes sowie seine Zugleistung beeinflußen deutlich die Tragedauer seiner Eisen. Die Eisen eines schweren Kaltblutpferdes, das bei langsamem Schrittempo seine Arbeit verrichtet (4 km/h), haben eine längere Lebensdauer, was die Zeit und die Entfernung betrifft, als die der Tiere, die im Trab arbeiten (9 km/h), wegen der Reibung, die durch Rutschen und stärkeres Bremsen entsteht. Außerdem spielt das Fuhrwerk eine Rolle. Ein Fuhrwerk mit beweglicher Schere ermöglicht dem Pferd seine Beine freier zu bewegen und dadurch weniger zu rutschen, als ein Einachser mit starrer Schere.

Ein Pferd mit normalem Gangwerk nutzt seine Eisen gleichmäßig ab. Lediglich das Vorderteil ist immer stärker abgeschlissen. Hintereisen halten nicht so lange wie Vordereisen, manche Pferde nutzen ihre Eisen doppelt so schnell ab wie andere.

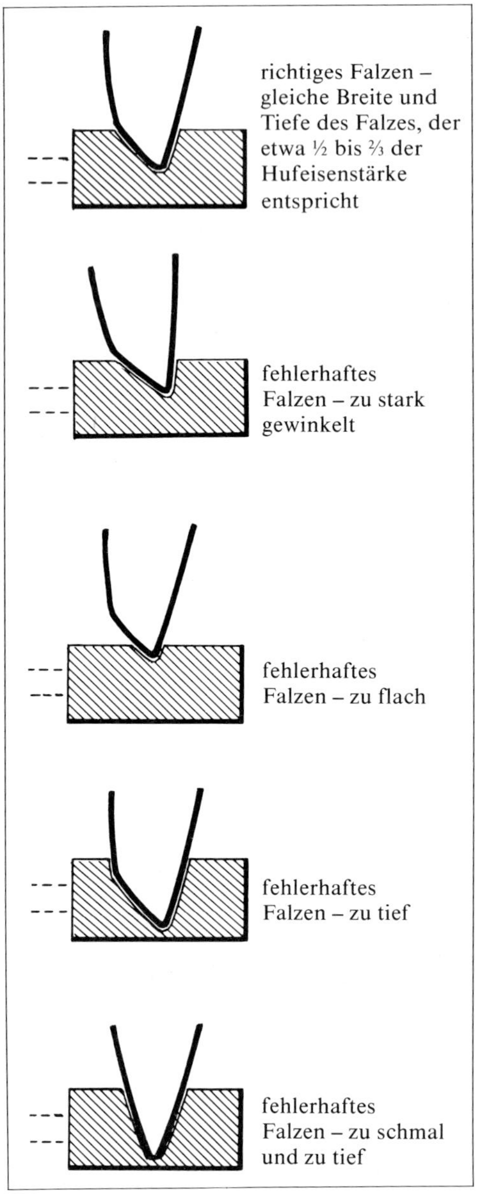

Abb. 81 Falzen.

Pferde, die überdurchschnittlich oft neue Eisen benötigen, sollten nicht mit schwereren Eisen beschlagen werden, sondern entweder mit einem bodenweit geränderten Eisen oder einem konvexen. Die ungleichmäßige Abnutzung der Eisen stellt ein weiteres Problem dar, das man lösen sollte, indem man Form und Proportionen ändert und die abgenutzten Stellen »aufrollt«, z. B. das Vorderteil mit einer Zehenrichtung versieht.

Falzen

Der Begriff »Falzen« beschreibt das Anbringen einer Rinne oder Furche rund um die Bodenfläche des Eisens, in die die Nagelgesenklöcher mit dem Hufeisenstempel angebracht werden. Die Vertiefung wird mit einem Falzhammer angebracht und ist entweder durchgehend, wenn sie sich von Schenkelende zu Schenkelende über das ganze Eisen erstreckt, oder unterbrochen, wenn sie sich auf das mit Nagellöchern versehene Stück beschränkt und Vorderteil und Schenkelenden glatt bleiben. Man hält den Falzhammer mit der schrägen Seite zum Außenrand des Eisens und bleibt etwa 0,5 cm von ihm entfernt. So kann der Hufschmied Tiefe und Winkelung der Vertiefung sehen und regulieren. Während er den Falzhammer unter einer wiegenden Bewegung vom Schenkelende zum Vorderteil eines jeden Schenkels zieht, wird das Eisen entweder vom Schmied selbst mit dem Handhammer geschlagen (oder von seinem Zuschläger mit dem Vorschlaghammer) und in das Eisen getrieben. Eine solche Furche, die dicht an der Außenkante des Eisens angebracht ist, nennt man »feinen Falz«, liegt sie weiter davon ab, »groben Falz«.

Am Vorderteil wird der Falzhammer etwas weiter vom Außenrand des Eisens angesetzt als an den Schenkelenden und wird in einem Winkel gehalten, der der Neigung der Wand entspricht. So entsteht eine Vertiefung, die ihrer Lage und Winkelung nach der Stärke und Neigung der Wand angepaßt ist. Hierdurch wird die Anbringung der Nagelgesenklöcher mit dem Hufeisenstempel stark erleichtert.

Der Falz sollte gleichmäßig breit sein und bis zur Hälfte oder ²/₃ der Hufeisenstärke herunterreichen (Abb. 81).

Ein Falz kann zu stark gewinkelt, zu breit oder zu flach sein, wenn er den Nagellöchern keinen Halt mehr gibt. Ist er zu schmal und zu tief, schließt er sich leicht, wenn das Eisen abgeändert wird.

Aufzüge

Ein Aufzug ist ein dünner, dreieckiger Fortsatz, der von der Außenkante des Vorderteils, an den Seitenteilen oder den Schenkelenden gezogen wird. Ein vorschriftsmäßig gezogener und vorschriftsmäßig gewinkelter Aufzug sollte niedrig und breit sein, korrekt an der Wand anliegen und in seiner Höhe die doppelte Eisendicke nicht überschreiten (Abb. 82). Ein schmaler, spitzer Aufzug gibt keinen wirklichen Halt, und wenn sich ein Eisen lockert, tritt er sich leicht in den Huf und verletzt ihn. Beim Ziehen des Aufzugs ist darauf zu achten, daß sich kein Grat auf der Tragefläche bildet, dort verbleibt, drückt und Lahmgehen verursacht (Abb. 83). Die Oberfläche des Aufzugs ist flach. Um einen Aufzug am Vorderteil korrekt anzubringen, mag es daher erforderlich sein, die Wand mit ein paar Raspelstrichen etwas abzuflachen. Ein Stück aus der Wand zu entfernen, um den Aufzug einzupassen (Abb. 84), oder einen Aufzug vertikal hochzuziehen und ihn nach dem Annageln anzurichten, ist abzulehnen, da diese Maßnahmen zu Verletzungen des Hufs führen können. Wird ein einziger Aufzug angebracht, so wird er am Vorderteil gezogen, sollen zwei angebracht werden, so zieht man einen an jeder Seite des Vorderteils zwischen dem ersten und zweiten Nagelloch. Aufzüge am Vorderteil tragen dazu bei, daß das Eisen korrekt sitzt, und sie halten das Eisen fest, wenn die Nägel eingetrieben werden. Seitenaufzüge verhindern ein seitliches Verschieben des Eisens. Aufzüge an den Schenkelenden findet man gelegentlich bei orthopädischem Hufbeschlag.

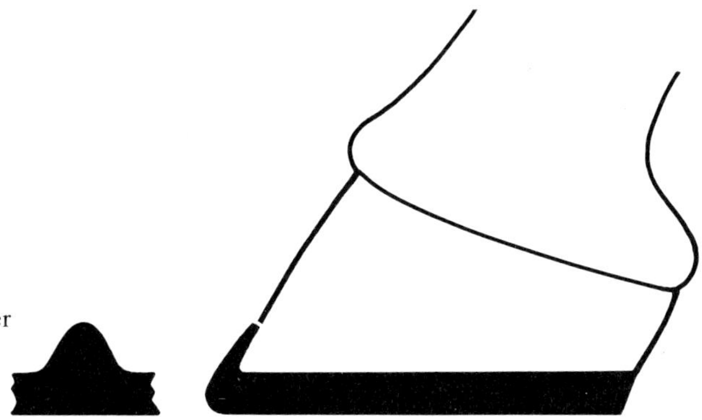

Abb. 82 Richtig gezogener Aufzug am Vorderteil, korrekt gewinkelt, niedrig und breit gehalten.

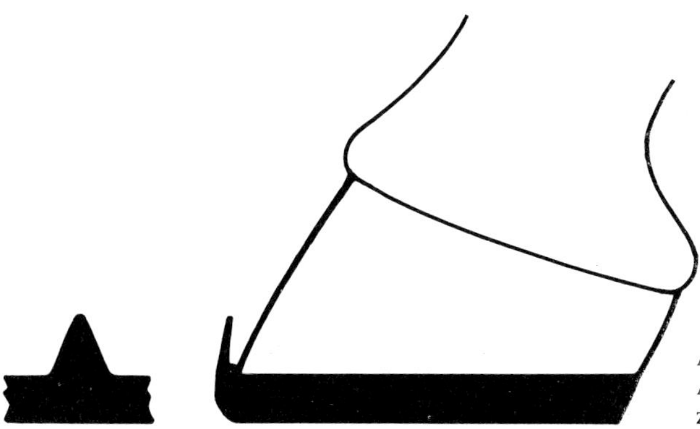

Abb. 83 Fehlerhaft gezogener Aufzug am Vorderteil, zu steil, zu schmal und zu spitz.

Abb. 84 Die Entfernung eines Stücks der Wand zur Aufnahme des Aufzugs ist abzulehnen.

Abb. 85 Ein vorschriftsmäßig gezogener Aufzug braucht nicht angerichtet zu werden.

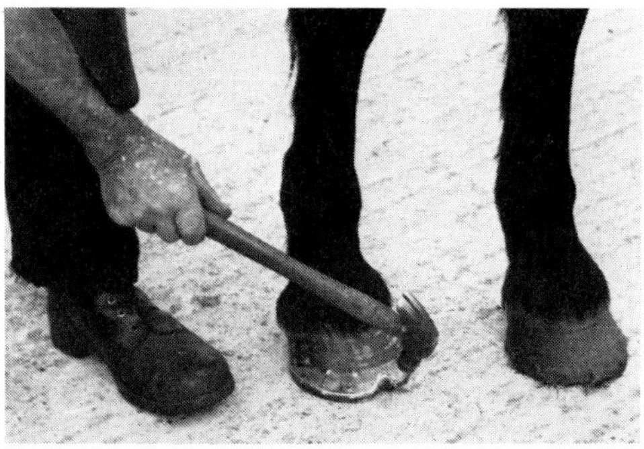

Angebogene Stollen

Angebogene Stollen entstehen durch Abbiegen der Schenkelenden oder das Anschweißen eines Stücks Stahl an das Schenkelende. Diese Stollen verschaffen dem Pferd auf weichem Untergrund und Landstraßen einen festen Halt und unterstützen es in schwerem Zug beim Rückwärtssetzen und Aufhalten von Lasten. Auf modernen Straßen bieten sie kaum Vorteile, deshalb sind sie heute auch kaum mehr zu finden. Angebogene Stollen unterbinden den Druck auf den Strahl und stören das Gleichgewicht des Hufs. Je höher und je weiter nach vorn die Stollen reichen, desto nachteiliger die Folgen.

Stollen sollten niedrig, breit und rechteckig sein, rechte Winkel haben, nicht mehr als doppelt so dick sein wie das Eisen und beide die gleiche Höhe haben (Abb. 87).

Angebogene Stollen führen unvermeidlich zu einer übermäßigen Abnutzung am Vorderteil, welches abgeschlissen ist, bevor das Eisen dünn wird, wobei eine Menge Eisen vergeudet wird (Abb. 88). Um dem entgegenzuwirken, kann man das Vorderteil dikker halten, aber wenn die Seitenteile nicht gleichzeitig dünner sind, vergrößert sich lediglich das Gewicht des Eisens. Ein Eisen mit angebogenem Schenkelende hält am längsten, wenn man am Vorderteil eine Zehenrichtung anbringt und gleichzeitig die Seitenteile stärker zum Tragen heranzieht, doch erschwert dies die Zubereitung des Hufs und das Richten des Eisens.

Es ist nicht üblich, an Vordereisen angebogene Stollen anzubringen, ist dies dennoch der Fall, z. B. bei Kaltblutpferden, dann in Verbindung mit einem Zehenstück, damit das Gleichgewicht des Hufs erhalten bleibt. Haben Reitpferde an den Hintereisen angebogene Stollen, so sollte man an der Innenseite statt des angebogenen Stollens einen keilförmigen Stollen anbringen, um Streichen zu verhindern. Der angebogene Stollen und der keilförmige Stollen müssen unbedingt gleich hoch sein, und der Keil darf nicht zu hoch sein, da der Huf sich leicht verfängt und durch den Keil verdreht wird.

Zehenstück

Ein Zehenstück ist ein Stab aus Eisen oder Flachstahl, der quer über das Vorderteil des Eisens geschmiedet ist (Abb. 89). Um ein Zehenstück herzustellen, wird ein Eisenstab ausgewählt, und an einem Ende wird die erforderliche Eisenmenge abgemessen, halb durchgetrennt, jedoch nicht ganz abgeschnitten. Als nächstes werden das zukünftige Zehenstück und das Vorderteil des Eisens weißglühend erhitzt. Schließlich wird das Zehenstück quer über und etwas hinter dem Vorderteil an seine Stelle gebracht, mit

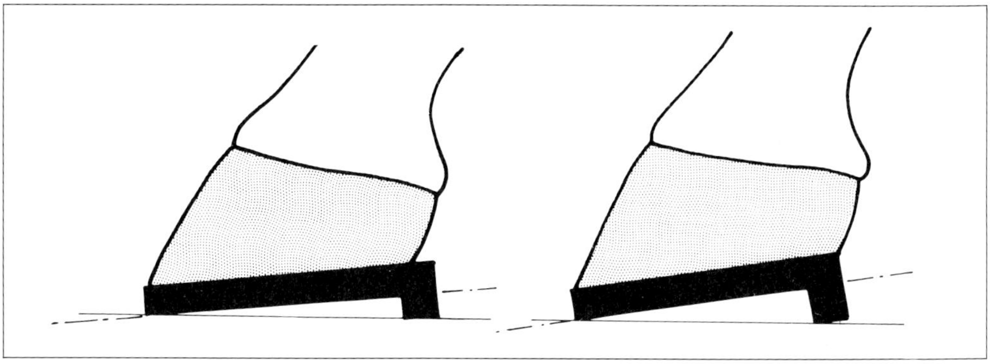

Abb. 86 Angebogene Stollen stören das Gleichgewicht des Hufs und unterbinden den Druck auf den Strahl. Je höher und je weiter nach vorn sie reichen, desto nachteiliger die Folgen.

ein paar leichten Schlägen geschmiedet und abgebrochen.
In einigen Gegenden ist es üblich, Kaltblutpferde mit einem Zehenstück und angebogenen Stollen zu beschlagen. Das gewährt nicht nur einen festen Halt, wenn das Pferd anzieht, es gleicht auch die unnatürliche Position des Hufs aus, die durch die angebogenen Stollen entstanden ist. Außerdem kann man jetzt ein leichteres Eisen aufschlagen, da die Abnutzung der Seitenteile, zwischen Vorderteil und Schenkelenden geringer wird.

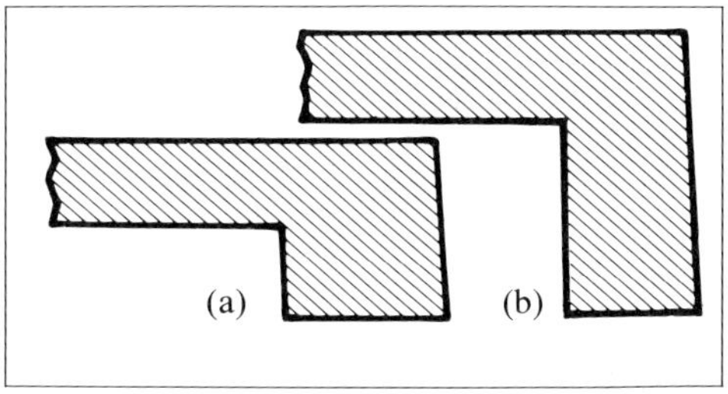

Abb. 87 a) Ein richtig angebogener Stollen – niedrig, breit und rechteckig, rechtwinklig und nicht mehr als doppelt so dick wie das Eisen;
b) ein schlecht angebogener Stollen – zu hoch und zu schmal.

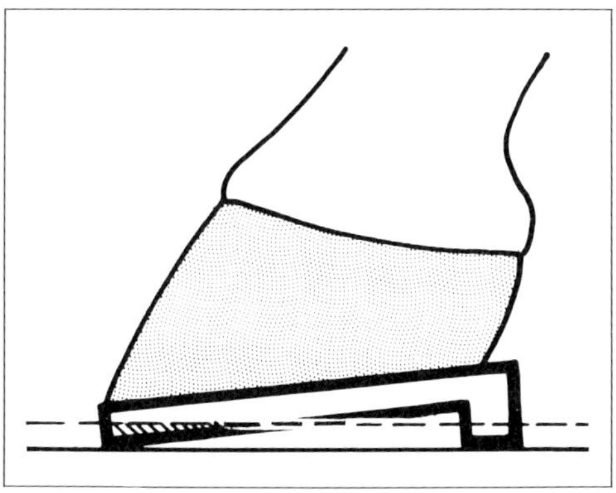

Abb. 88 Angebogene Stollen führen zu einer übermäßigen Abnutzung an der Zehe. Die gestrichelte Linie illustriert, daß eine Menge Eisen vergeudet wird, weil das Vorderteil durchschleißt, bevor das Eisen abgetragen ist.

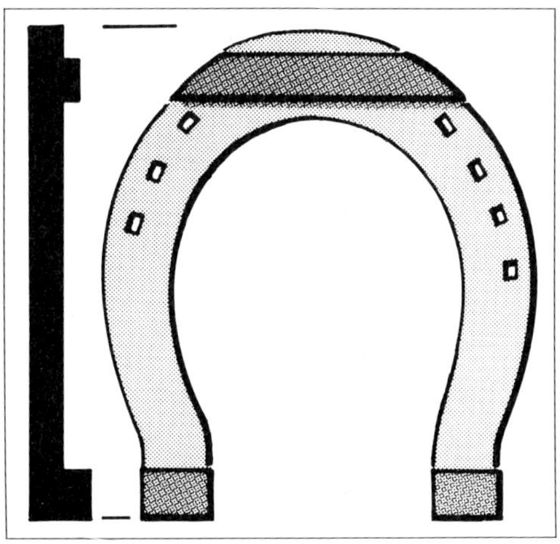

Abb. 89 Kaltbluteisen mit Zehenstück und angebogenen Stollen.

2. Nagellöcher

Die korrekte Anbringung der Nagelgesenklöcher mit dem Hufeisenstempel ist ein wichtiger Vorgang, weil ihre Größe und Form entscheiden, wie der Nagelkopf sitzt, und ihre Lage und Winkelung die Richtung entscheiden, in die der Nagel durch die Wand dringt (Abb. 90).

Nagellöcher werden mit dem Hufeisenstempel von der Bodenfläche des Eisens her angebracht und mit dem Dorn eingeschlagen. Da die Spitze des Hufeisenstempels genau der Form des Nagelkopfs entspricht und die Spitze des Dorns genau dem Nagelhals nachgeformt ist, passen Nagelloch und Kopf und Hals des Nagels genau zueinander.

Man schlägt mit dem Hammer zuerst leicht, dann mit schwereren Schlägen auf den Hufeisenstempel, bis seine Spitze das Eisen fast durchdringt. Die Vorderlöcher sind leicht gewinkelt, um der Neigung der Wand zu entsprechen (Abb. 91 a), während sie an den Seiten und an den Schenkelenden steiler stehen (Abb. 91 b). Steht die innere Trachte sehr steil, so mag es erforderlich sein, das Nagelloch etwas nach außen zu richten. Es ist unzweckmäßig, die Nagellöcher zu weit außen anzubringen, da die Nägel dann nur sehr wenig Halt haben (Abb. 91 c). Abschließend werden die Nagellöcher mit dem Nagellochdorn über dem Gesenkloch der Amboßbahn fertiggestellt. Nun wird das Eisen gewendet und die Löcher von der Tragefläche her aufgelocht, rauhe Kanten werden entfernt, das Eisen wird entgratet. So entsteht ein perfektes Gesenkloch, in das sich Kopf und Hals des Nagels genau einpassen und dessen Öffnung auf der Tragefläche sich genau über der weißen Linie befindet.

Abb. 90 Anbringen der Nagelgesenklöcher:
a) schräg angesetzter Hufeisenstempel, Haltung beim Anbringen der Nagellöcher am Vorderteil;
b) steil angesetzter Hufeisenstempel, Haltung bei der Anbringung der Nagellöcher an Seitenteilen und Schenkelenden.

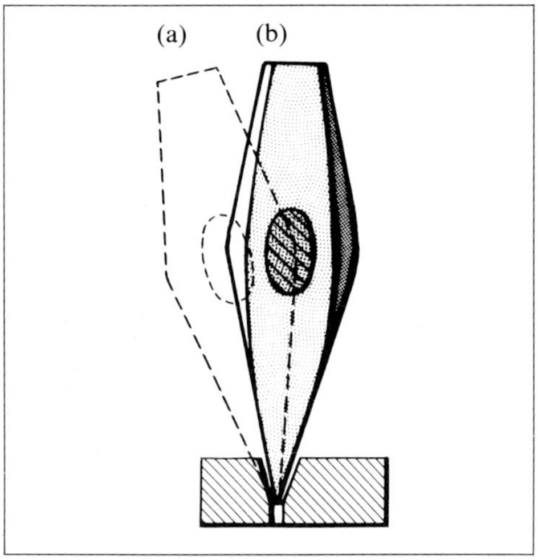

Bei einem gefalzten Eisen haben die Nagelköpfe nur an zwei Seiten Halt, während sie in einem Stempeleisen an allen vier Seiten Halt finden und vorausgesetzt, daß der Nagel sitzt, ist er völlig fest verankert. Die Nagellöcher sollten ein wenig kleiner sein als die Nagelköpfe, damit der Nagelkopf um etwa 0,5 cm herausragt, wenn die Nägel nachgeschlagen werden.

Manchmal wird beim Auflochen von der Tragefläche her der Hals des Nagellochs etwas größer gemacht als der des Nagels. Dies macht es möglich, die Richtung des Nagels zu verändern, wenn er eingetrieben wird. Dies ist scheinbar ein Vorteil, doch da der Hals des Nagellochs zu groß ist, kommt es vor, daß sich der Nagel unter dem Loch lokkert und das Pferd das Eisen verliert, bevor es abgetragen ist (Abb. 92 a). Macht man es kleiner, geht man davon aus, daß der Nagel nun wirklich fest sitzt, nachdem er nachgeschlagen wurde. Doch ist dies nicht der Fall, weil der Grat, der beim Auflochen von der Tragefläche her entsteht, den Nagelhals knickt oder ankratzt, so daß er bald abbricht und das Eisen sich löst (Abb. 92 b).

Wenn das Nagelloch zu klein ist, oder der Nagelkopf zu groß und zu sehr herausragt, wird er schnell abgenutzt, und es bleibt zu wenig vom Kopf, um das Eisen zu tragen (Abb. 93 a). Ist das Nagelloch zu groß oder der Nagelkopf zu klein, lockern sich Nägel und Eisen (Abb. 93 b). Die Nagellöcher sollten sich gleichmäßig, im Abstand von 2 bis

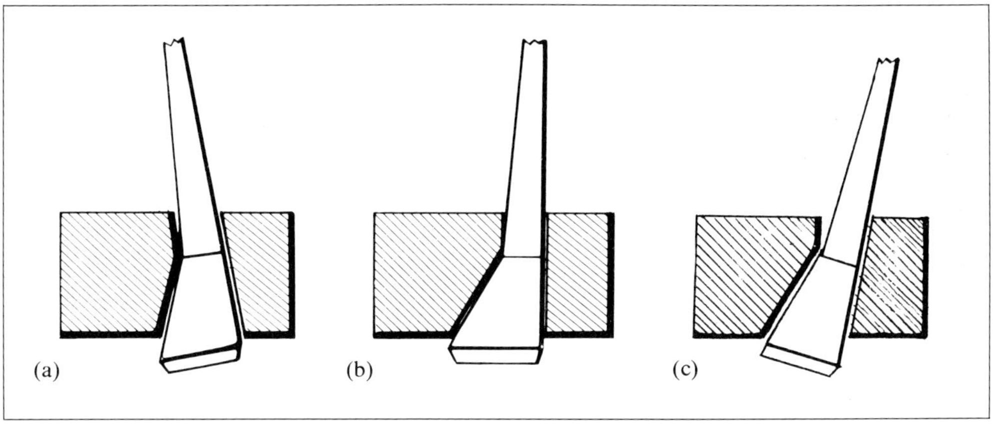

Abb. 91 Nagellöcher: a) leicht gewinkeltes Nagelloch am Vorderteil; b) steiles Nagelloch für Seitenteile und Schenkelenden; c) übermäßig stark gewinkeltes Nagelloch, unangemessen, bietet wenig Halt.

Abb. 92 Auflochen von der Tragefläche des Eisens her: a) übermäßig, der Hals des Nagellochs ist zu groß, gibt keinen Halt und hat ein Lockern des Nagels zu Folge; b) unzweckmäßig, hinterläßt einen scharfen Grat, der den Nagelhals knickt oder ankratzt und dazu führt, daß er abbricht.

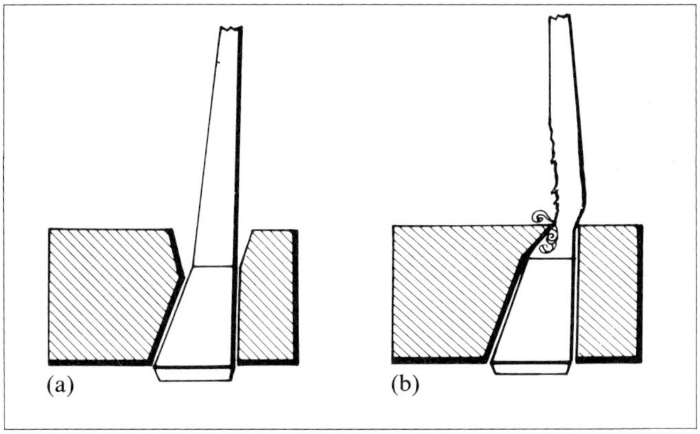

Abb. 93 a) Zu kleines Nagelloch. Der Nagelkopf ragt zu sehr heraus und nutzt sich zu schnell ab, wobei zu wenig vom Nagelkopf übrigbleibt, um das Eisen zu tragen; b) zu großes Nagelloch. Der Nagelkopf hat keinen Halt, lockert sich und mit ihm das Eisen.

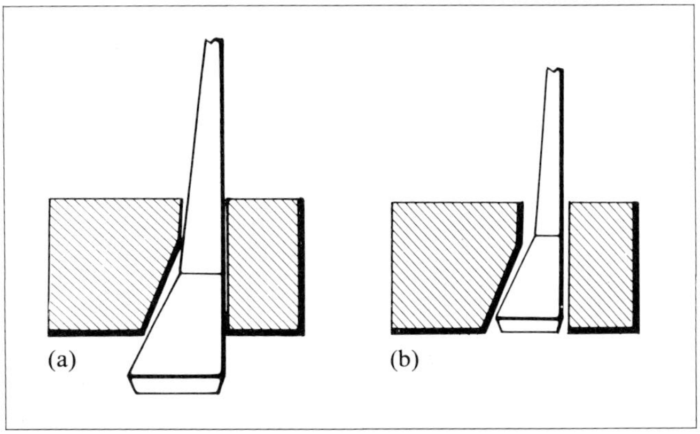

3 cm über die vordere Hälfte des Vordereisens verteilen bzw. die vorderen zwei Drittel des Hintereisens. Ein Vordereisen mit 7 Nagellöchern hat 3 Löcher im inneren und 4 Löcher im äußeren Schenkel. An jedem Schenkel wurden drei Löcher vor einer imaginären Querlinie angebracht, die das Eisen in zwei gleiche Teile teilt. Das Trachtenloch im äußeren Schenkel liegt direkt unter dieser Linie, folglich liegen die vier Nagellöcher im äußeren Schenkel dichter beieinander, als die drei des inneren Schenkels

Abb. 94 Die Anbringung der Nagellöcher: a) nahe dem äußeren Hufeisenrand; »feine« Nagelung; b) nahe dem inneren Hufeisenrand: »grobe« Nagelung.

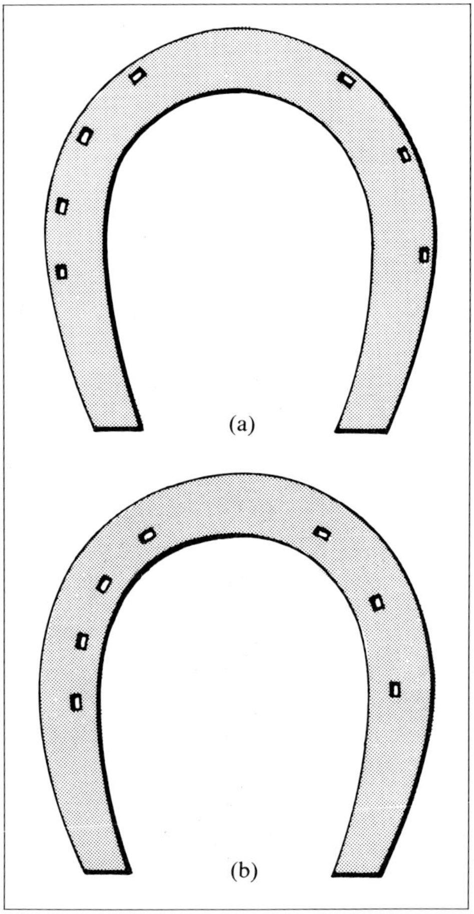

(Abb. 71). Zu viele Nagellöcher zu dicht beieinander, nehmen dem Eisen seine Stabilität.

Außer ihrem Abstand voneinander muß man bei der Anbringung der Nagellöcher einen bestimmten Abstand vom äußeren Hufeisenrand beachten. Befinden sie sich nahe am äußeren Rand, spricht man von »feiner« Lochung, und sind sie nahe am inneren Rand, von »grober« Lochung (Abb. 94). Ein Nagel, der durch ein »feines« Nagelloch getrieben wird, kann das Horn spalten und muß zu hoch eingetrieben werden, wenn er fest sitzen soll, während ein Nagel, der durch ein »grobes« Nagelloch getrieben wird, dicht am sensitiven Teil des Hufs vorbeiführt und leicht zu einer Vernagelung führen kann. Nagellöcher müssen »fein« sein, wenn das Eisen bodeneng gerichtet wird und »grob«, wenn es in einer Linie mit der Wand gerichtet wird.

Gewöhnlich versieht man kleine Eisen mit 5 Nagellöchern, mittelgroße mit 5 bis 7 und schwere Kaltbluteisen und Renneisen mit 7 bis 8. Die Anzahl der Nagellöcher braucht nicht im Verhältnis zur Größe der Eisen zuzunehmen, da die Nagelgrößen dem Format und Gewicht der Hufeisen angepaßt sind.

3. Hufnägel

Handgefertigte Hufnägel sind nicht mehr zeitgemäß, abgesehen von den selten gebrauchten Eisnägeln. Heute werden allgemein maschinell hergestellte Hufeisennägel verwendet, und sie sind in jeder Beziehung den handgemachten Nägeln vorzuziehen (Abb. 95). Maschinell hergestellte Hufnägel sind glatt und poliert und aus dem besten Stahl gefertigt. Sie brechen nicht, wenn man sie durch den Huf treibt, sie werden nicht krumm und splittern nicht, sie sind biegsam genug, um nicht abzuspringen, wenn ihre Spitze umgebogen oder abgedreht wird. Die Nagelklinge sollte so biegsam sein, daß sie vier bis fünf mal um 90 Grad umgebogen werden kann, ohne abzubrechen. Kopf, Hals, Klinge und Spitze des Hufnagels erfüllen alle bestimmte Anforderungen.

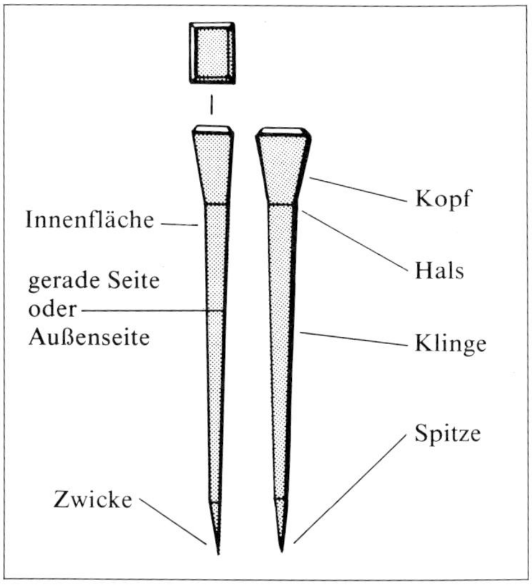

Abb. 95 Standard-Hufnagel der Marke »Mustad« mit versenkbarem Kopf.

Der Kopf ist keilförmig, die Außenseite ist flach, die innere zum Hals des Hufnagels hin geneigt. Diese Fläche ist bisweilen angerauht oder geriffelt, zur Unterscheidung. So geformte Nagelköpfe, die exakt in die Nagelgesenklöcher passen, halten das Eisen fest am Huf, bis es abgeschlissen ist. Nägel mit flachen Köpfen können ein Eisen nur mit ihrer Klinge halten, folglich wird das Eisen lose, sobald die Köpfe abgenutzt sind. Der Hals ist die Verbindung zwischen Nagelkopf und Nagelklinge. Die Nagelklinge erstreckt sich vom Nagelhals bis zur Nagelspitze, hat zwei Seiten und ist doppelt so breit wie dick. Sie ist der Länge nach leicht gebogen, um zu erreichen, daß der Nagel gerade durch das Horn dringt und nicht etwa von seiner Bahn abweicht.
Die Spitze ist an der Innenseite abgeschrägt (Zwicke). Ein Nagel mit kurzer Zwicke tritt tief unten an der Wand aus, während einer mit langer Zwicke viel höher getrieben werden kann. Dies hat keinerlei Vorteile, da solch eine Spitze leicht abknickt oder sich dreht, und wenn man sie vorschriftsmäßig abkneift, verbleibt nicht genug, um ein Niet zu bilden.

Fabrikhufnägel
Ausschlaggebend bei der Fertigung von Hufnägeln sind die leichte Biegung der Klinge und die abgeschrägte Zwicke. Wird der Nagel eingetrieben, wendet sich die Spitze durch die Abschrägung zur Geraden- oder Außenseite der Klinge. Folglich muß der Nagel immer mit seiner geraden Seite oder Außenseite zum äußeren Rand des Hufeisens hin getrieben werden, damit die Spitze keinesfalls ins Leben dringen kann, sondern außen an der Wand heraustritt (Abb. 96).
Der »Mustad« Hufnagel hat sich allgemein durchgesetzt. Die Größen 3, 4, 5 passen den meisten Ponys, die Größen 5 bis 8 den Reit- und Jagdpferden und die Größen 8 bis 10 den Kaltblutpferden. Größe 3 kann für Renneisen verwendet werden, jedoch stehen mehrere Größen von Spezialnägeln zur Verfügung.

Abb. 96 Ein Hufnagel muß immer mit seiner geraden Seite oder Außenseite zum äußeren Hufeisenrand getrieben werden. Dies garantiert, daß die Spitze sich von der Innenseite der Klinge wegdreht und vom Leben. a) Der korrekt eingetriebene Nagel tirtt etwa nach dem ersten Drittel der Wandhöhe aus der Wand aus und sichert das Eisen gut; b) der Nagel wurde zu sehr nach innen getrieben und verursachte eine Vernagelung;
c) der Nagel wurde zu schräg nach außen getrieben und bietet dem Eisen wenig Halt.

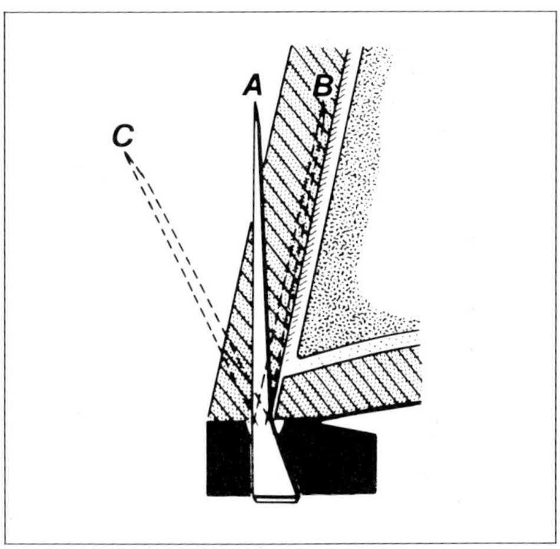

»Mustad« Hufnägel

Größe	2	3	4	5	6	7	8	9	10	11	12
Länge cm	4,13	4,45	4,76	5,08	5,4	5,72	6,03	6,35	6,67	6,99	7,3

Das folgende Sortiment wird derzeit angeboten:

M

M
30 mm
35 mm
40 mm
45 mm
50 mm
55 mm
60 mm
65 mm
70 mm
75 mm
80 mm
85 mm

VF

VT

VF / VT	
Nr. 4	44 mm
Nr. 5	47 mm
Nr. 6	50 mm
Nr. 6 1/2	53 mm
Nr. 7	56 mm
Nr. 7 1/2	59 mm
Nr. 8	62 mm
Nr. 8 1/2	65 mm
Nr. 9	68 mm
Nr. 9 1/2	71 mm
Nr. 10	74 mm

JF

JF	
Nr. 00	40 mm
Nr. 0	45 mm
Nr. 1	50 mm
Nr. 2	55 mm
Nr. 3	60 mm
Nr. 4	65 mm
Nr. 5	70 mm
Nr. 6	75 mm
Nr. 7	80 mm
Nr. 8	85 mm

IC

IC	
Nr. 00	39 mm
Nr. 0	44 mm
Nr. 1	48 mm
Nr. 2	52 mm
Nr. 3	55 mm
Nr. 4	60 mm
Nr. 5	65 mm
Nr. 6	68 mm
Nr. 7	72 mm
Nr. 8	77 mm

E

E	
Nr. 0	36 mm
Nr. 1	38 mm
Nr. 2	41 mm
Nr. 3	45 mm
Nr. 4	47,5 mm
Nr. 5	51 mm
Nr. 6	54 mm
Nr. 7	57 mm
Nr. 8	60,7 mm

C Stö

C Stö	
Nr. 5	47 mm

Je kleiner der Nagel, desto besser sein Halt, ist ein Ausspruch, der im Verhältnis zu Größe und Gewicht des Eisens gesehen werden muß. Es ist eine Unsitte, kleine Nägel übermäßig hoch einzutreiben, um einen festen Halt zu erreichen, oder übermäßig lange Nägel zu benutzen, die das Horn schädigen und es leicht spalten. Man sollte möglichst wenig Nägel gebrauchen, um Hufeisen zu befestigen. Da Nägel der richtigen Größe an der richtigen Stelle dem Horn wenig anhaben, ist es vorteilhafter, einen Nagel mehr einzuschlagen, als zu riskieren, ein Eisen zu verlieren.

Das Befestigen der Eisen mit Nägeln ist nicht unproblematisch, und alternative Methoden sind aus diesem Grunde ausprobiert worden. Die zahlreichen Versuche gehen von Spezial-Vorderaufzügen und Seitenaufzügen bis zu Metallbändern. Keine dieser Methoden konnte vermeiden, daß die Eisen sich lösten, und die Metallbänder bildeten Vertiefungen im Huf. Man hat bisher kein nagelloses Eisen entwerfen können, das sich mit mechanischen Mitteln oder Klebstoffen so sicher am Huf anbringen ließe, daß es praktische Bedeutung hätte. Sie führen ohne Ausnahme zu schlimmeren Verletzungen des Hufs als die, welche durch den Verlust eines Hufeisens entstehen können.

Die Praxis zeigt, daß sachgemäß eingetriebene Hufnägel den Huf nicht beeinträchtigen und dem Eisen einen ausgezeichneten Halt bieten.

KAPITEL VI

Hufeisenformen

Wenn ein Schmied ein Eisen auswählt, muß er wissen, um was für ein Pferd es sich handelt, wie groß es ist, wieviel es wiegt und welche Art von Arbeit es verrichtet. Inwieweit ein Eisen für ein bestimmtes Pferd abgeändert werden muß, läßt sich an seinem Gebäude, seinem Gangwerk, der Form seiner Hufe und der Abnutzung seiner Eisen ablesen.

1. Fabrikhufeisen

Fabrikhufeisen sind weder besser noch haltbarer als die besten handgeschmiedeten Eisen, haben aber den Vorteil, daß ein bewährtes Modell nachgemacht werden kann. Sie haben eine gleichmäßige Form, eine ebene Tragfläche und ersparen dem Schmied wertvolle Zeit durch die Reduzierung manueller Arbeit. Sie werden hergestellt, indem entweder ein Stück Eisenstab oder Flachstahlstab um einen Block gezogen wird, oder indem sie in einem Prägestock gestempelt werden. Gewöhnlich sind Vordereisen besser geformt als Hintereisen, deren Vorder- und Seitenteile oft zu rund sind. Die größte Schwäche der Fabrikhufeisen sind ihre Nagellöcher. Alle Nagellöcher werden an jedem Eisen in gleicher Weise und Größe senkrecht eingestanzt. Senkrechte Nagellöcher lassen dem Schmied wenig Spielraum beim Eintreiben der Nägel. Aus diesem Grunde locht er die Nägel von Hand nach, was natürlich Nachteile mit sich bringt. Da alle Nagellöcher gleich weit vom Hufeisenrand entfernt sind, fallen die Vorteile der »feinen« und »groben« Nagelung weg, mit der man die spezifischen Probleme bestimmter Pferde lösen kann.

Mit Ausnahme der Renn- und Trainingseisen haben Fabrikhufeisen drei Grundtypen. Das glatte Stempeleisen, das gefalzte Dreivierteleisen und das konkave, gefalzte Eisen. Diese Eisen sind in allen Macharten zu haben, in jeder Größe und jedem Gewicht. Sie werden mit abgeschnittenen und abgerundeten Schenkelenden, Aufzügen, angebogenen Stollen, angebogenen keilförmigen Schenkelenden, doppelten angebogenen und keilförmigen Stollen angeboten. An den Hintereisen liegen die Nagellöcher weiter auseinander, damit doppelte Vorderaufzüge und Seitenaufzüge gezogen werden können. Bei dieser Auswahl an Eisen findet der Hufschmied den passenden Satz für die meisten Pferde und schlägt ihn kalt auf.

Glattes Stempeleisen (Abb. 97 a und b, Seite 82 oben)

Nr. des Eisens	Breite des Eisens cm	Größe der Eisenstäbe, aus denen das Eisen hergestellt wird								
		1,91 x 1,11	1,91 x 1,27	2,22 x 1,11	2,22 x 1,27	2,54 x 1,11	2,54 x 1,27	2,54 x 1,59	2,86 x 1,11	2,86 x 1,27
1	10,16	*	*							
3	11,43	*	*	*	*					
5	12,70	*	*	*	*	*	*	*		
7	13,97	*	*	*	*	*	*	*		
9	15,24			*	*	*	*	*	*	*
11	16,51			*		*	*	*	*	*
13	17,78					*	*		*	*
15	19,05					*			*	*

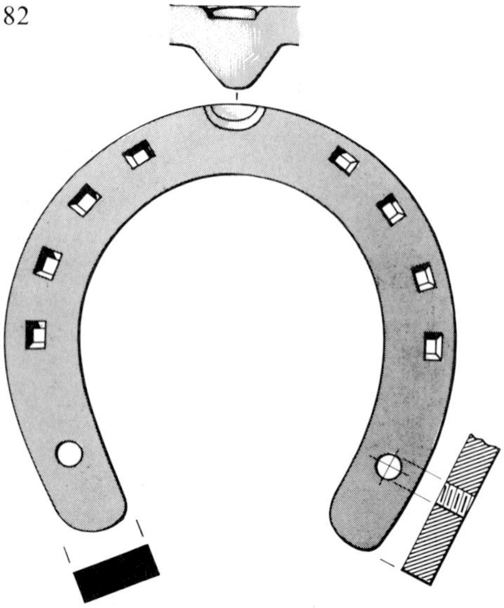

Abb. 97 a) Glattes Stempeleisen, maschinell hergestellt. Vordereisen mit Aufzug am Vorderteil, Schenkelenden gelocht, um Stollen aufzunehmen.

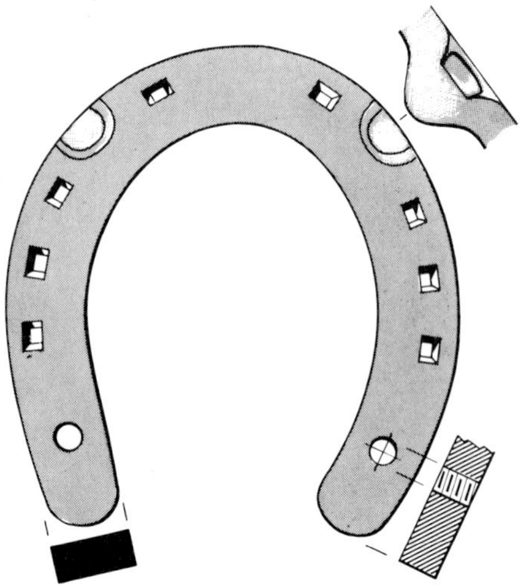

Abb. 97 b) Hintereisen mit gezogenen Aufzügen und gelochten Schenkelenden zur Aufnahme von Stollen.

Querschnitt durch das Eisen:

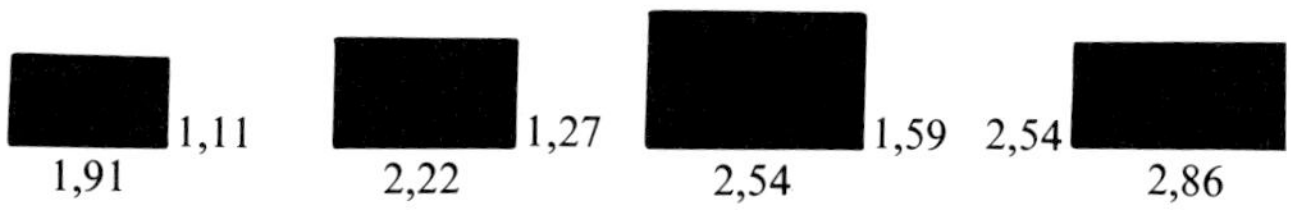

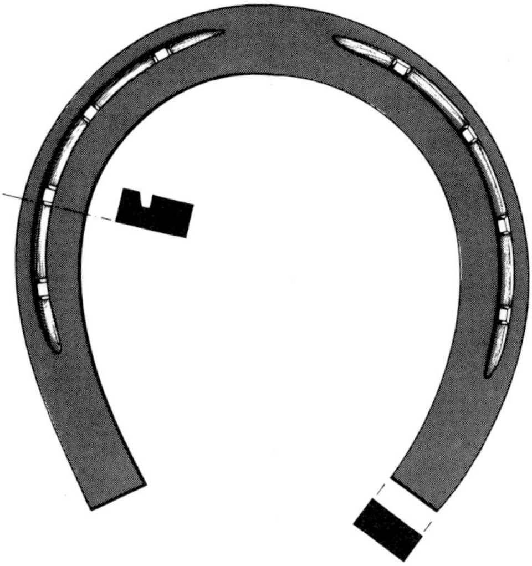

Abb. 98 a) Gefalztes Dreivierteleisen, maschinell hergestellt; Vordereisen.

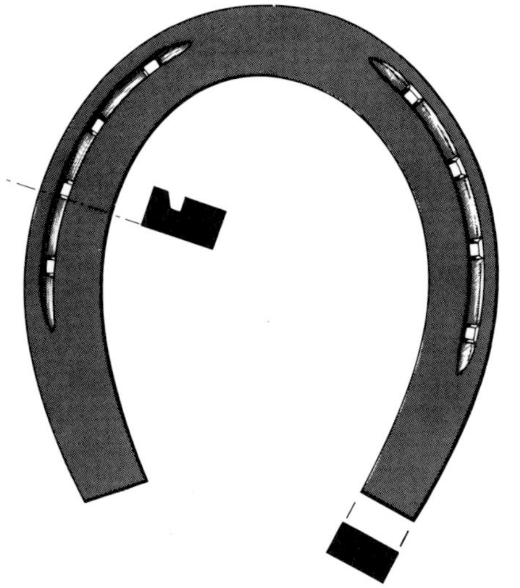

Abb. 98 b) Hintereisen. Die Schenkelenden sind lang belassen, damit sie abgeschnitten oder zu Stollen angebogen werden können.

Querschnitt durch das Eisen:

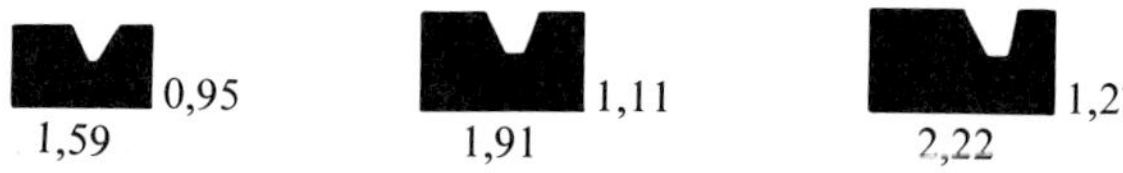

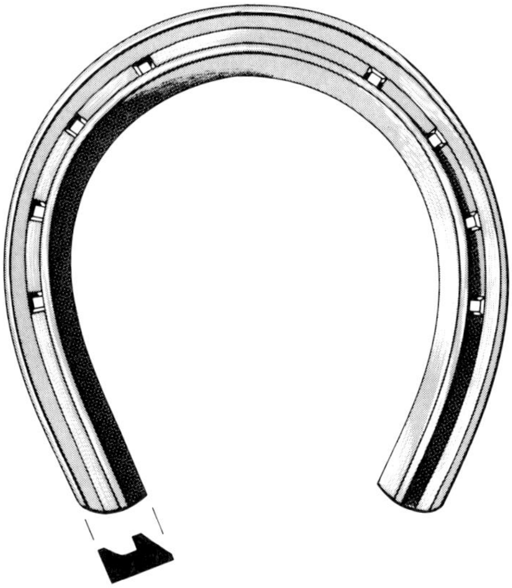

Abb. 99 a) Konkaves, gefalztes Eisen, maschinell hergestellt, Vordereisen.

Abb. 99 b) Hintereisen. Die Schenkelenden sind lang belassen, damit sie abgetrennt oder zu Stollen angebogen werden können.

Querschnitt durch das Eisen:

Gefalzte Dreivierteleisen (Abb. 98 a und b, Seite 82 unten)

Nr. des Eisens	Breite des Eisens cm	Größe der Eisenstäbe, aus denen das Eisen hergestellt wird						
		1,59 × 0,79	1,59 × 0,95	1,91 × 0,95	1,91 × 1,11	1,91 × 1,27	2,22 × 1,11	2,22 × 1,27
1	10,16	✶	✶	✶	✶	✶		
3	11,43	✶	✶	✶	✶	✶		
5	12,70	✶	✶	✶	✶	✶	✶	✶
7	13,97			✶	✶	✶	✶	✶
9	15,24				✶		✶	✶
11	16,51				✶		✶	✶
	17,78						✶	✶

Konkave, gefalzte Eisen (Abb. 99 a und b, siehe oben)

Nr. des Eisens	Breite des Eisens cm	Größe der Eisenstäbe, aus denen das Eisen hergestellt wird								
		1,27 × 0,64	1,59 × 0,64	1,59 × 0,79	1,59 × 0,95	1,59 × 1,11	1,91 × 0,95	1,91 × 1,11	1,91 × 1,27	2,22 × 1,27
0	8,89	✶	✶	✶	✶					
1	10,16	✶	✶	✶	✶	✶	✶	✶	✶	
2	10,80	✶	✶	✶	✶	✶				
3	11,43	✶	✶	✶	✶	✶	✶	✶	✶	
4	12,07	✶	✶	✶	✶	✶	✶	✶	✶	
5	12,70	✶	✶	✶	✶	✶	✶	✶	✶	✶
6	13,34	✶	✶	✶	✶	✶	✶	✶	✶	✶
7	13,97	✶	✶	✶	✶	✶	✶	✶	✶	✶
9	15,24						✶	✶	✶	✶

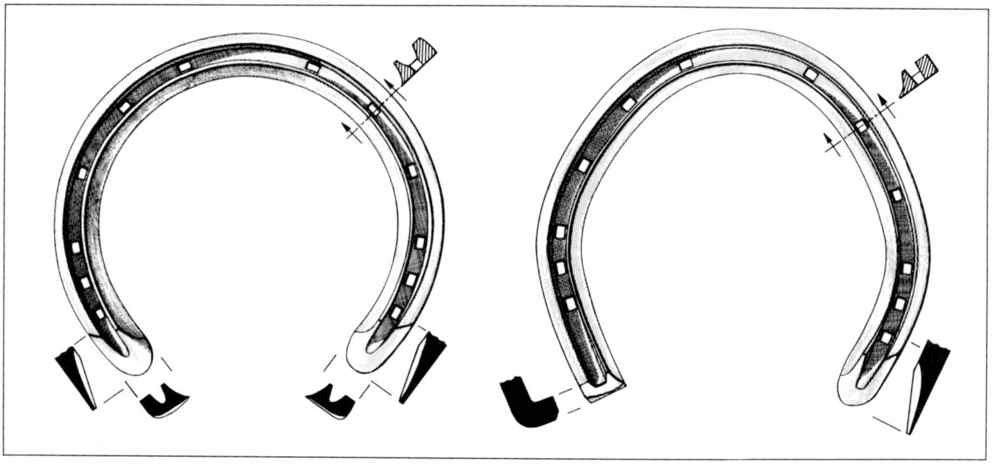

Abb. 100 a) Renneisen aus Aluminium, maschinell gefertigt: Vordereisen mit abgeschrägten oder »angespitzten« Schenkelenden.

Abb. 100 b) Hintereisen mit glattem Schenkelende innen und einem angebogenen Stollen außen.

2. Renneisen

Die Eisen der Rennpferde müssen so leicht wie irgend möglich sein. Sie müssen den Huf schützen und ihm einen guten Halt verschaffen, andererseits müssen sie stark genug sein, um sich nicht zu verdrehen, zu verbiegen oder zu zerbrechen. Zwei Typen von Renneisen sind allgemein in Gebrauch, beide aus Aluminium: Das Standard-Renneisen mit einem Falz und das sogenannte »Doppelgriffeisen«, das über zwei Falze verfügt und eine bessere Bodenhaftung bieten soll. Renneisen haben abgeschrägte oder »angespitzte« Schenkelenden. Vordereisen werden kurz und bodeneng gerichtet, um Streichen oder das Abreißen der Eisen zu verhindern.
Hintereisen sind stark zurück gerichtet, um Greifen vorzubeugen. Geläuf und Gangwerk des Pferdes geben den Ausschlag, ob die Schenkelenden glatt sind, an beiden oder nur am inneren Schenkelende ein Stollen angebracht wird. In Deutschland sind Stollen bei Galoppern nicht üblich.
Vorder- wie Hintereisen werden mit 6 bis 7 Nägeln befestigt, wobei die Trachtennägel weit hinten angebracht werden, damit sie sich nicht abspreizen können oder verbiegen. Ein Hufeisensatz wiegt zwischen 190 und 250 Gramm.
Zum Training werden etwas schwerere Eisen aufgeschlagen. Sie sind aus Flachstahl, konkav und haben einen Falz.

Aluminium Renneisen (Abb. 100a und b)

Nr. des Eisens	Breite des Eisens cm	Größe der Eisenstäbe, aus denen das Eisen hergestellt wird		
		1,11 × 0,64	1,27 × 0,71	1,27 × 0,79
1	10,16	*	*	
2	10,80	*	*	
3	11,43		*	*
4	12,07		*	*
5	12,70		*	*
6	13,34		*	*
7	13,97		*	*
8	14,61		*	*

Querschnitt durch das Eisen:

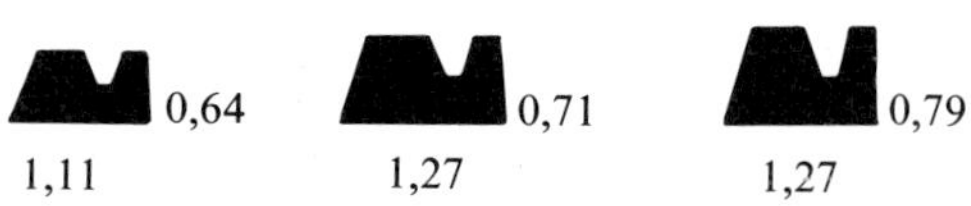

Konkave Trainings- und Renneisen aus Stahl

Nr. des Eisens	Breite des Eisens cm	Größe der Eisenstäbe, aus denen das Eisen hergestellt wird			
		1,27 × 0,64	1,59 × 0,64	1,59 × 0,79	1,59 × 0,95
0	8,89	✶		✶	✶
1	10,16	✶	✶	✶	✶
2	10,80	✶	✶	✶	✶
3	11,43	✶	✶	✶	✶
4	12,07	✶	✶	✶	✶
5	12,70	✶	✶	✶	✶
6	13,34	✶	✶	✶	✶
7	13,97	✶	✶	✶	✶

Querschnitt durch das Eisen:

0,64
1,27

0,79
1,59

Pferde, die Hindernisrennen gehen, brauchen möglichst leichte Eisen, doch müssen sie so stark sein, daß sie sich nicht verbiegen und sich nicht verdrehen, wenn sie gegen Hindernisse schlagen.
Diesen Anforderungen werden Eisen aus Flachstahl gerecht, die genauso geformt sind, wie die Renneisen mit einem Falz. Sie wiegen 370 bis 500 Gramm pro Satz.
Vordereisen können einen Aufzug und abgeschrägte Schenkelenden haben, die kurz und bodeneng gerichtet werden. Hintereisen werden stark zurückgerichtet, dürfen doppelte Vorderaufzüge haben und haben entweder zwei kleine Stollen oder einen angebogenen Stollen und ein keilförmig angebogenes Schenkelende. Wie bei den Renneisen ist jedes Eisen mit 6 bis 7 Nägeln befestigt, doch werden die Trachtennägel nicht ganz so weit hinten angebracht.

3. Eisen für Jagd-, Polo- und Reitpferde
(Abb. 101 a und b)

Jagdpferdeeisen
Ein Jagdpferd muß springen, galoppieren und bei hohem Tempo wenden. Um diesen Anforderungen gerecht zu werden, benötigt man ein Eisen, das einen guten Halt bietet und auch bei tiefem Boden fest am Huf sitzt. Hier ist ein konkaves, gefalztes Eisen mit glatter, flacher Tragefläche zu wählen. Die Vordereisen haben einen Vorderaufzug, und der innere Schenkel wird bodeneng gerichtet, um Streichen zu verhindern. Die Schenkelenden sollten etwas kürzer sein als die Tragefläche, und zwar etwa 0,5 cm, und in einem Winkel mit den Trachten abgeschrägt sein. So ist die Gefahr gering, daß sie gegriffen und abgerissen werden. Hintereisen haben am Vorderteil eine Kantenbrechung oder Abrundung beider Kanten und doppelte Aufzüge. Dies ermöglicht es, die Eisen zurückzurichten, um Greifen zu verhindern sowie Verletzungen der Beugesehnen des Vorderbeins. Gewöhnlich haben diese Eisen ein keilförmig angebogenes Schenkelende und einen angebogenen Stollen oder aber zwei angebogene Stollen. In diesem Fall ist der innere eng gerichtet und nach abwärts-einwärts abgeschrägt. Ein Satz Hufeisen wiegt zwischen 3,5 und 4 Pfund.
Springpferde müssen auf der Stelle und bei hohem Tempo wenden und plötzlich bremsen können. Springprüfungen werden sowohl draußen wie drinnen abgehalten, und die Pferde müssen sich auf die unterschiedlichen Böden und unterschiedliche Geschwindigkeiten umstellen können. Daher beschlägt man Springpferde mit konkaven, gefalzten Eisen für Jagdpferde mit durchbohrten Schenkelenden, in die bei Bedarf

Abb. 101 a) Eisen für Jagdpferde, handgeschmiedet; Vordereisen, konkav, gefalzt mit abgeschrägten Schenkelenden.

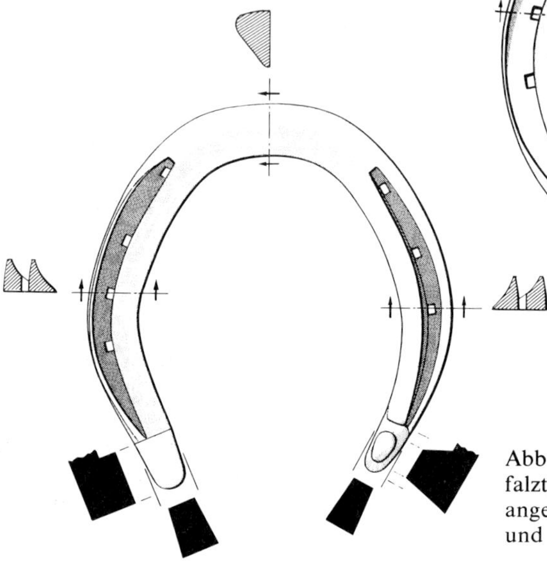

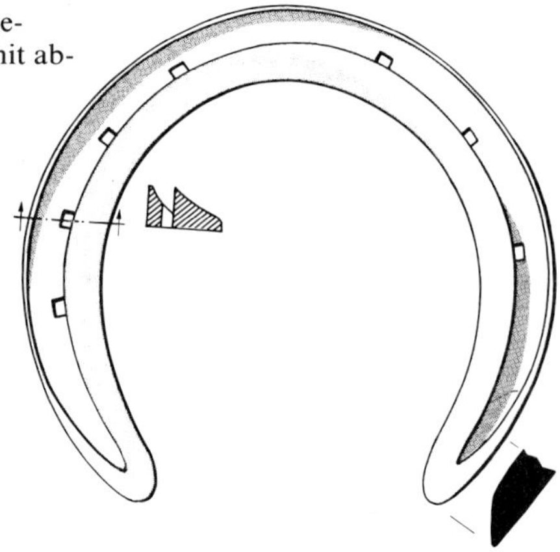

Abb. 101 b) Hintereisen, konkav, gefalzt, mit abgerundetem Vorderteil, einem angebogenen, keilförmigen Schenkelende und einem angebogenen Schenkelende.

Stollen eingeschraubt werden können. Ob Stollen angebracht werden sollen und welche, ist von Fall zu Fall zu entscheiden und hängt von der erwarteten Leistung ab, die das Pferd in einer bestimmten Prüfung erbringen soll.
Die Schenkelenden der Vordereisen sind in einem Winkel mit den Trachten abgeschrägt und wie bei den Jagdpferdeeisen gearbeitet. Wird nur ein Stollen angebracht, so geschieht dies im äußeren Schenkel, entweder zwischen den beiden Trachtenlöchern oder am Schenkelende; werden zwei Stollen angebracht, so je einer an jedem Schenkelende. Die Schenkelenden der Hintereisen sind stumpfwinklig abgeschnitten und ebenfalls wie Jagdpferdeeisen gefertigt. Werden zwei Stollen angebracht, so an jedem Schenkelende einer; wird nur einer angebracht, so am äußeren Schenkelende.

Poloeisen
Ein Polopony benötigt ein Eisen, mit dem es beim Bremsen und plötzlichen Abwenden im Galopp, wenn sein Gewicht auf die Sprunggelenke verlagert wird und es sich um seine Hinterbeine dreht, einen sicheren Halt hat.
Das Poloeisen oder mit Rand versehene Eisen (Abb. 102) wird aus einem konkaven Stahlstab hergestellt und in einem Spezialwerkzeug geformt. Die Tragefläche ist flach, aber die Bodenfläche hat einen scharfen Rand um die Innenkante, der dem Pferd auf dem Rasen eine ausgezeichnete Bodenhaftung vermittelt.
Die Vordereisen haben abgeschrägte Schenkelenden, der innere Schenkel ist eng gerichtet. Die Hintereisen haben abgerundete, solide Vorderteile und sind zurückgesetzt. Das äußere Schenkelende hat einen kleinen,

rechteckigen Stollen, und das innere Schenkelende hat einen schmalen Stollen oder es bleibt frei.
Poloeisen werden heute nur noch selten benutzt. Das konkave, gefalzte Eisen für Jagdpferde, dessen Hintereisen Stollen am Schenkelende aufnehmen kann, ist an ihre Stelle getreten.

Reitpferdeeisen
Reitpferde gehen selten mehr als ein paar Stunden am Tag und werden häufig auf Straßen geritten, daher brauchen sie schwerere Eisen als Jagdpferde.
Die Vordereisen sind konkav, gefalzt und gleichen in Form und Fertigung den Eisen für Jagdpferde, abgesehen davon, daß die Schenkelenden etwa 0,5 cm über die Tragefläche hinausragen und in einem stumpferen Winkel abgeschnitten sind.
Die Hintereisen sind glatt oder konkav gefalzt. Das Vorderteil ist entweder rechteckig oder abgerundet, und das Eisen ist ein wenig zurückgerichtet, um Greifen zu verhindern. Ein niedriger, angebogener Stollen oder ein rechteckiger Stollen sind an jedem Schenkelende angebracht, damit ein fester Halt gesichert ist. Manchmal wird behauptet, diese Vorkehrungen seien überflüssig, weil Reitpferde im allgemeinen ruhiger gearbeitet würden als Jagdpferde, und weil Stollen auf modernen Straßen wenig Wert hätten. Dies mag wohl richtig sein, was die angebogenen Schenkelenden angeht, trifft aber nicht für moderne Stollen zu, die einen harten Wolfram-Karbit-Stift haben und dem Pferd auf jeder Straßendecke einen sicheren Halt verschaffen.
Ein einzelner Aufzug am Vordereisen und entweder ein oder zwei Vorderaufzüge hinten stehen zur Wahl.
Reitponys werden rundum mit konkaven, gefalzten Eisen beschlagen. An den Vordereisen schneidet man die Schenkelenden in einer Linie mit der Tragefläche des Hufs und schrägt sie im gleichen Winkel mit den Trachten ab. Der innere Schenkel wird eng gerichtet.
Die Hintereisen sind ein wenig zurückgesetzt; die Schenkelenden rechteckig abgeschnitten. Sie sind entweder glatt belassen, haben niedrige, rechteckige Stollen oder sind durchbohrt, um Stollen aufzunehmen, wenn die Anforderungen es nötig machen. Vorderaufzüge sind an Vorder- und Hintereisen zu bekommen. Ein Satz Eisen wiegt 2 bis 2,5 Pfund.

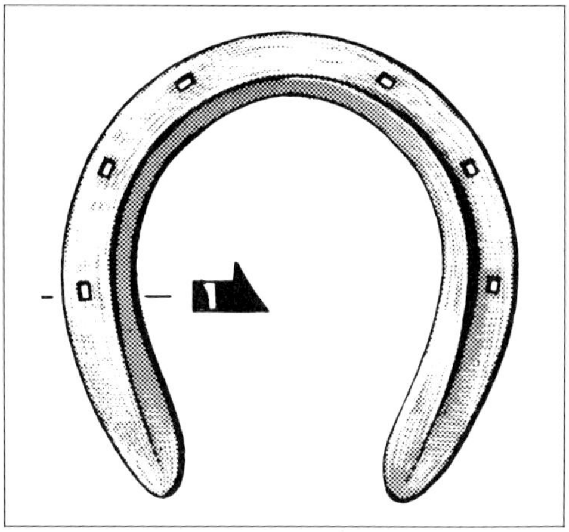

Abb. 102 Vordereisen für Polopferde, handgeschmiedet.

4. Eisen für leichte und schwere Wagenpferde

Wagenpferde nutzen ihre Eisen meist stärker ab als Reitpferde, ganz besonders stark die Vorderteile der Hintereisen. Vorübergehend war das doppelt gefalzte »Rodway«-Eisen beliebt. Es sollte dem Pferd mehr Halt bieten und länger halten, doch konnte es diese Erwartungen nicht erfüllen (Abb. 103). Wagenpferde werden nach alter Sitte vorn mit flachen, gefalzten Eisen und hinten mit glatten Stempeleisen mit angebogenen Stollen beschlagen. Doch heute beschlägt man sie häufig auf allen vier Beinen mit konkaven, gefalzten Eisen. An den Vordereisen läßt man die Schenkelenden lang, doch sollten sie nicht mehr als 0,5 cm über den Tragerand herausragen und im stumpfen Winkel abgeschnitten werden. Die Hintereisen sollten am Vorderteil verstärkt werden, wegen der hohen Abnutzung, und je-

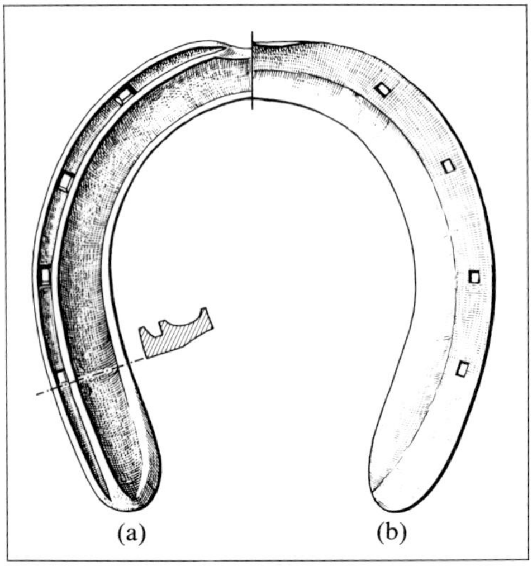

Abb. 103 »Rodway«-Doppelfalzeisen, handgeschmiedet: Vordereisen;
a) die Bodenfläche hat zwei parallele Falze und drei Erhöhungen, die Gesenklöcher sind im äußeren Falz angebracht;
b) die Tragefläche ist schräg abgedacht, doch ist dies nicht allgemein üblich.

des Schenkelende sollte einen angebogenen Stollen oder einen Vierkant-Stollen aufweisen.
Wagenponys werden mit der gleichen Art von Hufeisen beschlagen wie die Wagenpferde. Für Fahrprüfungen sollte man die Schenkelenden der Hintereisen durchbohren, damit bei Bedarf den Bodenverhältnissen angemessene Stollen eingesetzt werden können.
Ganz allgemein gilt: Je schwerer das Pferd, desto schwerer die Eisen.

Eisen für schwere Zugpferde (Abb. 104)
Schwere Zugpferde müssen Lasten anziehen, rückwärtsrichten und rücken. Das verwendete Hufeisenmodell variiert von Gegend zu Gegend und mit den unterschiedlichen Straßendecken.
Für die üblichen Anforderungen genügt ein schlichtes Stempeleisen vorn und hinten, mit verstärktem Vorderteil und angebogenen Stollen. Da schwere Zugpferde in langsamem Tempo arbeiten, bildet das Streichen kein Problem.
Folglich können die Schenkelenden von Vorder- und Hintereisen lang belassen und weit gerichtet werden, damit der Huf auf einer festen Grundlage ruht.
In einigen Städten pflegt man schwere Zugpferde vorn und hinten mit einem Zehenstück und angebogenen Stollen zu beschlagen (Abb. 89). Diese Art zu beschlagen gibt dem Pferd einen guten Halt, vor allem auf Pflasterstraßen, und erhält das natürliche Gleichgewicht des Hufs; allerdings ist der Strahl nicht mehr der natürlichen Gewichtsbelastung ausgesetzt.
Auf den glatten Decken der modernen Straßen bieten Eisen mit Zehenstücken und angebogenen Stollen keinen festeren Halt als flache, und wenn das Pferd erst an diese Art von Eisen gewöhnt ist, dauert es geraume Zeit, bis es sich wieder an flache Eisen gewöhnt. Ein Satz Eisen wiegt zwischen 16 und 20 Pfund.
Schräg abgedachte Eisen werden aufgeschlagen, wenn schwere Zugpferde bei Schauen gezeigt werden und im Verkaufsring. Das Abdachen ist eine Abwandlung der Außenkante des Eisens, die so geformt wird, daß sie in einem Winkel mit der Wand steht und diese fortsetzt (Abb. 105). Folglich ist die Bodenfläche des Eisens viel breiter als die Tragefläche und kann bis zu 2 cm über die Wand hinausragen.
Schräg abgedachte Eisen verbessern gewiß das Erscheinungsbild der Hufe, indem sie sie größer erscheinen lassen, sind aber für die tagtägliche Arbeit ungeeignet.

5. Maultier- oder Eseleisen (Abb. 106)

Die Anatomie und Physiologie des Maultier- oder Eselhufs entsprechen der des Pferdes. Im Vergleich zum Pferdehuf ist der Huf des Maultiers lang und schmal, der Eselhuf zeigt diese Merkmale verstärkt. Er hat eine rundere Spitze, die Sohle ist stärker gewölbt, die Trachten stehen sehr steil und hoch. Die Wand ist dicker und das Horn dichter. Maultiere und Esel müssen oft Lasten tra-

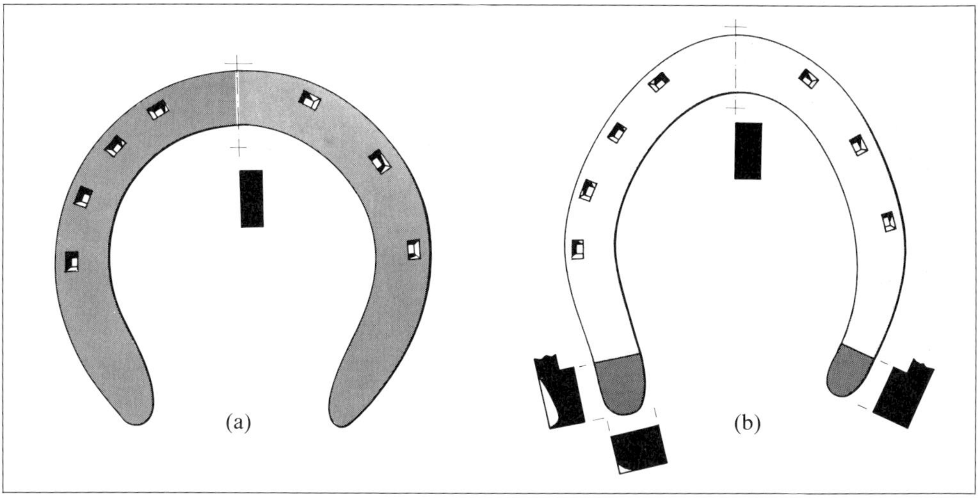

Abb. 104 a) Zugpferdeeisen, handgeschmiedet, Vordereisen, glattes Stempeleisen.

Abb. 104 b) Hintereisen, mit verstärktem Vorderteil und angebogenen Stollen.

gen und ziehen, ohne beschlagen zu sein. In diesem Fall müssen ihre Hufe lediglich mit der Raspel berundet werden, damit die Ränder nicht ausbrechen; auch die Zehe und die Trachten müssen gekürzt werden. Bei feuchtem Wetter und bei der Arbeit auf modernen Straßen ist das Beschlagen der Hufe erforderlich. Maultier- oder Eseleisen sind glatte Stempeleisen, welche schmaler und leichter sind als die Hufeisen für Pferde. Gewöhnlich werden die Schenkelenden der Vorder- und Hintereisen glatt belassen, hin und wieder werden die Schenkelenden der Hintereisen angebogen. Jedes Eisen wird mit 5 bis 6 Nägeln befestigt, die kurz sein sollen und eine starke Klinge haben müssen, da der Standard-Hufnagel für Pferdeeisen sich unweigerlich in dem harten Horn der Maultier- oder Eselhufe verbiegt.

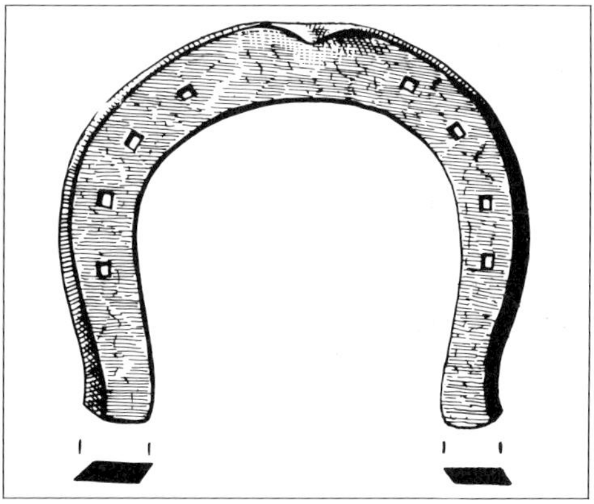

Abb. 105 Schräg abgedachtes Vordereisen, handgeschmiedet.

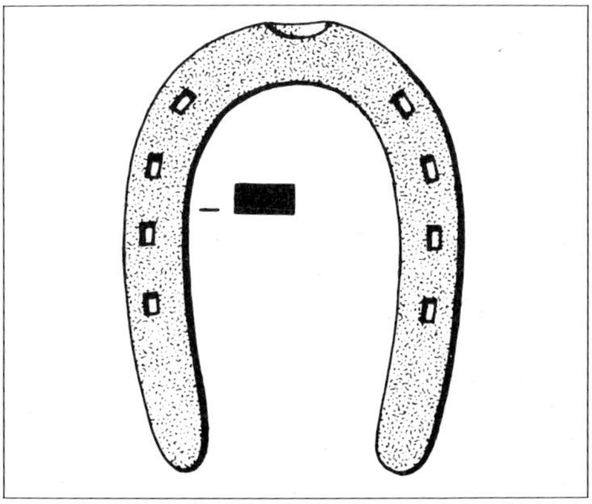

Abb. 106 Maultiereisen (Vordereisen): flach und schmal mit langen Schenkeln.

KAPITEL VII

Die Herstellung der Eisen

Will der Schmied ein Vordereisen oder ein Hintereisen mit keilförmigem Schenkelende und angebogenem Stollen aus einem konkaven, gefalzten Eisenstab herstellen, muß er mit Ausnahme des Falzens alle Techniken seines Handwerks anwenden, um das Metall zu biegen, zu wenden und zu formen.
Durch die Praxis entwickeln Schmiede selbstverständlich ihre eigenen Techniken, die sie allen anderen vorziehen. Die nachfolgend illustrierten Methoden sollen ein praktischer Leitfaden sein, der selbstverständlich durch individuelle, praktische Erfahrungen und Fertigkeiten im Umgang mit dem Metall und seiner Handhabung ergänzt werden kann.
Für die Beschreibung der Herstellung eines Hufeisens wurden konkave, gefalzte Eisenstäbe gewählt, weil sie heutzutage praktisch bei der Herstellung aller Eisen, mit Ausnahme der Eisen für schwere Zugpferde, verwendet werden. Bezüglich der Hitze, bei der das Metall bearbeitet wird, werden keine Anweisungen gegeben, oder bezüglich der Anzahl der Hitzen, die für die Durchführung spezieller Aufgaben nötig sind, weil dies von der Arbeitsweise des einzelnen Schmieds abhängt, wie von seiner Schnelligkeit und Geschicklichkeit.

1. Das Bemessen der richtigen Eisenlänge, die vom Stab abzunehmen ist

(Abb. 107 bis 112)

Wie lang der Eisenstab sein muß, aus dem ein Eisen gefertigt werden soll, berechnet sich wie folgt:
Man messe die Breite des Hufs und den Abstand von der Spitze zu den Trachten entlang der Strahlfurche in cm. Die größere Zahl multipliziere man mit 2 und addiere 4 cm bei konkaven, gefalzten und 2,5 cm bei glatten Eisenstäben.

Abb. 107 Messen und Anzeichnen einer Länge konkaven, gefalzten Eisens mit Lineal u. Kreide.

Abb. 110 Erstes Erhitzen. Eisen werden gewöhnlich paarweise gefertigt.

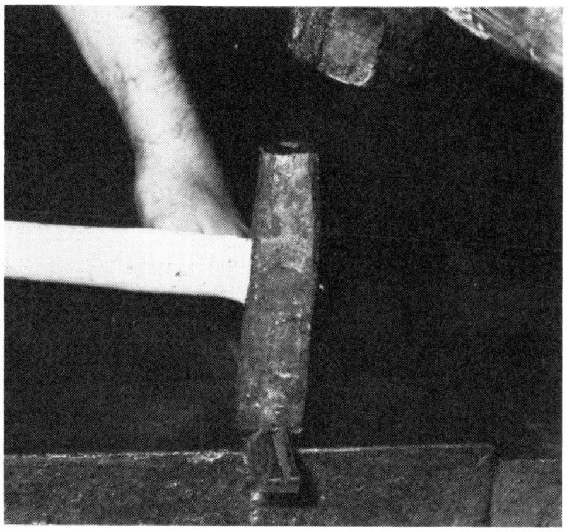

Abb. 108 Abtrennen des erforderlichen Stücks vom Eisenstab mit dem Stempelzeug.

Abb. 111 Das weißglühende Stück Eisenstab wird mit der Drahtbürste vom Hammerschlag befreit. Hierdurch wird das fertige Eisen verbessert und bei der Bearbeitung des Metalls das Abspringen von Spänen verhindert, die Gesicht und Hände des Schmieds verbrennen können.

Abb. 109 Abmessen und Markieren der Mitte des abgetrennten Eisenstücks mit Hilfe einer alten, dreiseitigen Feile.

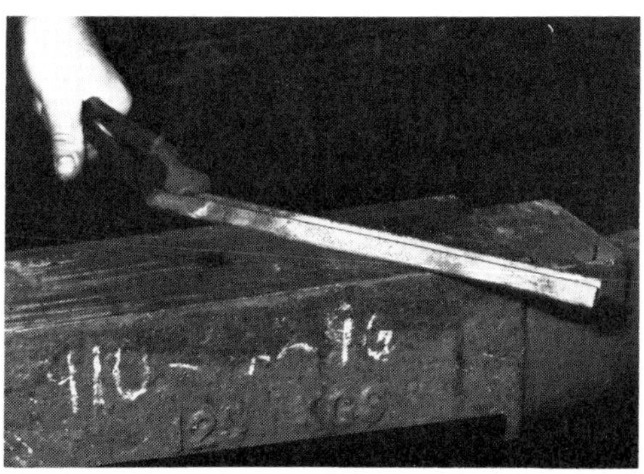

Abb. 112 Das Stück Eisenstab ist gereinigt und kann nun zu einem richtigen Eisen geschmiedet werden.

Abb. 113 Das Stück Eisenstab wird auf das Horn des Ambosses gehalten und mit dem Schmiedehammer abwechselnd rechts und links von der Mitte auf der konkaven Seite verhauen, bis es rechtwinklig gebogen ist.

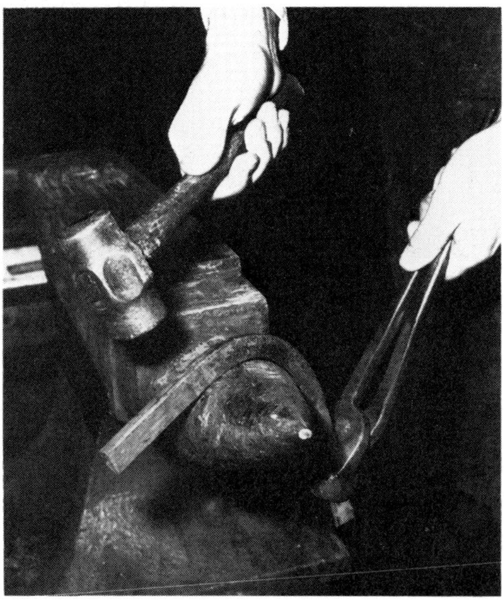

Abb. 114 Das Vorderteil des Eisens wird gewendet und über dem Horn des Amboß fertiggestellt.

2. Die Herstellung eines Vordereisens

(Abb. 113 bis 145)

1. Schritt: Biegen des Vorderteils

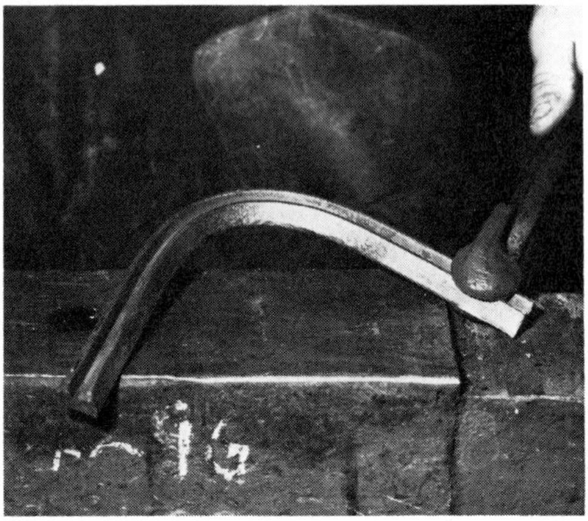

Abb. 115 Der erste Schritt ist abgeschlossen. Das Vorderteil ist rechtwinklig gebogen.

2. Schritt: Das Formen des Schenkelendes und Biegen des äußeren Schenkels

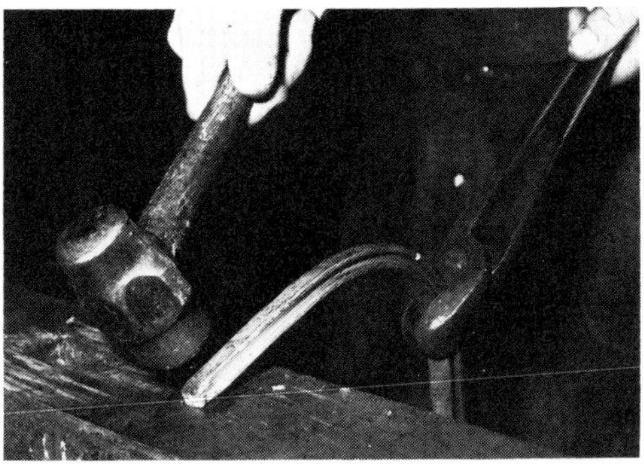

Abb. 116 Das Ende des äußeren Schenkels wird an der Ecke geschlossen und bildet so das äußere Schenkelende.

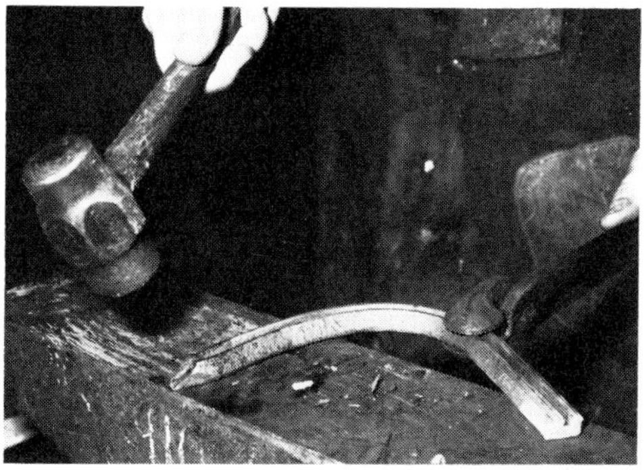

Abb. 117 Das äußere Schenkelende wird in einem Winkel von 45 Grad zugespitzt.

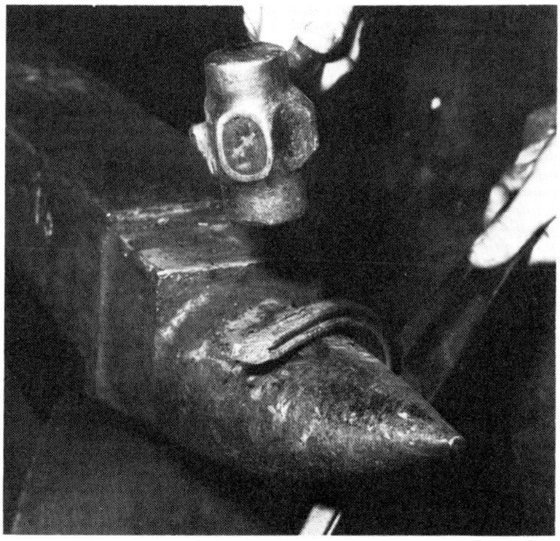

Abb. 118 Der äußere Schenkel wird über dem Horn des Ambosses in die richtige Form gebogen.

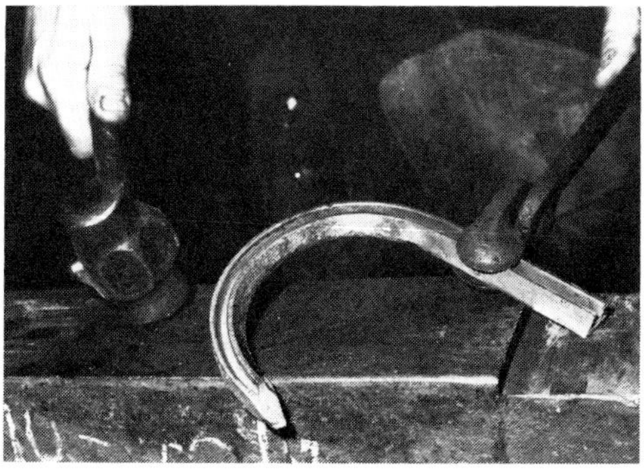

Abb. 119 Der zweite Schritt ist abgeschlossen. Der äußere Schenkel wird gebogen und das Schenkelende gebildet.

3. Schritt: Anbringen der Nagelgesenklöcher mit dem Hufeisenstempel

Der Hufeisenstempel wird erst mit leichten, dann zunehmend stärkeren Schlägen bearbeitet, bis seine Spitze die Dicke des Eisens fast ganz durchdringt.

Er wird so gehalten, daß der Winkel jeden Nagellochs der Neigung der Wand entspricht, und die Spitze tritt so an der Tragefläche aus, daß sie dem Außenrand der weißen Linie entspricht.

Abb. 120 Der Hufeisenstempel wird senkrecht auf das Schenkelende gehalten, um ein »feines« Loch auf der Tragefläche zu schaffen.

Abb. 121 Der Hufeisenstempel wird am Vorderteil in einem Winkel angesetzt, der auf der Tragefläche ein »grobes« Loch entstehen läßt.

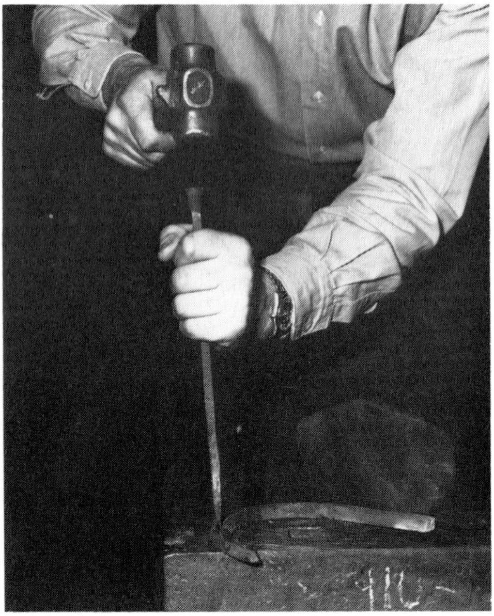

Abb. 122 Der Dorn wird ebenso wie der Hufeisenstempel senkrecht angesetzt, um das vorgefertigte Nagelloch am Schenkelende fertigzustellen.

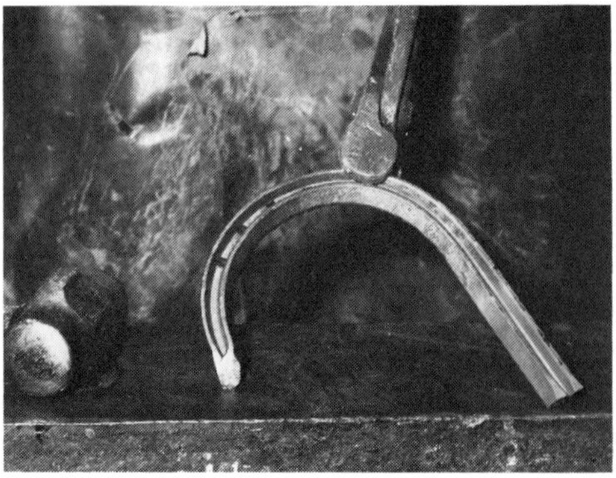

Abb. 124 Der dritte Schritt ist abgeschlossen. Man beachte die Lage des Trachtenlochs direkt hinter der vorderen Hälfte des Eisens.

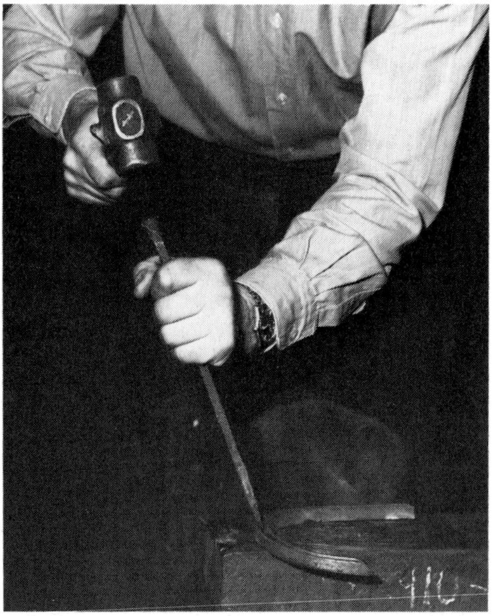

Abb. 123 Der Dorn wird im gleichen Winkel angesetzt wie der Hufeisenstempel, um das vorgefertigte Nagelloch am Vorderteil fertigzustellen.

4. Schritt: Formen des Schenkelendes und Biegen des inneren Schenkels

Abb. 125 Das innere Schenkelende wird im Winkel von 45 Grad zugespitzt und an der Ecke geschlossen.

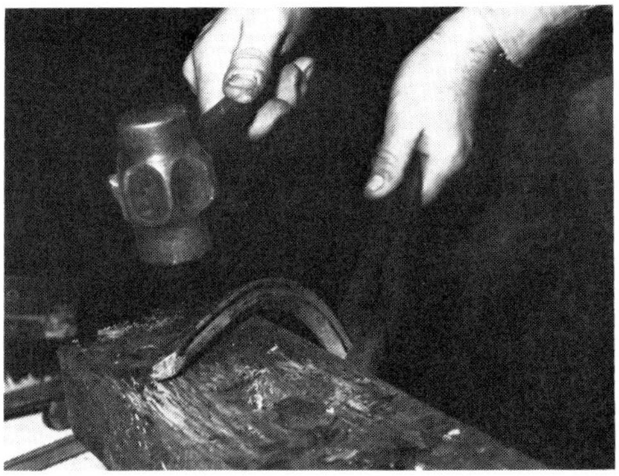

Abb. 126 Die Außenkante des Schenkels wird mit einer Kantenbrechung versehen, um Streichen zu verhindern.

Abb. 127 Der innere Schenkel wird über dem Horn des Ambosses in die richtige Form gebogen.

Abb. 128 Das Trachtenloch wird genau wie am äußeren Schenkel senkrecht mit dem Hufeisenstempel angebracht.

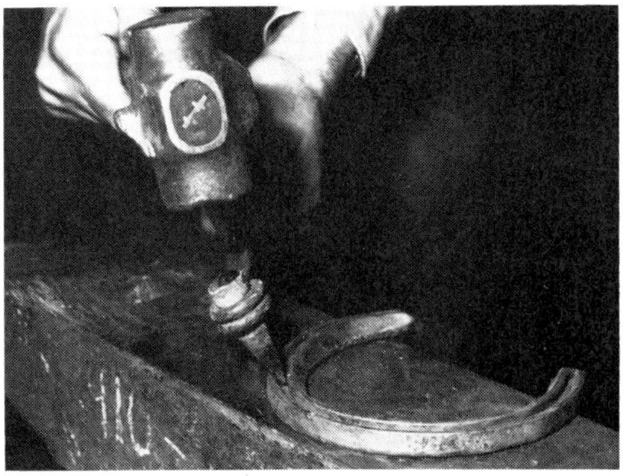

Abb. 129 Das Nagelloch am Vorderteil wird im gleichen Winkel angefertigt wie das des äußeren Schenkels.

Die Nagellöcher werden mit dem Dorn in der gleichen Weise fertiggestellt, wie bereits beim äußeren Schenkel beschrieben.

Abb. 130 Der vierte Schritt ist abgeschlossen. Beide Schenkel wurden gebogen, die Schenkelenden geformt, die Außenkante des inneren Schenkels bodeneng verhauen, die Nagellöcher mit Hufeisenstempel und Dorn gefertigt.

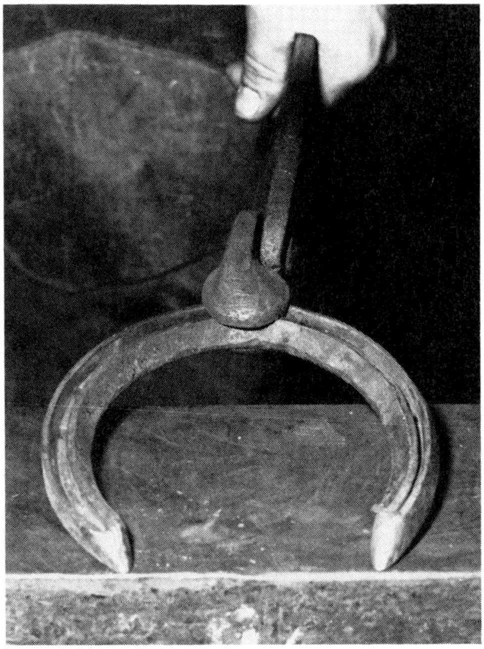

Das Kürzen der Schenkelenden

Sind die Schenkelenden eines Eisens zu lang, so werden sie entweder mit dem Verhau-Schroter oder einem Spezialwerkzeug auf die richtige Länge gekürzt.

Abb. 131 Das Schenkelende des Eisens wird rotglühend erhitzt und mit dem Verhau-Schroter gekürzt. Das Schenkelende wird mit seiner Bodenfläche auf den Verhau-Schroter gelegt, weg von der konkaven Schnittfläche.

Abb. 132 Eine weitere Möglichkeit besteht darin, das Schenkelende rotglühend zu erhitzen, es auf die Amboßbahn zu legen mit der Bodenfläche nach oben und es dann mit einem Spezialwerkzeug aus einer alten Raspel passend abzuschneiden. Dieses Spezialwerkzeug wird hergestellt, indem man eine alte Raspel der Länge nach umbiegt und das Ende schärft.

5. Schritt: Das Ziehen des Aufzugs am Vorderteil

a) Standard-Methode

Abb. 133 Die Mitte des Vorderteils wird markiert und auf das Vierkanthorn des Ambosses gehalten. Dann beginnt man den Aufzug zu ziehen, indem man mit der Ballseite des Handhammers auf die Markierung schlägt.

Abb. 134 Ablegen des Metalls.

Abb. 135 Überschmieden der Tragefläche hinter dem Aufzug.

Abb. 136 Jetzt beginnt das Ziehen des Aufzugs.

Abb. 137 Fertigstellung des Aufzugs am Vorderteil.

b) Mit dem Dorn

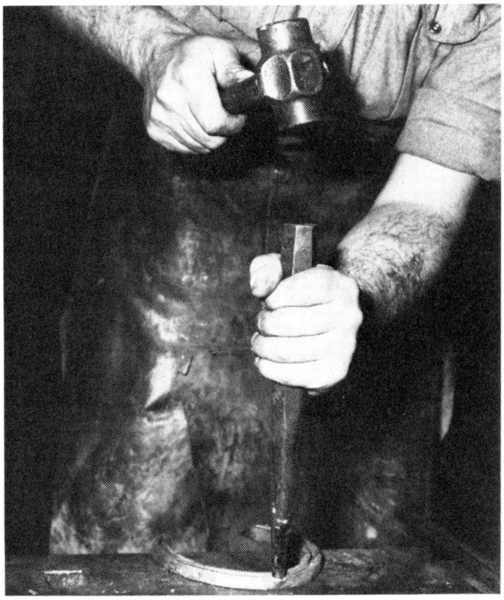

Abb. 138 Die Mitte des Vorderteils wird markiert, und eine »Blase« wird mit dem Dorn gezogen.

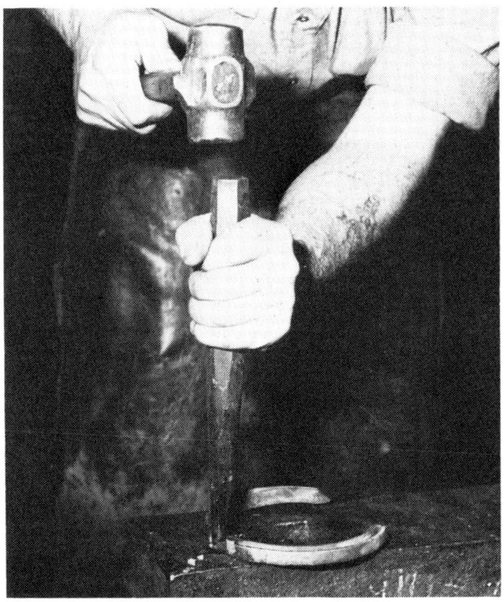

Abb. 139 Die »Blase« wird auf das kleine runde Loch am Vierkanthorn des Ambosses gelegt und herausgezogen.

Abb. 140 Das Ziehen des Aufzugs wird auf dem Vierkanthorn des Ambosses abgeschlossen.

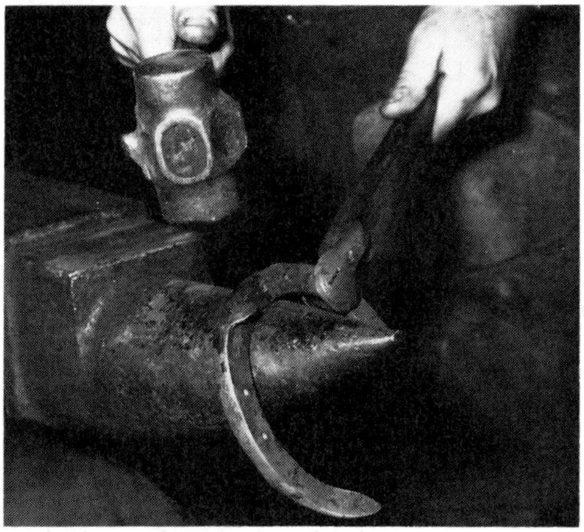

Abb. 141 Der Aufzug wird gerichtet und erhält den letzten Schliff.

6. Schritt: Letzte Handgriffe am Eisen

Die Fertigstellung des Hufeisens ist abgeschlossen, doch läßt sich die beste Schmiedearbeit durch ein paar geschickte Striche mit der Raspel an den Aufzügen und Schenkelenden, auf den Flächen und entlang der Kanten noch verbessern.

Abb. 142 Beraspeln der Schenkelenden.

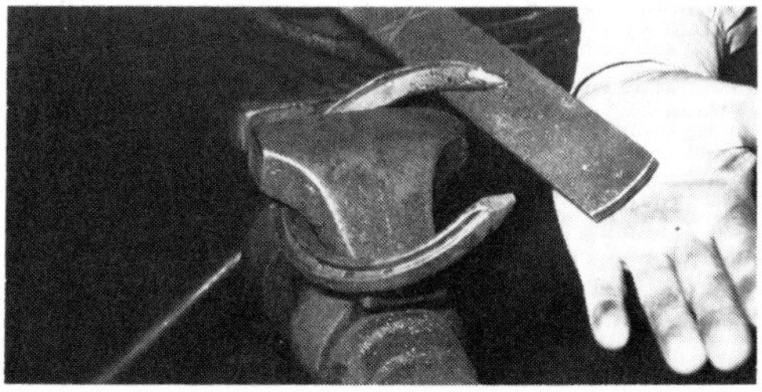

Abb. 143 Entfernen des Hammerschlags von der Tragefläche an den Schenkelenden.

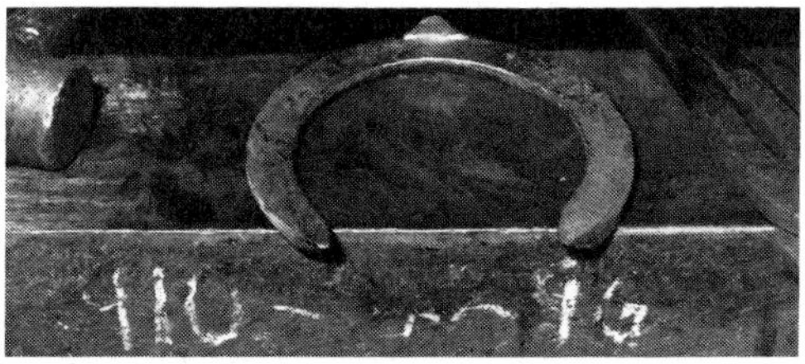

Abb. 144 Fertiges Hufeisen, Tragefläche. Die Tragefläche ist plan, beachten Sie dabei besonders die Rückseite des Vorderaufzugs, auch an den Schenkelenden deckt das Eisen voll ab.

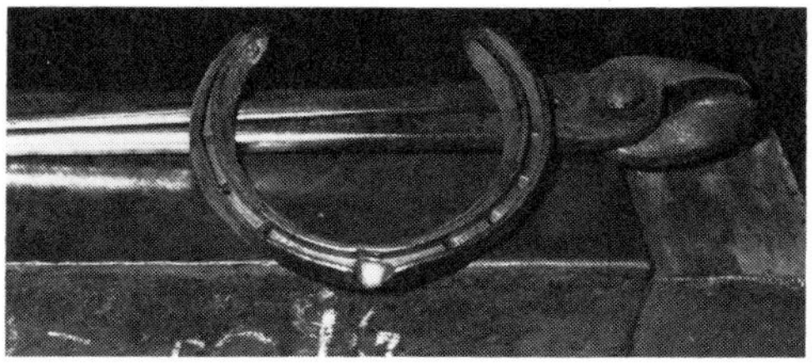

Abb. 145 Fertiges Hufeisen, Bodenfläche. Gut ausbalanciertes Hufeisen. Der Vorderaufzug sitzt in der Mitte, die Nägellöcher wurden an der richtigen Stelle angebracht, ihr Format ist vorschriftsmäßig, die Innenkante des Eisens weist eine Kantenbrechung auf und wurde geschlossen, um Streichen zu verhindern.

3. Die Herstellung eines Hintereisens (Abb. 146 bis 150)

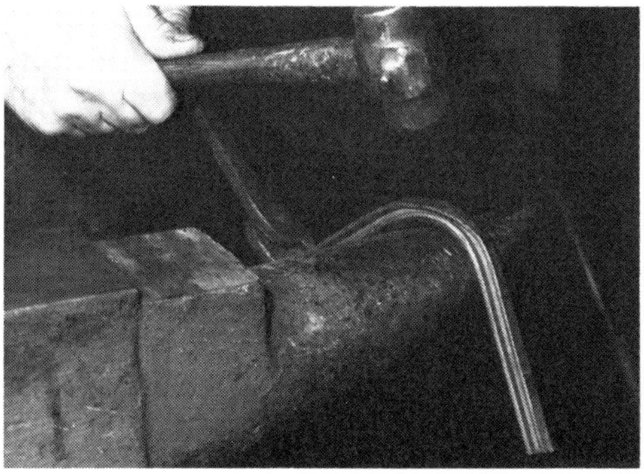

Abb. 146 Das Stück Eisenstab wird passend gebogen. Das Vorderteil erhält einen spitzeren Winkel als das Vorderteil eines Vordereisens und wird dann mit Zehenrichtung versehen.

Abb. 148 Fertiger innerer Schenkel. Das Schenkelende wird genauso gefertigt wie das Schenkelende eines Vordereisens und mit bodeneng verhauener und geschlossener Streichkante versehen.

Abb. 147 Fertiger äußerer Schenkel. Das Schenkelende ist rechteckig, seine Innenkante ist abgeschrägt, so daß die Breite der Tragefläche erhalten bleibt, ohne daß das Schenkelende den Strahl behindert.

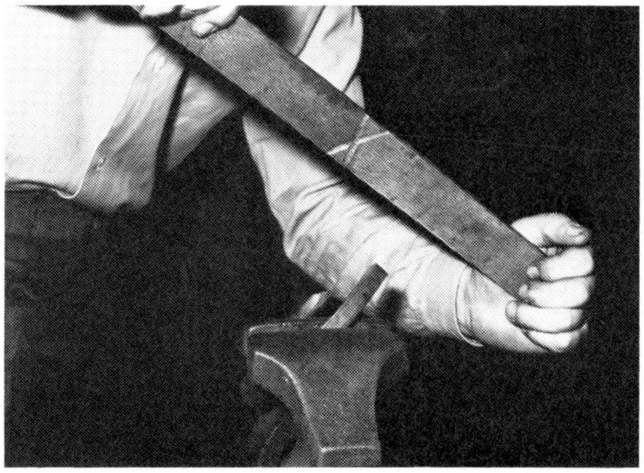

Abb. 149 Schließlich werden die Schenkelenden gerichtet und die Arbeit mit ein paar Raspelstrichen beendet.

Abb. 150 Fertiges Eisen, Bodenfläche. Gut ausbalanciertes Eisen. Mit Zehenrichtung versehenes Vorderteil, außen rechteckiges Schenkelende mit abgeschrägter Innenkante, inneres Schenkelende im Winkel von 45 Grad angespitzt und mit bodeneng verhauener Streichkante versehen.

4. Die Herstellung eines Hintereisens mit einem keilförmig angebogenen Schenkelende und einem angebogenen Stollen (Abb. 151 bis 163)

1. Schritt: Das Fertigen eines keilförmig angebogenen Schenkelendes am inneren Schenkel

Abb. 151 Etwa 2,5 cm des Endes des Eisenstabs werden erhitzt, vertikal auf die Amboßbahn gehalten und mit dem Hammer bearbeitet, um es anzustauchen.

Abb. 152 So viel muß angestaucht werden, um ein keilförmiges Schenkelende fertigen zu können.

Abb. 153 Jetzt wird das keilförmige Schenkelende gezogen.

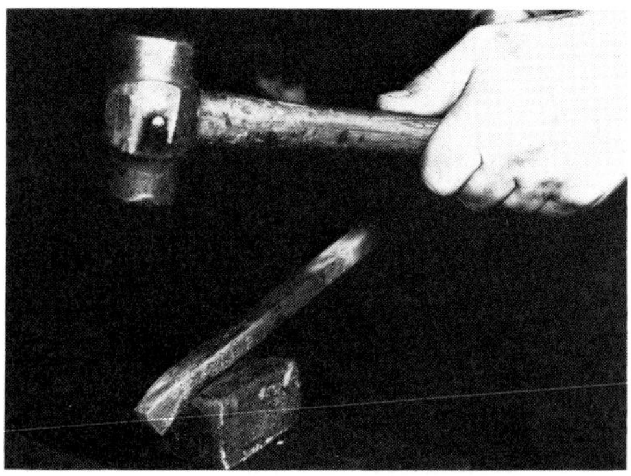

Abb. 154 Das keilförmige Schenkelende wird mit einem halbrunden, konkaven Werkzeug angestaucht.

Abb. 155 Abschließendes Beraspeln des keilförmigen Schenkelendes.

Abb. 156 Das fertige, keilförmige Schenkelende.

2. Schritt: Das Biegen des Vorderteils

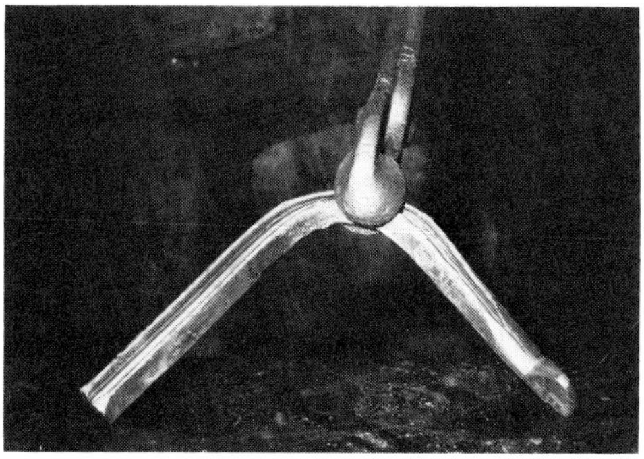

Abb. 157 Das Vorderteil wird genauso gebogen und mit einer Zehenrichtung versehen, wie bereits beim Standard-Hintereisen beschrieben.

3. Schritt: Das Fertigen eines angebogenen Stollens am äußeren Schenkelende

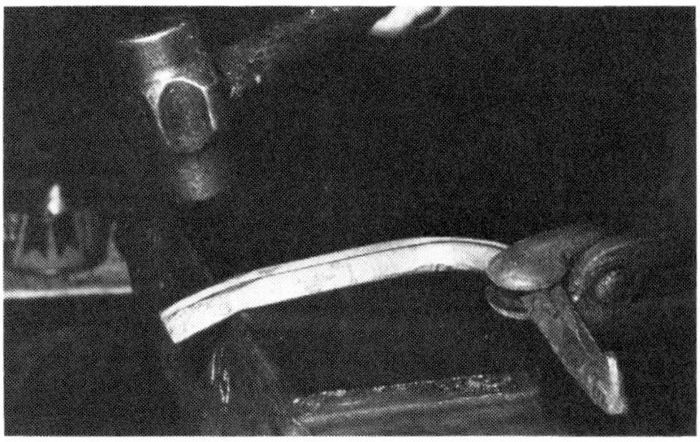

Abb. 158 Die Tragefläche wird auf der Amboßkante abgebogen.

Abb. 159 Das Eisen wird gewendet und das Schenkelende fast rechtwinklig angebogen, um den Stollen zu bilden.

Abb. 160 Das fast rechtwinklig angebogene Schenkelende wird in die richtige Form zurückgeschmiedet.

Abb. 161 a), b) und c) Die verschiedenen Stellungen, in denen das Eisen gehalten wird, während das Schenkelende zu einem angebogenen Stollen umgeformt wird.

Abb. 161 a)

Abb. 161 b)

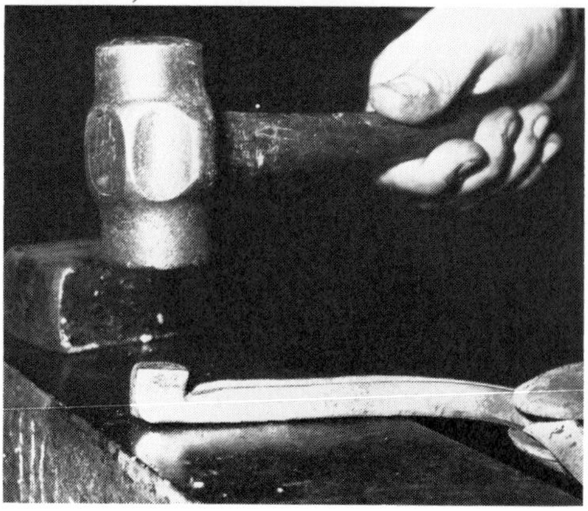

Abb. 161 c)

4. Schritt: Endgültige Fertigstellung des Eisens

Abb. 162 Fertiges, keilförmiges Schenkelende und fertiger, angebogener Stollen, fertig geformtes Vorderteil. Die Schenkel müssen noch gebogen und die Aufzüge gezogen werden.

Abb. 163 Fertiges Eisen – Bodenfläche. Ausgewogenes Eisen. Vorderteil herübergeklopft, Aufzüge an beiden Schenkeln zwischen dem ersten und zweiten Nagelloch gezogen, niedriger, Vierkant-Stollen, die Streichkante des inneren Schenkels bodeneng verhauen, keilförmiges Schenkelende nach innen geneigt, um Streichen zu verhindern.

5. Die Verwendung gebrauchter Eisen

Es ist viel zu zeitaufwendig, neue Eisen aus gebrauchten Eisen zu fertigen, um für den Hufschmied lohnend zu sein. Allerdings hat sich herausgestellt, daß das Zusammenschmieden alter Eisen auf Grund der Reaktion zwischen dem Metall und dem Brennstoff ein sehr widerstandsfähiges Material entstehen läßt. Folglich bedient man sich dieser Methode oft dann, wenn Eisen für solche Pferde geschmiedet werden sollen, die ihre Eisen besonders schnell abnutzen. Eineinhalb alte Eisen sind nötig, um ein neues Eisen zu schmieden. Solche Eisen werden manchmal Pauscheisen genannt.

Abb. 164 Ein altes Eisen wird am Vorderteil umgebogen.

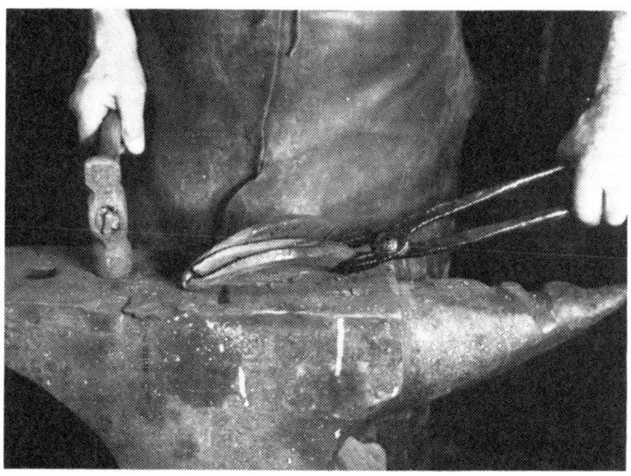

Abb. 165 Zwischen die beiden Schenkel wird ein halbes altes Eisen geschmiedet, drei Metallagen befinden sich übereinander.

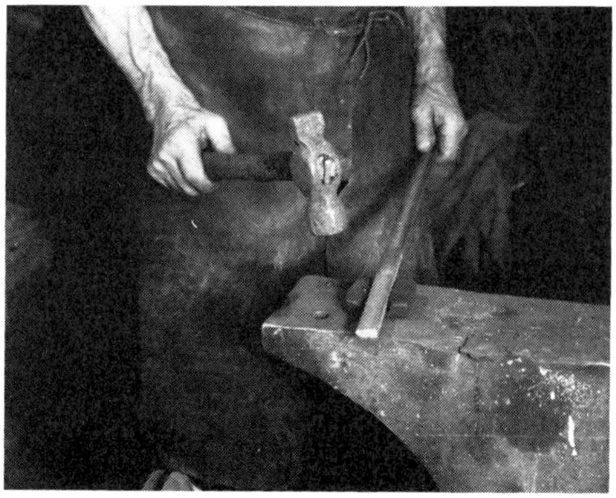

Abb. 166 Der Stab wird konkav, indem man ihn durch ein konkaves Werkzeug hämmert.

Das umgebogene Ende wird zuerst erhitzt, so daß die drei Metallstücke aneinandergeschmiedet werden können. Dann wird das andere Ende erhitzt, um den Schmiedevorgang abzuschließen. Es entsteht eine sogenannte »Pausche«. Die »Pausche« wird nach und nach zu einem Eisenstab geschmiedet, der lang genug ist für ein Hufeisen.

KAPITEL VIII

Die Praxis des Hufbeschlags

Hufeisen werden zum Schutz des Hufs angebracht und sollen verhindern, daß er sich schneller abnutzt als er nachwächst. Das Eisen soll die natürliche Funktion des Hufs möglichst nicht beeinträchtigen oder den Gang verändern. Bevor ein Pferd beschlagen wird, muß der Schmied die Stellung der Gliedmaßen des Pferdes sowie seine Aktion und die Abnutzung der Eisen einer Beurteilung unterziehen. Die gewonnenen Informationen ermöglichen ihm, den Huf und den Gang zu regulieren und ein angemessenes Eisen auszuwählen.

1. Der Umgang mit dem Pferd – Kontrolle über das Pferd

Ganz gleich, ob es sich um ein Pferd handelt, das schon oftmals beschlagen wurde, oder ein Fohlen, dessen Hufe noch unberührt sind, der Hufschmied wird grundsätzlich beiden die gleiche Behandlung zukommen lassen; er muß seine Arbeit ruhig und mit Bedacht durchführen. Wenn ein Pferd angebunden werden muß, trägt es ein Halfter, und der Anbindestrick wird mit einem sofort lösbaren Knoten befestigt. Ketten zum Anbinden sollten unter allen Umständen vermieden werden. Das Pferd sollte, wenn irgend möglich, von einer ihm vertrauten Person festgehalten werden. Daß diese sich dabei auf der gleichen Seite des Pferdes befindet wie der Hufschmied, ist besonders bei jungen und nervösen Pferden wichtig. Auch sollte man immer darauf achten, daß der Raum nicht zu eng ist, um Schmied und Pfleger nicht zu gefährden. Die meisten Pferde sind ruhig und unproblematisch im Umgang, so daß Zwangsmaßnahmen sich erübrigen. Sollten sie jedoch unvermeidlich sein, sollte man sie auf ein Minimum beschränken und nie in Quälerei ausarten lassen, denn übermäßige Härte würde dazu führen, daß das Pferd beim nächsten Beschlag noch schwieriger zu handhaben wäre. Die ungewohnten Geräusche und der Feuerschein in der Schmiede beunruhigen einige Pferde, doch sind sie draußen oder in ihren eigenen Ställen meist leicht zu beschlagen. Andere stehen ruhig, wenn ihre Stallgefährten neben ihnen stehen. Ein beständiges, ruhiges Zureden des Schmiedes ist sehr wichtig bei der Hufbehandlung. Man sollte stets dafür sorgen, daß das Bein in einer natürlichen und möglichst bequemen Stellung aufgehalten wird, wobei darauf zu achten ist, daß das Bein nicht seitlich abgezogen wird, da das Pferd dann das Gleichgewicht verliert. Nach der Behandlung sollte man den Huf nicht fallen lassen, sondern vorsichtig absetzen. Gleichzeitig sollte der Schmied vom Pferd wegtreten.

Schlechte Angewohnheiten

Einige Pferde gewöhnen sich schlechte Angewohnheiten an und sind schwer zu beschlagen, aber mit Geduld und Gewöhnung verlieren sich die meisten von ihnen. In vielen Fällen sind sie durch konsequente Behandlung, durch eine Person am Kopf des Pferdes, mit einer Portion Futter oder dem Zeitpunkt des Beschlags nach der Arbeit zu überwinden.

Unruhe

Will ein Pferd nicht ruhig stehen, so ist dies meist auf Nervosität zurückzuführen. Hier kann man in der Mehrzahl der Fälle Abhilfe schaffen, indem jemand am Kopf des Pferdes steht, indem man seine Stallgefährten in die Schmiede holt, ihm Futter reicht oder diese Maßnahmen kombiniert. Häufig hilft einfach ruhiges Sprechen mit dem Pferd.

Auflegen auf den Schmied
Dies ist eine unangenehme Angewohnheit, bei der man zunächst versucht, die Lage des Pferdebeins zu ändern, da sie unbequem sein kann. Hat dies keinen Erfolg, läßt man den Huf fallen, was das Pferd zwingt, das Gleichgewicht wieder zu erlangen, um nicht zu fallen. Es wird nicht lange dauern, bis das Pferd auf diese Weise lernt, gleichmäßig auf drei Beinen zu stehen.

Beißen
Ist die Ursache dieser Angewohnheit Nervosität, so braucht das Pferd lediglich Zeit, um sich in der neuen Umgebung zu gewöhnen, doch kann es sich auch um eine Untugend handeln. Ein eingefleischter Beißer benötigt einen Maulkorb, oder er muß kurz angebunden werden, wobei jemand an seinem Kopf steht.

Treten und Schlagen
Auch in diesem Fall hat man oft ein nervöses oder verdorbenes Pferd vor sich. Konsequenz in der Behandlung, kurzes Anbinden mit tiefem Kopf, eine Person am Kopf des Pferdes oder das Anlegen einer Bremse sind die Maßnahmen, die hier Abhilfe schaffen. Bleibt jedoch der Erfolg aus, oder handelt es sich um einen eingefleischten Schläger, so muß ein Bein des Pferdes gefesselt werden oder zu noch schärferen Maßnahmen gegriffen werden.

Schwer zu beschlagende Pferde
Pferde, von denen man sagt, daß sie schwer zu beschlagen sind, schlagen, treten, steigen, schmeißen sich herum und lassen sich nicht mehr kontrollieren. Nicht immer liegt hier eine Untugend vor. In vielen Fällen handelt es sich um äußerst nervöse Tiere und solche Pferde, die beim ersten Beschlag schlechte Erfahrungen gemacht haben. In diesem Fall lassen sich die schlechten Angewohnheiten meistens wieder abstellen, wenn man mit Geduld und Ruhe vorgeht. In all diesen Fällen ist es dem Schmied jedoch nicht möglich, den Beschlag durchzuführen, ohne entsprechende Maßnahmen zu seinem Schutz und zum Schutz seiner Helfer. Zuerst sollte man die einfachen Methoden ausprobieren: eine Person an den Kopf des Pferdes stellen oder eine Bremse anlegen und möglicherweise Scheuklappen. Eine Bremse sollte nur an der Oberlippe des Pferdes angebracht werden und sofort wieder entfernt werden, wenn sie nicht mehr benötigt wird.
Reichen diese Maßnahmen nicht aus, so versuche man sie zu kombinieren mit dem Fesseln eines Vorderbeins, wobei man einen Steigbügelriemen verwendet, oder dem Fesseln eines Hinterbeins mit einem einzelnen Seil (Abb. 167; Abb. 168). Sofern er nicht über einen Zwangsstand verfügt, sind dies

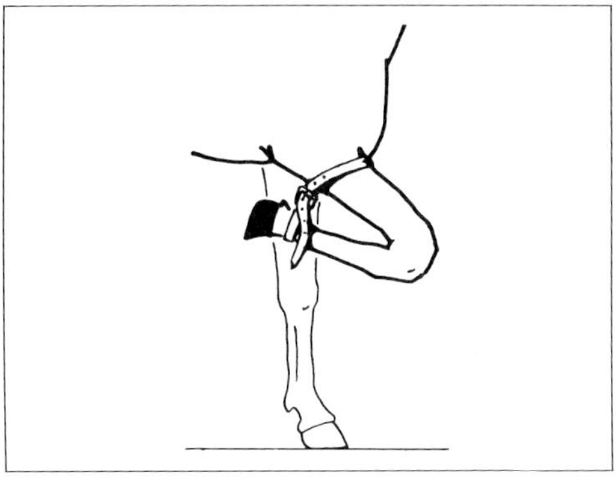

Abb. 167 Methode, ein Vorderbein mit einem Steigbügelriemen zu fesseln.

Abb. 168 Methode, ein Hinterbein mit einem Seil zu fesseln.

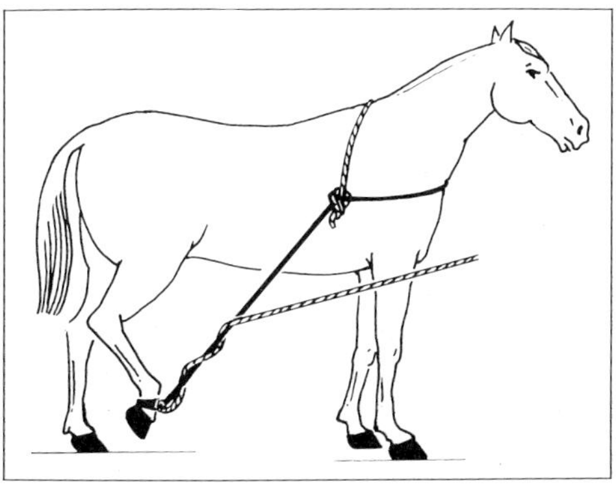

alle in der Praxis zur Verfügung stehenden Mittel. Ein Pferd mit Fesseln oder Stricken zu legen, ist wenig empfehlenswert. Läßt sich ein Pferd mit den besprochenen Maßnahmen nicht bändigen, sollte man einen Tierarzt zu Rate ziehen. Beruhigungsmittel, ohne oder in Verbindung mit den leichteren Zwangsmaßnahmen, ermöglichen es, so gut wie alle Pferde sachgerecht und sicher zu beschlagen.

Fohlen

Bevor zum ersten Mal ein Ausschneiden der Hufe erfolgt, sollte das Fohlen halfterzahm sein. Die Beschäftigung mit dem Fohlen muß es auf dieses Ereignis vorbereiten, so daß es daran gewöhnt ist, daß seine Hufe aufgehoben werden, daß es auf drei Beinen steht und mit einem Hammer an die Hufwand geklopft wird. Es lohnt, die Zeit für dieses Training zu erübrigen, wenn man bedenkt, wie oft ein Pferd im Laufe seines Lebens beschlagen wird. Fast immer reicht es aus, das Fohlen am Kopf zu halten; allerdings empfiehlt es sich, als Standort die Ekke einer losen Boxe zu wählen und das Fohlen gegen die Wand zu stellen, bis es gelernt hat, ruhig zu stehen. Solange man an seinen Hinterbeinen arbeitet, sollte das Fohlen mit dem Kopf vor der Wand stehen, da es versuchen wird, nach vorn auszuweichen, und es sollte rückwärts in die Ecke geschoben werden, wenn man an seinen Vorderhufen arbeitet, damit es nicht zurücktreten kann.

2. Das Gebäude

Das Gebäude des Pferdes bezieht sich auf seine äußere Form. Es wird bestimmt durch die Länge der einzelnen Knochen und den jeweiligen Winkel, den sie miteinander bilden. Gebäudeunterschiede wirken sich unmittelbar auf die Gewichtsverteilung des Pferdekörpers und seinen Gang aus. Ohne eine kritische Beurteilung des Gebäudes ist es unmöglich, die Hufe des Pferdes korrekt zu richten oder das richtige Eisen anzupassen. Die Beurteilung muß im Stand und in der Bewegung erfolgen. Zuerst sollte man das stehende Pferd auf ebenem Untergrund von vorn, von der Seite und von hinten betrachten. Als nächstes ist das Pferd im Schritt vorzuführen, damit eventuelle Unregelmäßigkeiten des Gangwerks erkannt werden können. Dies erfolgt in gerader Linie vom Beobachter weg und auf ihn zu. Schließlich wird es im Trab vorgeführt, damit man sich vergewissern kann, daß das Pferd nicht lahmgeht. Eine fehlerhafte Stellung der Gliedmaßen läßt sich nicht ändern, aber die damit verbundenen nachteiligen Auswirkungen können durch das Ausschneiden und den Beschlag eingeschränkt und reduziert werden. Bei jungen Pferden ist dies besonders wichtig, da korrigierende Maßnahmen zur rechten Zeit nicht nur verhindern, daß der Mangel weiter fortschreitet, sondern auch eine beträchtliche Besserung bewirken können.

Die Vorhand

Im Stand übernehmen die Vorderbeine bei gleichmäßiger Gewichtsverteilung zwischen 60 % und 65 % des Gewichts.

Vorderansicht (Abb. 169)

Beide Beine sollten gerade und parallel zueinander stehen bei leichter Entfernung voneinander. Bei dieser Stellung verfügt das Pferd über ein gutes Traggerüst, und die Beine streichen sich nicht in der Bewegung. Eine Senkrechte, vom Buggelenk gefällt, teilt das Glied in zwei gleiche Teile. Betrachtet man das Pferd von vorn, so stehen Vorder- und Hinterbein in gleicher Linie miteinander.

Bodenenge Stellung (Abb. 170a)

Die Hufe stehen dicht beieinander, und die Senkrechte, vom Buggelenk gefällt, trifft seitlich neben den Hufen auf den Boden. Diese Stellung findet man vornehmlich bei breitbrüstigen Pferden mit einer gut entwikkelten Brustmuskulatur.

Sie führt zu einer übermäßigen Beanspruchung der seitlichen Gelenke, die sich oftmals in Form von Fesselgallen, Krankheiten der seitlichen Knochen und Arthrosen darstellt. In vielen Fällen steht das Pferd gleich-

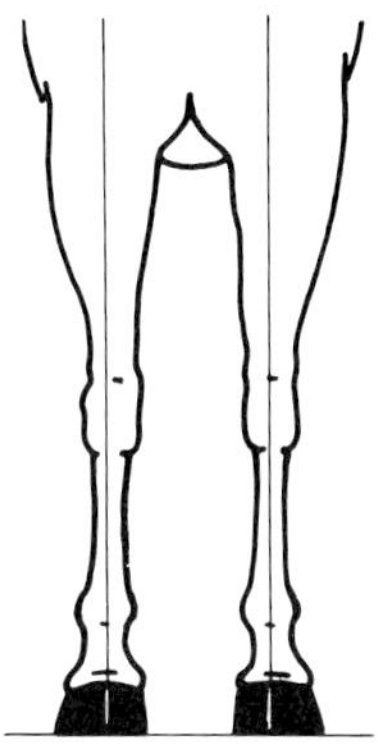

Abb. 169 Vorderansicht der normalen Vorhand. Beide Gliedmaßen stehen gerade und parallel zueinander. Die Hufe stehen leicht voneinander entfernt.

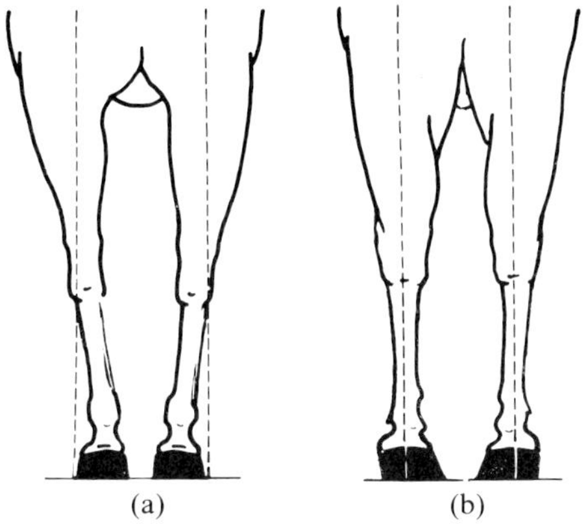

Abb. 170 a) Bodenenge Stellung. Die Hufe stehen dicht beieinander. b) Bodenenge Stellung mit gleichzeitiger zehenenger Stellung der Hufe.

zeitig zeheneng (Abb. 170b), und der Huf wird an der äußeren Kante übermäßig abgenutzt (Abb. 183b).

Bodenweite Stellung (Abb. 171 a)
Die Hufe stehen breit auseinander, und eine Senkrechte, gefällt vom Buggelenk, trifft auf der Innenseite des Hufs auf den Boden. Diese Stellung findet man bei schmalbrüstigen Pferden. Sie führt in der Regel zu einer übermäßigen Beanspruchung des mittleren Teils der Gelenke, die sich ebenfalls in Form von Fesselgallen, Krankheiten der seitlichen Knochen und Arthrosen darstellt.
Pferde mit dieser Stellung sind im allgemeinen trittsicher, ihre Hufe stehen oft gleichzeitig zehenweit (Abb. 171b) und der Huf wird an seiner inneren Kante übermäßig abgenutzt (Abb. 183c).
Der Begriff »knieweit« (Abb. 172a) trifft auf eine Stellung zu, bei der die Vorderfußwurzelgelenke nach außen stehen und die Hufe dementsprechend enger beieinander. Hier werden die seitlichen Bänder des Vorderfußwurzelgelenks übermäßig beansprucht und die medialen Ränder der Interkarpalgelenke belastet.

Der Begriff »knieeng« (Abb. 172b) trifft auf eine Stellung zu, bei der die Vorderfußwurzelgelenke eng beieinander stehen und die Hufe entsprechend weiter auseinander. Hier werden die mittleren Bänder des Vorderfußwurzelgelenks übermäßig beansprucht und die seitlichen Ränder der Interkarpalgelenke belastet.

Abb. 171 a) Bodenweite Stellung. Die Hufe stehen breit auseinander. b) Bodenweite Stellung mit gleichzeitiger zehenweiter Stellung der Hufe.

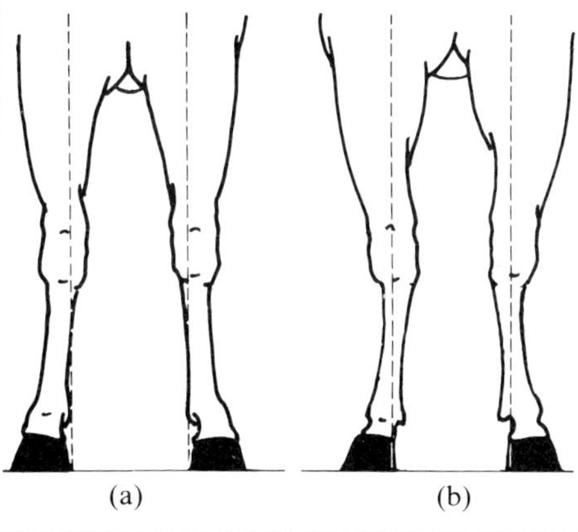

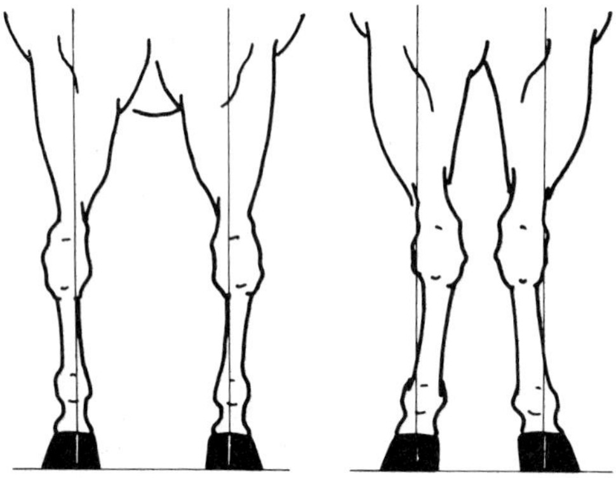

(a) (b)

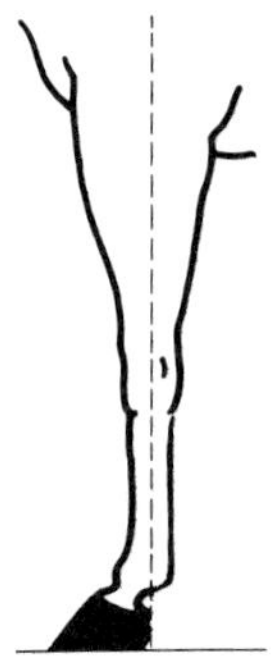

Abb. 172 a) Knieweite Stellung; b) knieenge Stellung.

Abb. 173 Seitenansicht der normalen Vorhand.

Seitenansicht
Der Wirbelsäulenhöcker des Schulterblatts halbiert die Vorhand vom Ellbogen zum Fesselgelenk und berührt in der Verlängerung den Boden direkt hinter den Ballen.

Rückbiegigkeit
Die Abb. 174a beschreibt eine Biegung des Vorderfußwurzelgelenks nach hinten. Diese Stellung ist als besonders nachteilig anzusehen, da sie die vorderen Bänder der Interkarpalgelenke belastet sowie die inferioren

Abb. 174 a) Rückbiegig; b) vorbiegig.

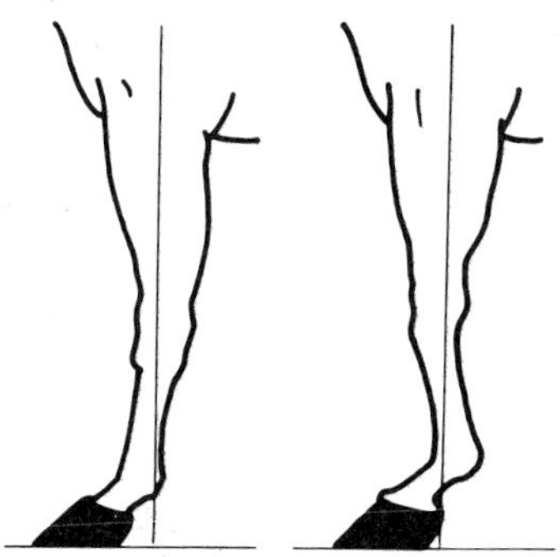

(a) (b)

Stützbänder. Pferde mit dieser Stellung bleiben – wenn sie gearbeitet werden – nur selten lange gesund.

Vorbiegigkeit
Die Abb. 174b beschreibt eine Biegung des Vorderfußwurzelgelenks nach vorn. Dieses Erscheinungsbild geht oft Hand in Hand mit einer Verkürzung der Beugesehne und hat Stolpern zur Folge.

Die Hinterhand
Vorderansicht (Abb. 175)
Betrachtet man die normal gebaute Hinterhand von hinten, so teilt das vom Sitzbeinhöcker gefällte Lot die Gliedmaße in zwei gleiche Teile.

Faßbeinigkeit (Abb. 176a)
Die Hufe stehen zu dicht beieinander, was unweigerlich dazu führt, daß die Sprunggelenke nach außen gedreht sind. Diese Stellung wird als Faßbeinigkeit bezeichnet und tritt bei schweren, stark bemuskelten Pferden auf. Die Folge ist eine übermäßige Belastung der äußeren Partien der Gliedmaße.

Kuhhessigkeit (Abb. 176b)
Die Hufe stehen zu weit auseinander, was zur Folge hat, daß die Sprunggelenke zu

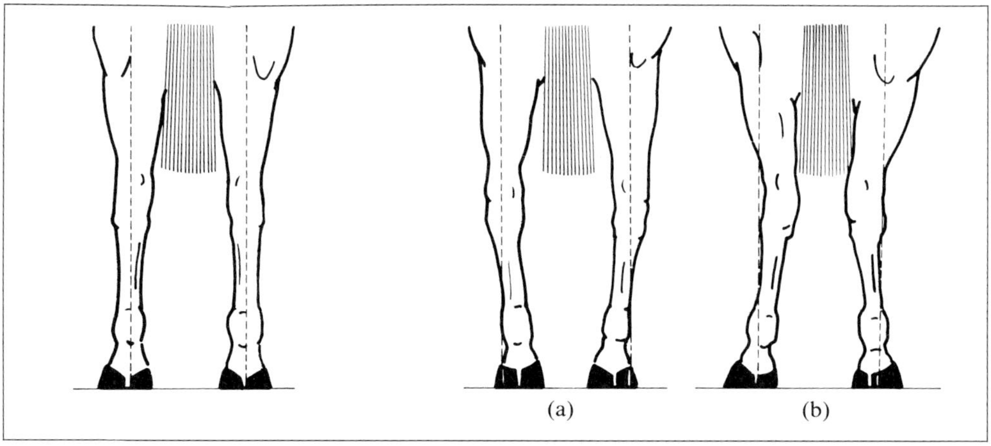

Abb. 175 Korrekte Stellung der Hinterhand.

Abb. 176 a) Faßbeinige Stellung der Hinterhand; b) kuhhessige Stellung der Hinterhand.

dicht beieinander stehen. Diese als Kuhhessigkeit bezeichnete Stellung resultiert in einer übermäßigen Belastung der Innenseiten der Gliedmaße, insbesondere des Sprunggelenks, und schließlich in Späterkrankungen.

Seitenansicht (Abb. 177a)

Betrachtet man die normale Hinterhand von der Seite, so berührt das vom Sitzbeinhöcker gefällte Lot den Fersenhöcker und trifft 5 bis 7,5 cm hinter den Ballen auf den Boden. Dagegen spricht man bei Abb. 177b von einer säbelbeinigen Stellung, bei der der hintere Teil des Gelenks übermäßig beansprucht wird, was zu Erkrankungen der Hufbeinbeugesehne führen kann, wie der Hasenhackigkeit.

Der häufigste Mangel an der von der Seite betrachteten Hintergliedmaße ist ein zu stark gewinkeltes oder gekrümmtes Sprunggelenk.

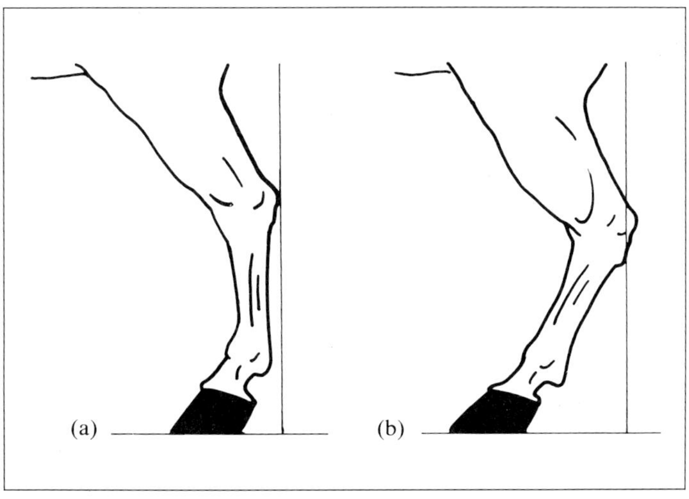

Abb. 177 a) Seitenansicht der normalen Hinterhand; b) zu stark gewinkeltes Sprunggelenk.

Krongelenk-Hufachse (Stellung des Hufs zum Fesselstand)
Die Krongelenkachse von vorn (Abb. 178 a) oder von der Seite (Abb. 179 a) betrachtet, ist eine imaginäre Gerade von der Mitte des Fesselgelenks durch das Krongelenk, welche das erste und zweite Zehenglied in zwei gleiche Teile teilt. Die Hufachse ist eine Fortsetzung dieser Linie und reicht vom Kronrand zur Hufsohle. Von vorn betrachtet, geht sie mitten durch den Huf und von der Seite gesehen, bildet sie den gleichen Winkel wie die vordere Hufwand. Ein Pferd mit normaler Krongelenk-Hufachse bewegt sich gerade auf einen vor ihm stehenden Betrachter zu, d. h. seine Beine bewegen sich in einer Linie mit seinem Körper. Die Zehe zeigt nach vorn und der Huf fußt flach auf.

Zehenenge Stellung (Abb. 178 b)
Von vorn betrachtet, ist die Krongelenk-Hufachse schräg einwärts geneigt. Pferde mit dieser Stellung bewegen den Huf kreisförmig nach außen und anschließend nach innen (drehen). Dies hat zur Folge, daß der Huf zunächst außen fußt und die äußere Hufwand übermäßig beansprucht wird.

Abb. 178 Die Achse des Hinterfußes von vorn und von hinten gesehen; a) normal; b) zeheneng; c) zehenweit.

Zehenweite Stellung (Abb. 178 c)
Von vorn betrachtet verläuft die Krongelenk-Hufachse schräg nach außen. Pferde mit dieser Stellung bewegen den Huf kreisförmig zunächst nach innen und dann nach außen. Hierbei kippt der Huf auf den inneren Teil der Zehe, das Pferd neigt zum Streichen, und die innere Hufwand wird übermäßig strapaziert. Betrachtet man die Krongelenk-Hufachse von vorn, so erkennt man deutlich, von welcher Bedeutung sie ist für das Ausschneiden der Hufe bei Jungpferden und bei der Vorbereitung des Hufs vor dem Beschlag. Von der Seite betrachtet, sind leichte Abweichungen von der Norm zwar nicht so leicht zu erkennen, jedoch von gleicher Bedeutsamkeit.
Unbedingt muß unterschieden werden zwischen einer naturbedingten Abnormität der Krongelenk-Hufachse und einer solchen, die durch ein übermäßiges Wachstum des Horns an der Zehe oder an den Trachten entstanden ist. Ein Pferd mit einem naturbedingt spitzen Huf, einem Huf, der an der Zehe lang und im Trachtenbereich niedrig ist, hat eine gerade Krongelenk-Hufachse, während eine ähnliche Stellung, die durch übermäßiges Wachstum des Horns an der Zehe verursacht ist, eine geknickte Krongelenk-Hufachse aufweist (Abb. 180 a). Eine Korrektur ist möglich.
Entsprechend hat ein Pferd mit angebore-

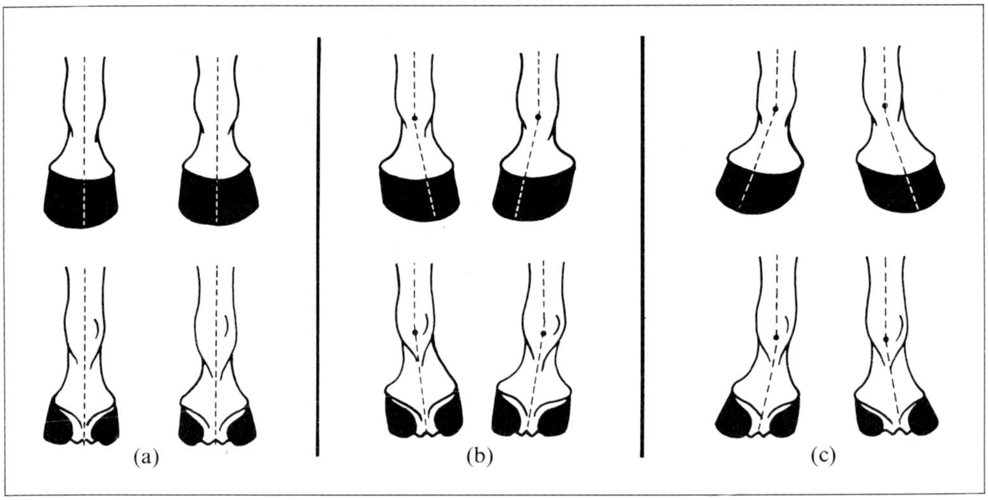

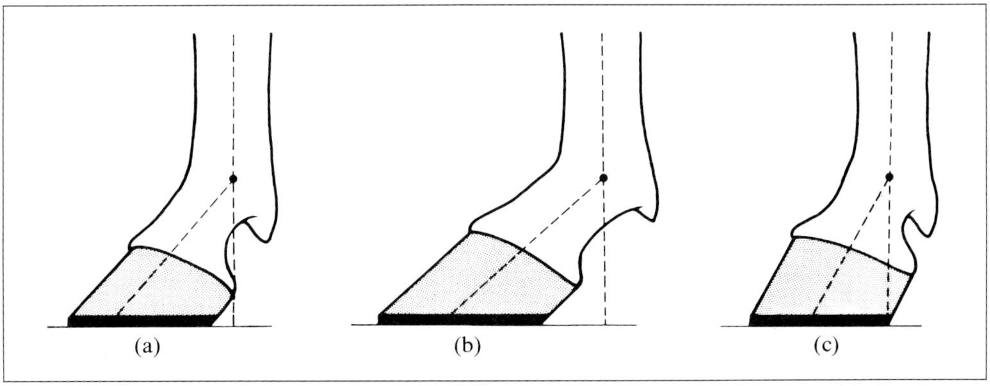

Abb. 179 Seitenansicht eines Hufs mit normaler Krongelenk-Hufachse: a) normal; b) zu flach; c) zu steil.

ner stumpfer Stellung, einer Stellung mit kurzer Zehe und hohen Trachten, eine gerade verlaufende Krongelenk-Hufachse (Abb. 179c); sobald jedoch ein übermäßiges Wachstum des Horns an den Trachten die Ursache ist, ist die Achse nach vorn geknickt (Abb. 180b). Entstand ein spitzer oder stumpfer Huf durch übermäßiges Hornwachstum an Zehe oder Trachten, kann – im Gegensatz zur angeborenen Stellung – die Krongelenk-Hufachse korrigiert werden, indem man die Zehe bzw. die Trachten verkürzt (Abb. 180a und b).

Der normale Huf

Vorderhuf (Abb. 31 und 32)

Der normale Vorderhuf ist an der Zehe abgerundet, wobei die Hufwand außen stärker gerundet ist als innen; die innere Hufwand ist steiler und weniger geneigt als die äußere (Abb. 181). Die Hufwand ist an der Zehe am stärksten, dünner an den Seiten und an den Trachten am schwächsten ausgebildet.

Die äußere Hufwand ist etwas stärker als die innere. Die Sohle ist leicht konkav, der Strahl ist groß, elastisch und in der Mitte und an den Seiten tief gefurcht. Die Oberflä-

Abb. 180 Seitenansicht eines Hufs mit abnormer Krongelenk-Hufachse, zurückzuführen auf a) übermäßiges Hornwachstum an der Zehe, rückwärts geknickte Krongelenk-Hufachse; b) übermäßiges Hornwachstum an den Trachten, nach vorn geknickte Krongelenk-Hufachse; c) die Achse ist wieder in den Normalzustand zurückgeführt durch Verkürzen der Zehe, respektive der Trachten.

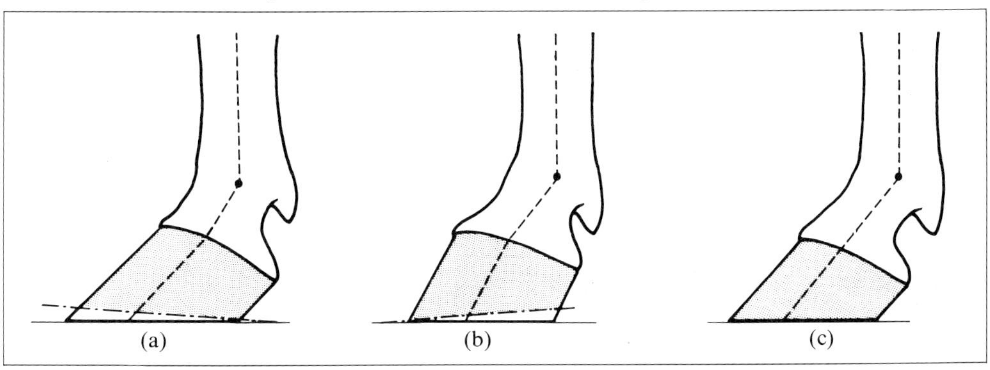

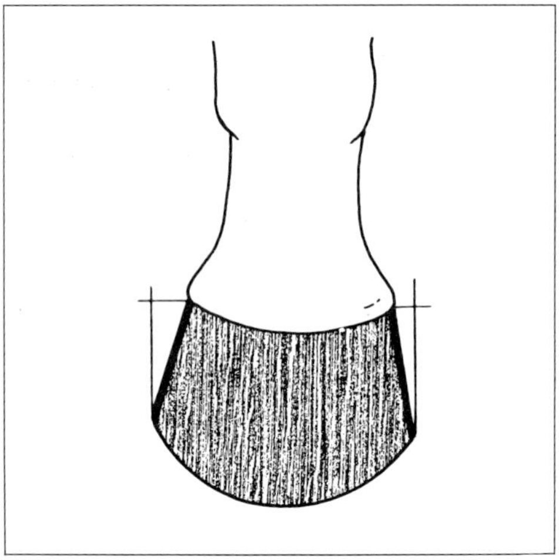

Abb. 181 Vorderansicht eines normalen Vorderfußes. Die äußere Hufwand ist immer steiler als die innere.

che der Hufwand ist nicht ganz glatt. sondern durch ein ungleichmäßiges Hornwachstum gewellt, in Form mehrerer Ringe, die parallel zur Krone verlaufen. Diese Ringe gehören zum normalen Erscheinungsbild und zeigen ein schnelleres oder langsameres Wachstum an, was durch Futterwechsel oder fiebrige Erkrankungen verursacht wird. Es ist wichtig, daß man lernt, diese Ringe von jenen zu unterscheiden, die sich bei einer Schale zeigen. Sie haben an den Trachten breite Zwischenräume, die sich zur Zehe hin verjüngen (Abb. 316).
Die Hufachse und die Hufwand an den Trachten sollten im gleichen Winkel stehen und zwar bei 45 bis 50 Grad (Abb. 182 a). Die Höhe des Hufs an den Trachten sollte zum seitlichen Huf und der Zehe annähernd im Verhältnis 1,5 : 2 : 3 stehen.

Hinterhuf (Abb. 33)
Ein normaler Hinterhuf ist oval an der Zehe und wird im hinteren Drittel am breitesten. Verglichen mit dem Vorderhuf ist seine Sohle konkaver, der Strahl kleiner, die Neigung der seitlichen Hufwand sowohl außen wie innen steiler; die Hufachse steht in einem Winkel zwischen 50 und 55 Grad.

Abnorme Hufe
Oft wird behauptet, die Form des Hufs sei durch die Form der Gliedmaßen bestimmt. Dies trifft für solche Hufe zu, die durch unregelmäßige Abnutzung, durch eine zehenenge oder zehenweite Stellung eine abnorme Form bekommen. Doch trifft diese Behauptung längst nicht immer zu, denn viele Hufe sind von Natur aus fehlerhaft, ohne daß ein Zusammenhang mit der Form der Gliedmaßen bestände.

Übermäßig spitze oder flache Hufe (Abb. 182 b)
Der Huf hat eine lange Zehe und ist niedrig in Bereich der Trachten. Die Hufachse steht im spitzeren Winkel, vorn weist sie weniger als 45 Grad und hinten weniger als 50 Grad auf.

Stumpfe oder steile Hufe (Abb. 182 c)
Der Huf hat eine kurze Zehe und hohe Trachten. Die Hufachse weist einen steileren Winkel auf, der Winkel an der Zehe beträgt mehr als 50 Grad vorne und mehr als 55 Grad am Hinterhuf.

Bockhufe (Abb. 182 d)
Hier handelt es sich um extrem steile Hufe. Der Winkel der Hufachse ist deutlich steiler, und der Winkel an der Zehe übertrifft vorn 60 und hinten 65 Grad. Handelt es sich um eine beidseitige Erscheinung, so ist sie im allgemeinen angeboren; tritt der Bockhuf aber nur an einer Seite auf, so wurde er häufig durch eine Erkrankung oder chronische Verkürzung der Beugesehnen der Zehe verursacht. Ein Bockhuf darf nicht mit einem sich regenerierenden Huf verwechselt werden, der durch das Vorragen der Hufwand an der Krone gekennzeichnet ist. Dies entsteht durch das Wuchern neuer Knochensubstanz bei Gelenkschale oder einem Bruch des Hufbeins.

Flachhufe
Wie der Name schon sagt, fehlt den Hufen die normale, konkave Wölbung. Dies führt leicht zu Quetschungen und ist am häufigsten an den Vorderhufen schwerer Wagenpferde und Hunter zu beobachten.

Vollhufe
Die Sohle ist mehr oder weniger konvex und liegt tiefer als der Tragrand der Hufwand. Dies gehört zum Erscheinungsbild der Schale und wird durch den Druck verursacht, der von der Spitze des gedrehten Hufbeins ausgeht.

Dünne Sohle
Hier handelt es sich um eine ererbte Veranlagung, die im allgemeinen mit einer dünnen Hufwand gekoppelt ist. Der Huf ist normal geformt, aber die dünne Sohle druckempfindlich. Folglich leiden diese Pferde leicht unter Sohlendruck.

Abb. 182 Verschiedene Typen des Vorder- und des Hinterhufs: a) normale Hufe; b) Spitz- oder Flachhufe; c) stumpfe Hufe; d) Bockhufe.

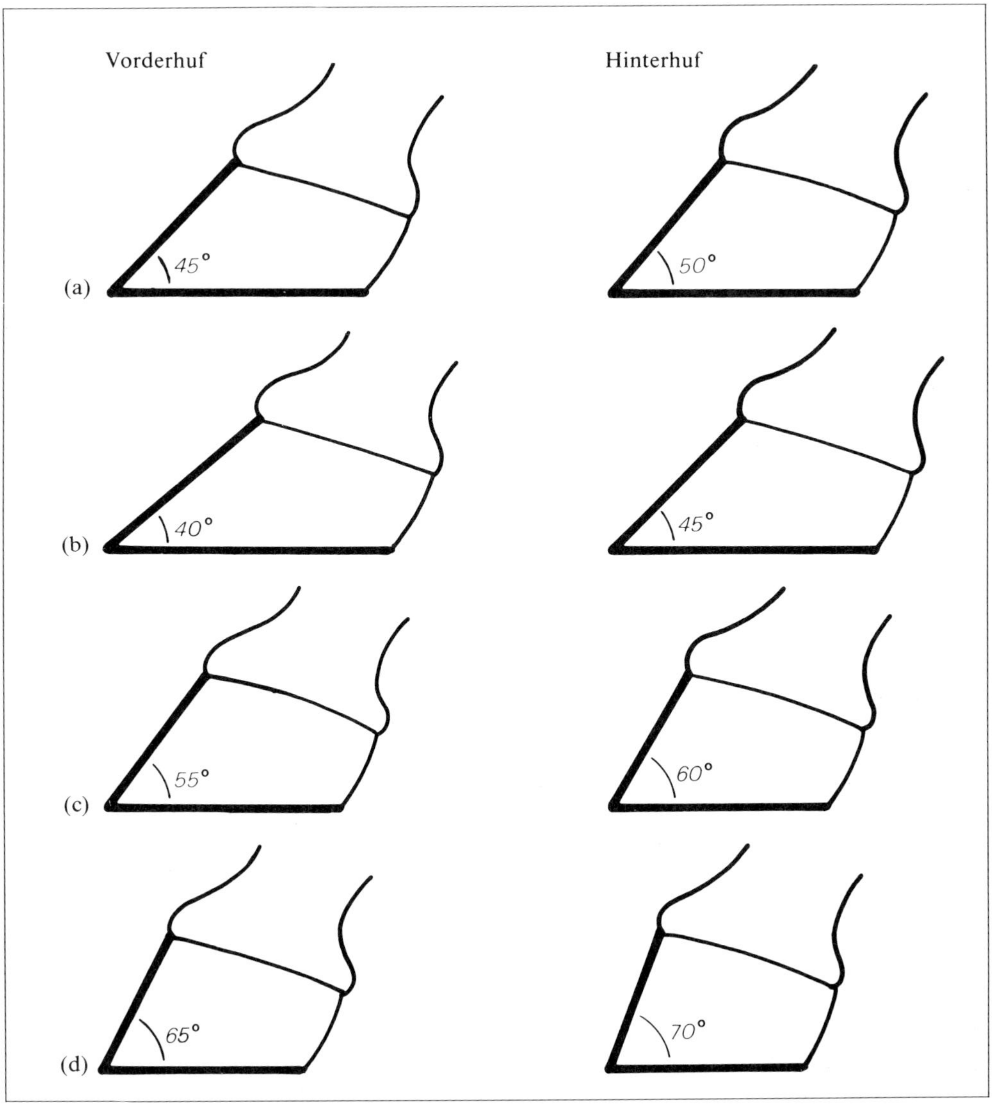

Spröde Hufe
Bei einigen Pferden handelt es sich um eine ererbte Veranlagung, bei den meisten ist jedoch trockenes Wetter die Ursache, durch das der Huf an Feuchtigkeit verliert. Weiße Hufe scheinen eher betroffen zu sein. Spröde Hufe brechen leicht und sind schwer zu beschlagen, da sie durch die Hufnägel leicht ausbrechen und spleißen. Hier kann Abhilfe geschaffen werden, indem man die Hufe entweder regelmäßig wäscht oder badet oder durch die Verwendung von Vaseline oder Öl, um die Verdunstung einzuschränken. Ein Hornspalt kann vom Weiterreißen gehindert werden, indem man an seiner Spitze eine Querrille in das Horn schneidet.

3. Der Bewegungsablauf des Pferdes

Es ist von Bedeutung, bei einem gestörten Bewegungsablauf zu differenzieren, ob er durch Schmerz (bei Krankheit oder Verletzungen) verursacht wird, der das Pferd lahmen läßt, oder ob das Bein sich auf Grund eines Gebäudefehlers abnorm bewegt. Um Lahmheiten und Abnormitäten des Bewegungsablaufs zu erkennen, muß das Pferd im Schritt und Trab in Richtung auf den Beschauer, vom Beschauer weg und am Beschauer vorbei beobachtet werden.

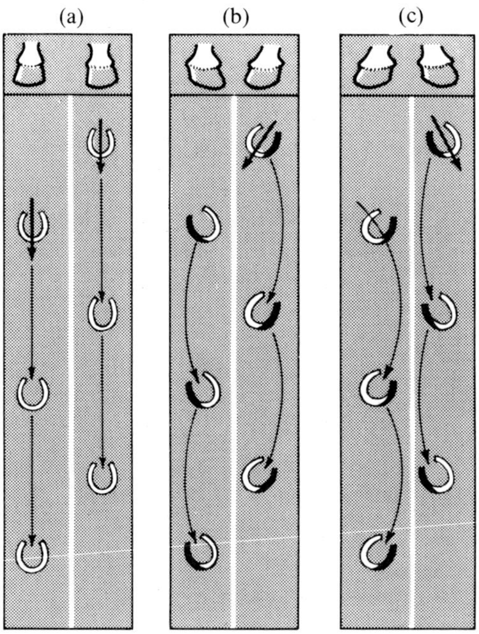

Abb. 183 Bewegungsablauf der Vorderfüße: a) normaler Bewegungsablauf; b) Bewegungsablauf bei zehenenger Stellung; c) Bewegungsablauf bei zehenweiter Stellung.

Lahmen
Wenn das Bein, auf dem das Pferd lahmgeht, sich bewegt oder durch Gewicht belastet wird, empfindet das Pferd Schmerz, und um diesen zu mildern, tritt das Pferd mit dem lahmen Bein kürzer. Im Schritt wird das lahme Bein durch zwei weitere Beine unterstützt; im Trab, bei dem es sich um eine Zweitakt-Bewegung handelt, ist das lahme Bein nur durch ein Bein, das diagonale, unterstützt, daher kann man im Trab Lahmheiten am leichtesten erkennen.
Trabt man ein Pferd vor, um Lahmheiten zu lokalisieren oder das Gangwerk zu beurteilen, so sollte dies auf festem Untergrund und am langen Zügel erfolgen, letzteres, damit sichergestellt ist, daß nichts die freie Bewegung des Kopfes einengt.
Das Lahmen auf einem Vorderfuß ist am leichtesten zu erkennen, wenn das Pferd sich auf den Beobachter zu bewegt und wird von einer nickenden Kopfbewegung begleitet. Sobald das lahme Bein belastet wird, wird der Kopf gehoben, sobald das gesunde Bein den Boden berührt, nickt bzw. fällt der Kopf.
Das Lahmen auf einem Hinterbein ist am leichtesten zu erkennen, wenn das Pferd vom Betrachter weg getrabt wird. Sobald das lahme Bein belastet wird, hebt sich die Kruppe auf der lahmen Seite, wenn das Gewicht auf das gesunde Bein verlagert wird, senkt sich die Kruppe auf der lahmen Seite.
Ein Pferd, das auf beiden Vorderbeinen lahmt, zeigt eine steife oder stelzende Aktion. Die Tritte sind verkürzt, die Bewegung der Schulter ist eingeschränkt, die Hufe bleiben dicht am Boden. Ein Lahmen beider

Abb. 184 Fehlerhafte Gangarten: a) Paddeln; b) Bügeln; c) Kreuzen.

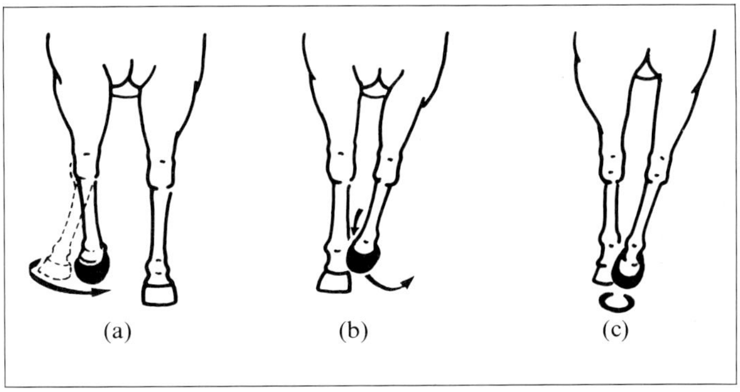

Hinterbeine zeigt sich am verkürzten Tritt, schaukelnden oder gespreizten Gang und an der Schwierigkeit, rückwärts zu treten.

Fehlerhafte Gangarten

Fehlerhafte Gangarten sind eine Folgeerscheinung von Gebäudefehlern. Ein normal gebautes Pferd bewegt seine Beine in einer Linie mit seinem Körper auf einen Beschauer zu oder von ihm weg. Die Zehe zeigt nach vorn und der Huf wird flach aufgesetzt (Abb. 183 a).

Eine fehlerhafte Stellung der Gliedmaße und der Krongelenk-Hufachse verändern die Bewegungsrichtung des Hufs und führen zu folgenden Abweichungen von der Norm:

Paddeln (Abb. 184 a)

Der Huf bewegt sich nach vorn, nach außen und dann in einer Drehbewegung nach innen. Dies führt zum Auffußen auf der äußeren Zehe und einer übermäßigen Abnutzung des äußeren Hufs. Diese Bewegung sieht man bei Pferden mit zehenenger Stellung (Abb. 183 b).

Bügeln (Abb. 184 b)

Der Huf bewegt sich nach vorn, nach innen und dann in einer kreisförmigen Bewegung nach außen. Dies führt zum Auffußen auf der inneren Zehe und einer übermäßigen Abnutzung des inneren Hufs. Diese Bewegung ist Pferden mit zehenweiter Stellung eigentümlich (Abb. 183 c) und führt leicht zu Verletzungen.

Kreuzen (Abb. 184 c)

Dieser Begriff bezeichnet eine Bewegung, bei der das Pferd seine Hufe einspurig voreinandersetzt. Man sieht sie bei Pferden mit zehenenger Stellung; Stolpern ist häufig die Folge.

Um die Trittlänge eines Pferdes zu beurteilen, die Biegung der Gelenke sowie die Übersetzung der Bewegung, muß es am Beschauer vorbeigeführt werden. Bei der normalen Bewegung wird der Huf nach dem Abrollen in einem sanften Bogen vorwärts geschwungen, der seine höchste Stelle erreicht, wenn er das gegenüberliegende Bein erreicht hat (Abb. 185 a).

Hat das Pferd eine abgeflachte Krongelenk-Hufachse, ist das Aufheben des Hufs verzögert, und der Bogen erreicht seine höchste Stelle, bevor er das gegenüberliegende Bein erreicht (Abb. 185 b). Pferde mit dieser Stellung haben einen leicht verlängerten Tritt, sie führen ihre Hufe dicht am Boden und sind wegen der flachen Beinaktion angenehm zu reiten.

Bei Pferden mit einer steilen Krongelenk-Hufachse wird das Abheben des Hufs beschleunigt, und der Bogen erreicht seine höchste Stelle, nachdem er das gegenüberliegende Bein erreicht hat (Abb. 185 c). Pferde mit dieser Stellung haben einen leicht verkürzten Tritt und fußen im scharfen Winkel auf. Durch die erhöhte Reibung werden die Gelenke in Mitleidenschaft gezogen; außerdem sind diese Pferde unangenehm zu reiten.

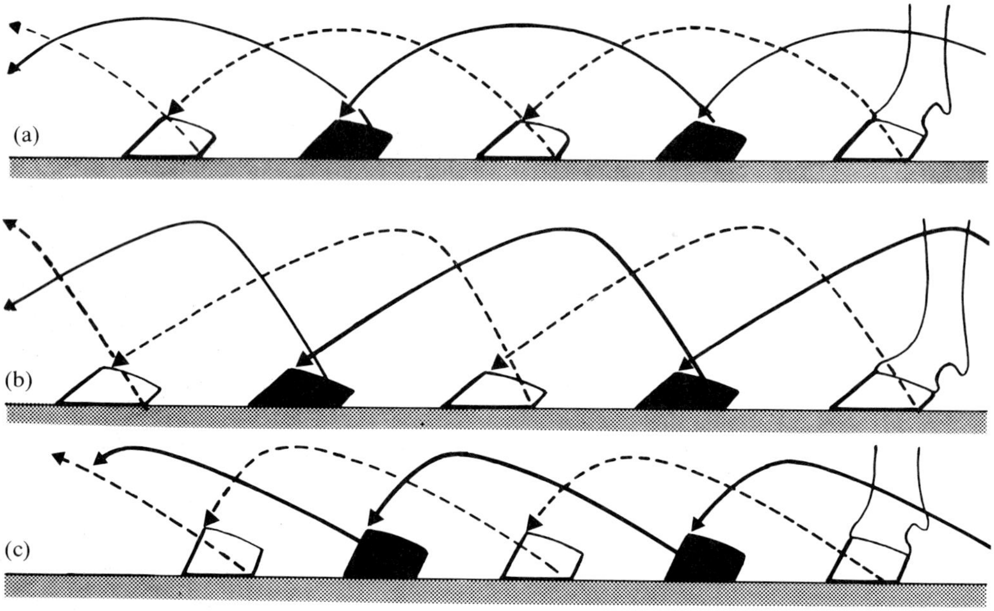

Abb. 185 Varianten der Beinaktion: a) normale Bewegung; b) Bewegung bei zu flacher Hufachse; c) Bewegung bei zu steiler Hufachse.

4. Die Abnutzung der Eisen

Gebäudefehler und Abnormitäten der Hufe wirken sich immer auf die Arbeit und Leistungsfähigkeit des Pferdes aus. Die bedeutendsten Mängel sind die der Krongelenk-Hufachse, die zehenenge und zehenweite Stellung, die zu einer anormalen Abnutzung der Eisen führen. Folglich muß das alte Eisen bezüglich seiner Abnutzung genau betrachtet werden, bevor die neuen Eisen aufgebracht werden. Aus der Abnutzung kann man seine Schlüsse ziehen, bezüglich Stellungsfehler, unkorrekter Gänge sowie eines fehlerhaften Ausschneidens des Hufs vor dem letzten Beschlag oder eines fehlerhaften Richtens der Eisen. Die Abnutzung des Hufeisens verrät uns, wie der Huf auszuschneiden ist und welches Eisen gebraucht wird.

Ist ein Eisen gleichmäßig abgenutzt, so kann man daraus entnehmen, daß der Huf passend ausgeschnitten wurde und das Eisen richtig ist. Einige Pferde mit normalem Gang nutzen ihre Eisen schneller ab als gewöhnlich. In diesen Fällen sollte man eher ein breiteres oder ein konvexes Eisen aufbringen als ein dickeres.

Eine ungleichmäßige Abnutzung kann verschiedene Ursachen haben, wie: das fehlerhafte Ausschneiden des Hufs, das Aufbringen ungeeigneter Eisen, eine fehlerhafte Stellung der Gliedmaßen oder der Krongelenk-Hufachse; oder sie wird durch den Gang des Pferdes verursacht, wenn es vermehrt die Zehe oder die Trachten belastet.

Ist das Vorderteil des Eisens übermäßig abgenutzt, so sind wiederum eine Reihe von Ursachen möglich. Entweder ist die Zehe zu lang, die Stollen des Eisens sind zu hoch, oder das Pferd geht auf der Zehenspitze und entlastet den Huf, weil es Schmerzen hat. Dies sieht man bei Erkrankungen des Strahlbeins und bei Spat. Hier wird korrigiert, indem die Vorderseite des Eisens eine Zehenrichtung erhält und somit der abgenutzten Oberfläche des alten Eisens gleicht. Man sollte nie versuchen, eine übermäßige Abnutzung durch Verdickung des Eisens auszugleichen.

Eine übermäßige Abnutzung des Eisens an den Seiten entsteht entweder durch eine unebene Tragefläche oder eine fehlerhafte Krongelenk-Hufachse bei zehenweiter oder zehenenger Stellung.
Im letzteren Falle muß der Huf lediglich an der entsprechenden Seite bis zur normalen Höhe zurückgeschnitten werden. Wurde die Abnutzung durch eine zehenenge Stellung verursacht, wird von der Innenseite der Zehe bis zur Seitenwand Horn weggenommen und berundet, das Eisen wird an der inneren Zehe und Seitenwand glatt angepaßt und an der Außenseite sollte es etwas breiter als normal sein. Der Aufzug sollte nicht in der Mitte der Zehe sitzen, sondern eher nach außen gezogen werden. Bei einer zehenweiten Stellung ist genau umgekehrt zu verfahren.
Sind die Schenkel des Eisens sehr abgenutzt, so weist dies entweder auf eine chronische Hufentzündung hin oder auf Gelenkschale. In diesen Fällen sollte man einer zunehmenden Abnutzung nicht durch dickere Schenkel entgegenwirken, sondern indem man den Huf im hinteren Bereich so lang wie möglich beläßt und ein Eisen aufbringt, dessen Schenkelenden etwas zu lang sind.

5. Das Abnehmen des Hufeisens
(Abb. 186 bis 199)

Will man ein Eisen abnehmen, so müssen zuerst die Niete mit der Nietklinge geöffnet werden und bei schlechten Hufen mit der Nietklinge das Eisen zwischen Huf und Eisen etwas aufgekeilt werden. Dann wird das Eisen rundherum mit der Abnehmzange gelüftet, über den Huf zurück- und abgezogen. Die Niete müssen sorgfältig entfernt werden, denn wird ein Niet durch die Hufwand gezogen, entsteht eine unnötige Beschädigung des Hufs. Abgebrochene Hufnägel sind notfalls mit dem Dorn der Nietklinge herauszutreiben oder mit einem neuen Nagel, dessen Kopf vorher entfernt wurde. Ein Nagel, der auf einen nicht entfernten, abgebrochenen Nagel trifft, kann abknicken und ins Leben dringen und Druck, Schmerz und Lahmgehen verursachen.

Vorderhuf
Das Aufhalten des linken Vorderhufs

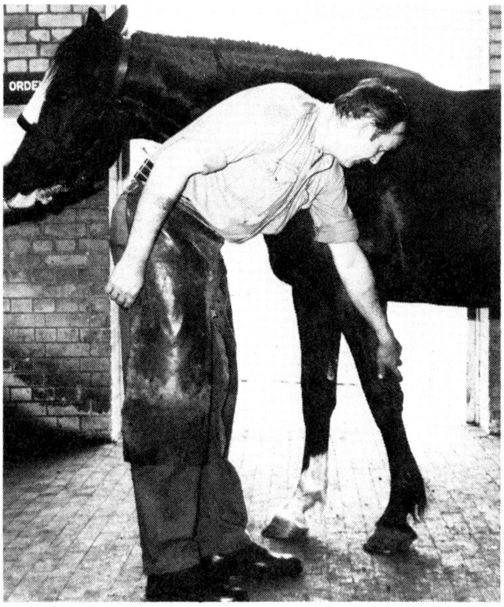

Abb. 186 Stellen Sie sich dicht an die Schulter des Pferdes, Gesicht zur Kruppe des Pferdes, und streichen Sie mit der linken Hand fest aber ruhig von hinten über das Bein.

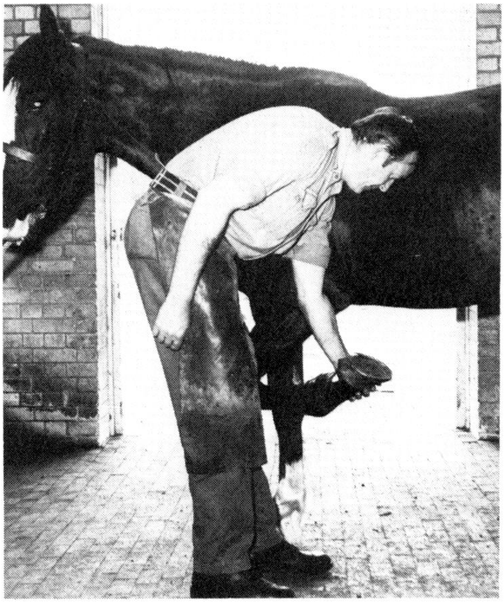

Abb. 187 Heben Sie den Huf auf, indem Sie um die Krone fassen.

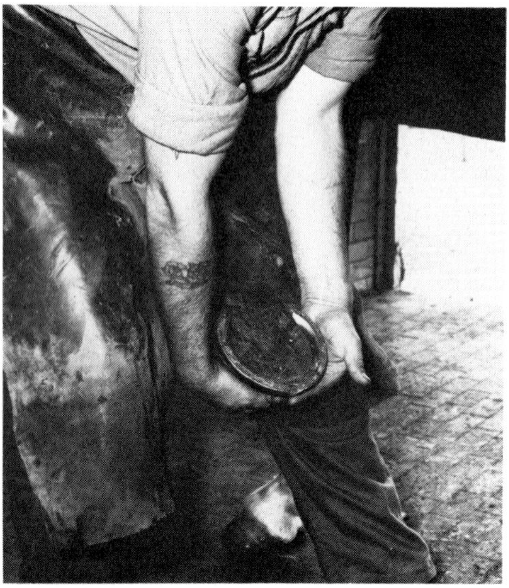

Abb. 188 Treten Sie mit dem linken Fuß einen Schritt vor und bringen Sie gleichzeitig den Huf des Pferdes unter Ihre Knie; halten Sie ihn mit beiden Händen.

Abb. 189 Korrekt aufgehaltenes linkes Vorderbein. Beachten Sie, welche Stellung der Hufschmied eingenommen hat, um den Huf fest im Griff zu haben: Leicht gekrümmte, zusammengedrückte Knie bei einwärts gedrehten Fußspitzen.

Das Abnehmen eines Vordereisens

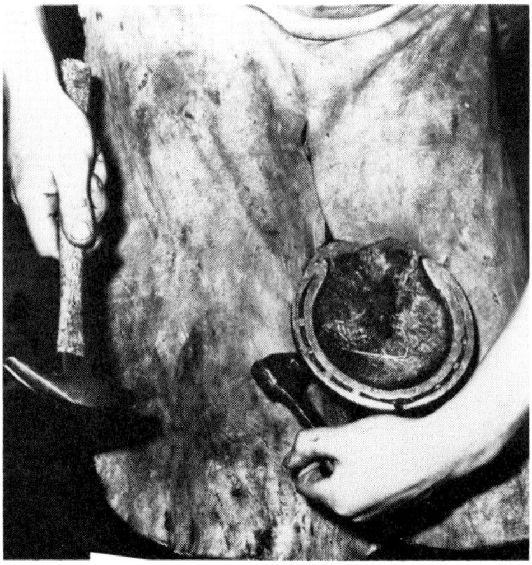

Abb. 190 Die Niete werden mit der Nietklinge geöffnet. Die Klinge wird dicht an der Wand fixiert, um eine Verletzung derselben zu verhindern.

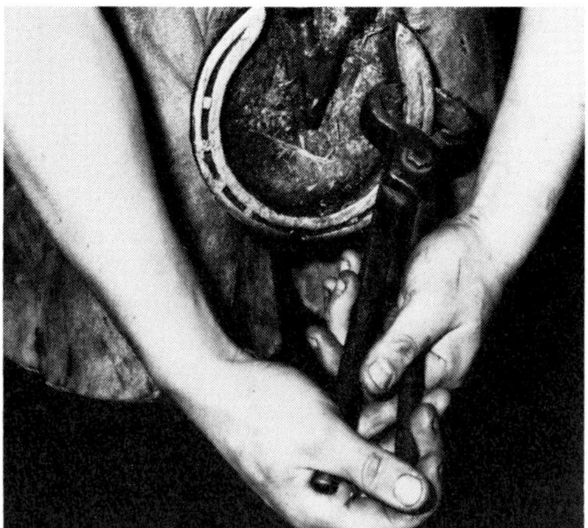

Abb. 191 Der innere Schenkel des Eisens wird gelüftet, indem man das Maul der Abnehmzange ansetzt und sich mit ihr bis zur Zehe vorarbeitet. Mit dem äußeren Schenkel wird ebenso verfahren.

Dieser Vorgang wird abwechselnd an jeder Seite so lange wiederholt, bis alle Nägel gezogen sind und das Eisen locker ist.

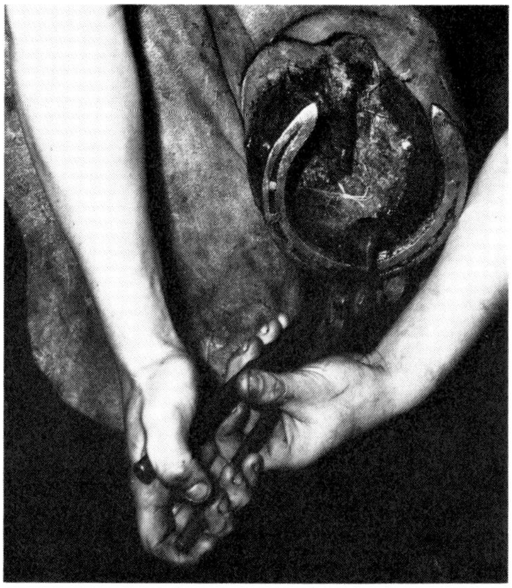

Abb. 192 Das Vorderteil des Eisens wird mit der Zange gefaßt, hochgezogen, wieder zurückgedrückt und über den Huf abgezogen.

Hinterhuf

Das Aufhalten des linken Hinterhufs

Abb. 193 Stellen Sie sich dicht an die Seite des Pferdes, Gesicht nach hinten und lassen Sie Ihre linke Hand fest, aber ruhig über die Kruppe und von hinten über das Bein bis zum Fesselgelenk gleiten.

Abb. 194 Heben Sie das Bein auf, indem Sie es nach vorn ziehen. Treten Sie einen Schritt vor und halten Sie den Huf mit der rechten Hand.

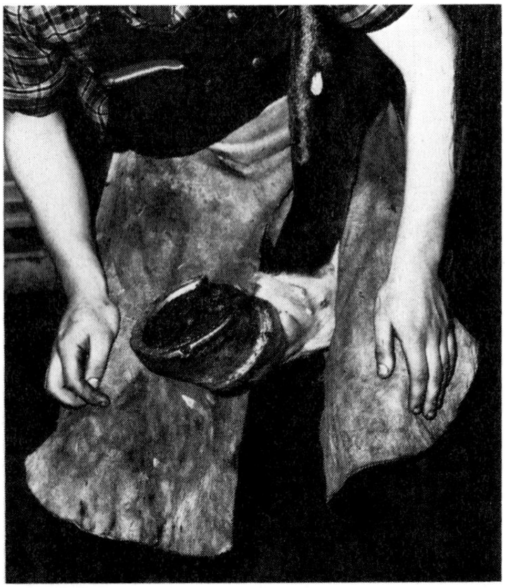

Abb. 195 Korrekt aufgehaltener linker Hinterhuf. Der Schmied ist mit dem linken Bein einen Schritt vorgetreten und hat das Bein derart über seinen linken Oberschenkel gelegt, daß der Huf an seinem rechten Knie liegt.

Hintereisen werden in der gleichen Art abgenommen wie Vordereisen.

Einzelnes Herausziehen der Nägel

Wenn es nötig ist, jeden Nagel einzeln zu entfernen, werden die Niete geöffnet und die Schenkel des Eisens gelüftet, so wie es beim Abnehmen der Eisen bereits beschrieben wurde. Dann erhält der gelüftete Schenkel einen scharfen Ruck durch das geschlossene Maul der Zange, wobei die Nagelköpfe hervortreten. Diese können nun mit der Zange gefaßt und gezogen werden. Man verfährt so, bis alle Nägel gezogen sind und das Eisen entfernt werden kann.

Abb. 196 Öffnen der Niete an der Außenseite des linken Hinterhufs. Beachten Sie die Handstellung beim Halten der Nietklinge und die Methode, mit dem Handgelenk den Huf zu stützen.

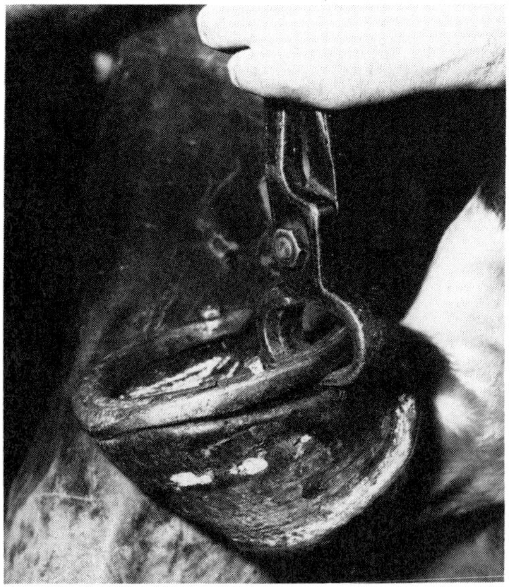

Abb. 197 Das Maul der Zange ist unter dem Schenkel des Eisens geschlossen, das durch Auf- und Abbewegen der Zange allmählich immer mehr gelüftet wird.

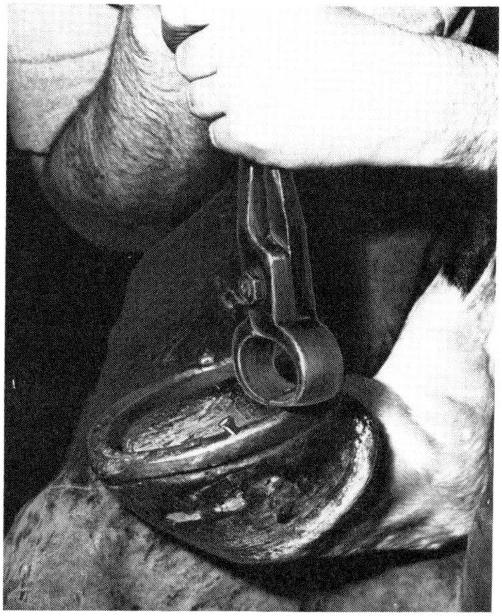

Abb. 198 Der gelüftete Schenkel des Eisens wird wieder in die alte Lage zurückgeklopft mit dem geschlossenen Zangenmaul. Hierbei treten die Nagelköpfe hervor.

6. Das Ausschneiden des Hufs
(Abb. 200 bis 219)

Die natürlichen Proportionen des unbeschlagenen Hufs bleiben durch die Abnutzung erhalten. Sobald ein Huf beschlagen wird, ist er vor Reibung geschützt und wächst weiter, bis auf eine leichte Abnutzung an den Trachten, die durch die Reibung zwischen Trachten und Eisen bei der normalen Dehnung des Hufs entsteht und ca. 0,4 cm im Monat ausmacht. Diese Abnutzung der Trachten, zusammen mit dem überschüssigen, nachgewachsenen Horn an der Zehe, führt langsam zu einer Veränderung der Krongelenk-Hufachse und der natürlichen Ausgewogenheit des beschlagenen Hufs. Nach dem Abnehmen der Eisen und vor dem Ausschneiden müssen Form und Proportionen des Hufs einer genauen Betrachtung unterzogen werden, damit keinerlei Mängel unberücksichtigt bleiben, die für seine Zubereitung von Bedeutung sind. Zunächst wird das Pferd auf einen geraden Untergrund gestellt und die Ausgewogen-

Abb. 199 Der hervortretende Nagelkopf wird mit der Zange gefaßt und herausgezogen.

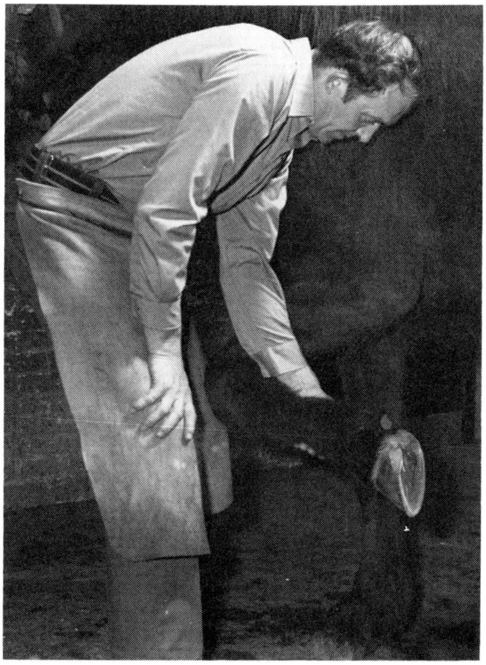

Abb. 200

heit des Hufs bezüglich des Verhältnisses der Zehenlänge zur Trachtenhöhe überprüft. Dann wird der Huf aufgehoben (Abb. 200) und die Tragefläche auf Unebenheiten und Unregelmäßigkeiten am Tragerand untersucht.
Das alte Sprichwort: »Das Eisen muß dem Huf angepaßt werden und nicht der Huf dem Eisen« stimmt nur zum Teil. Da der Huf und das Eisen zueinander passen müssen, sind sie komplementär. In der Tat kann ein Eisen, das an einem fehlerhaft zubereiteten Huf angepaßt wurde, dem Pferd mehr Schaden zufügen, als ein Anpassen des Hufs an ein Eisen.

Abb. 201

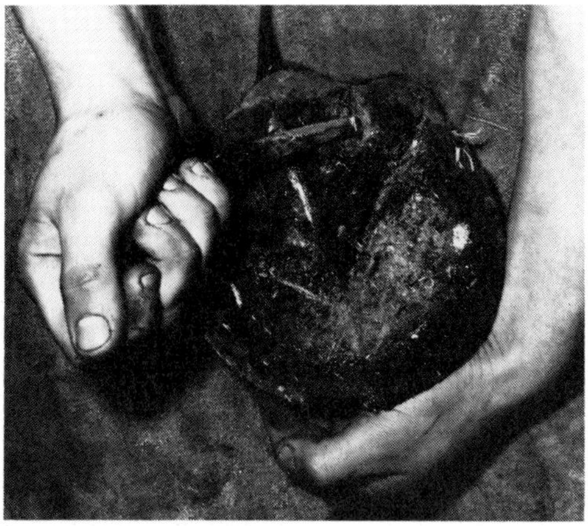

Abb. 202

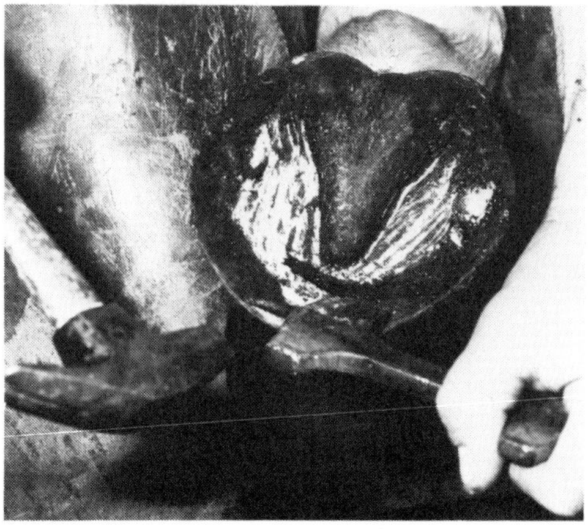

1. Schritt: Die Beachtung von Strahl und Sohle
Damit der Strahl seine bedeutende Funktion im »Stoßbrecher-Mechanismus« des Hufs ausüben kann, muß er groß, fest und prominent sein, darf an den Trachten allerdings nur um Eisenstärke über die Tragefläche herausragen. Der Strahl sollte nur beschnitten werden, um das lose Zerfallshorn zu entfernen oder bei Strahlfäule (Abb. 201). Ein geringfügiges Beschneiden ist zulässig, das dem Hufkratzer freien Zugang zu den Strahlfurchen verschafft.
Die Sohle schützt den Huf gegen Verletzungen. Ein übermäßiges Ausschneiden derselben ist eine schlechte und unnötige Gewohnheit. Nur loses, scholliges Horn sollte entfernt werden (Abb. 202).

2. Schritt: Das Verkürzen nachgewachsener Hufe
Es ist nicht immer leicht, zu entscheiden, wieviel Horn am Tragerand abgenommen werden soll. Dieses Problem kann man lösen, indem man einen dünnen Streifen Zerfallhorns an der inneren Eckstrebe wegschneidet und die weiße Linie freilegt (Abb. 203).
Ein geringer Überstand an Horn ist leicht mit dem Hufmesser zu entfernen, wenn jedoch viel Horn entfernt werden muß, sind Hauklinge oder Hufschneider angebracht. Das Benutzen der Hauklinge erfordert Sorgfalt und Erfahrung (Abb. 204), denn sie dreht sich leicht in der Hand und kann dabei durch die Hufwand und Sohle in den empfindlichen Teil des Hufs dringen, während Hufschneider auch in unerfahrener Hand keinen Schaden anrichten, leicht zu handhaben sind und gleichmäßiger abtrennen.
Hufschneider werden benutzt, indem man die Griffe senkrecht zum Tragerand hält, mit der Schnittfläche nach innen, um die Tiefe des Schnitts zu begrenzen (Abb. 205). Man entfernt das überflüssige Horn, indem man an den Trachten einer Seite beginnt und jeweils nur einen halben Schnitt macht, damit eine glatte Oberfläche entsteht. Während man sich zur Zehe vorarbeitet, werden

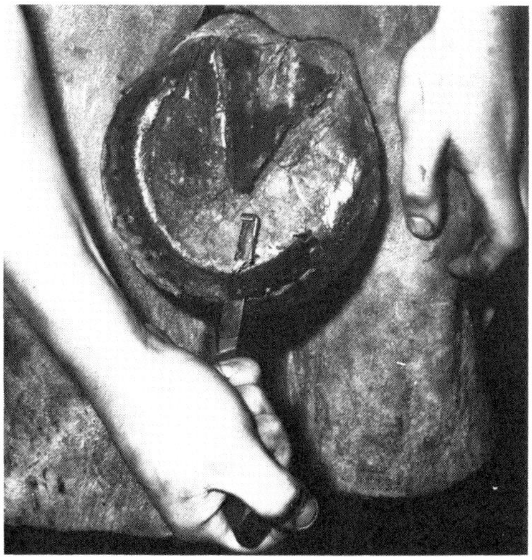

Abb. 203

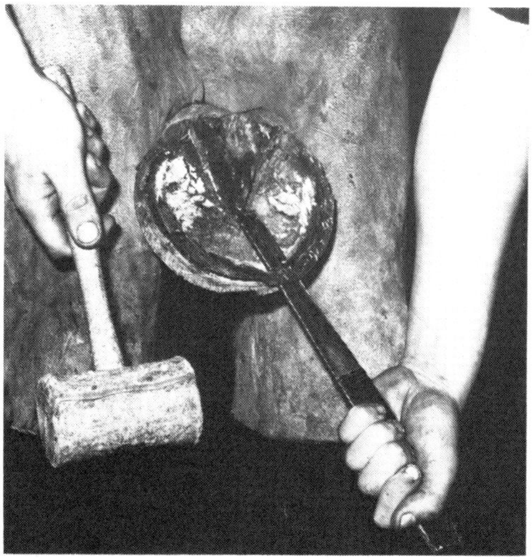

Abb. 204

die Schnitte zunehmend tiefer (Abb. 206). Dann arbeitet man mit langsam kleiner werdenden Schnitten auf die andere Trachtenseite zu.

Abb. 206

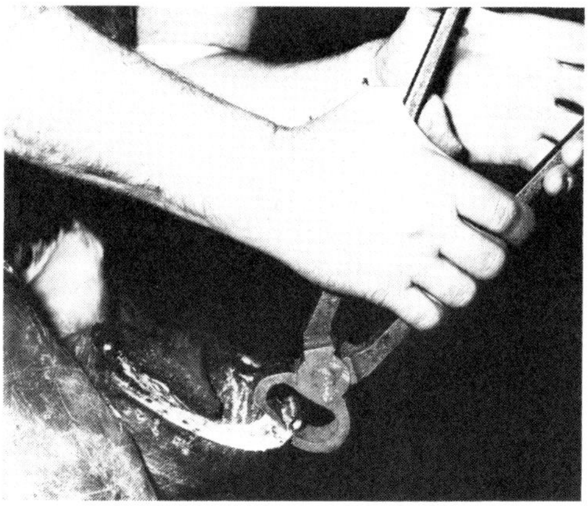

Abb. 205 Hufschneider: a) richtige Haltung. Die Griffe stehen gerade aufrecht mit der Schneidefläche innen, um die Tiefe des Schnitts zu begrenzen; b) falsche Haltung. Die Tiefe des Schnitts ist nicht begrenzt, ein unebener Tragerand ist das Resultat.

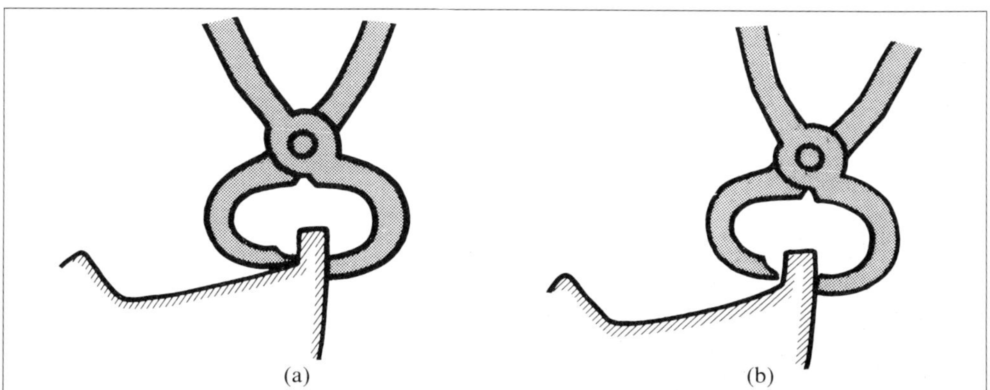

3. Schritt: Das Zubereiten einer ebenen Tragefläche

Die abschließende Zubereitung des Hufs für den Beschlag besteht aus dem Kürzen des Horns auf das Normalmaß und dem Beraspeln des Tragerands, das eine ebene Auflagefläche für das Eisen schafft.

Raspeln

Das Raspeln erfolgt in einer fortlaufenden Drehbewegung. Rechtshänder halten den Griff der Raspel in der rechten Hand, die linke Hand führt die Raspel, wobei das andere Ende in der Handfläche ruht. Will man einen linken Vorder- oder Hinterhuf beraspeln, beginnt man an den äußeren Trachten und Seiten, beim rechten Vorder- oder Hinterhuf an den inneren Trachten und Seiten des Hufs. Dann arbeitet man sich zur anderen Seite vor. Dabei ist zu beachten, daß sich die Stellung der Hände ändert, sobald man die Zehe beraspelt hat. Ein Linkshänder verfährt genau umgekehrt.

Das Zubereiten des Tragerandes mit der Raspel wird in vier Schritten detailliert beschrieben.

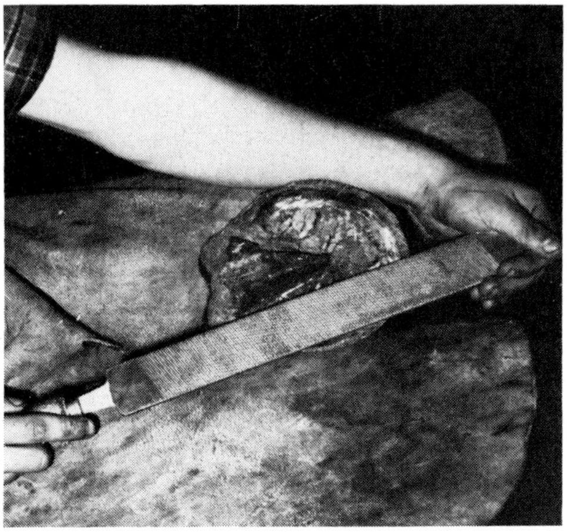

Abb. 207 Erster Schritt. Der äußere Bereich der Tragefläche wird mit der Hufraspel von den Trachten zur Zehe geglättet.

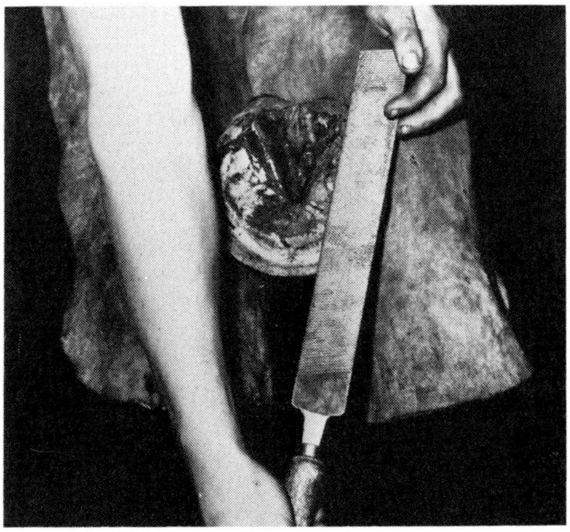

Abb. 209 Dritter Schritt. Der innere Bereich der Tragefläche wird von der Zehe zu den Trachten beraspelt.

Abb. 208 Zweiter Schritt. Die Tragefläche wird an den Seiten und an der Zehe beraspelt.

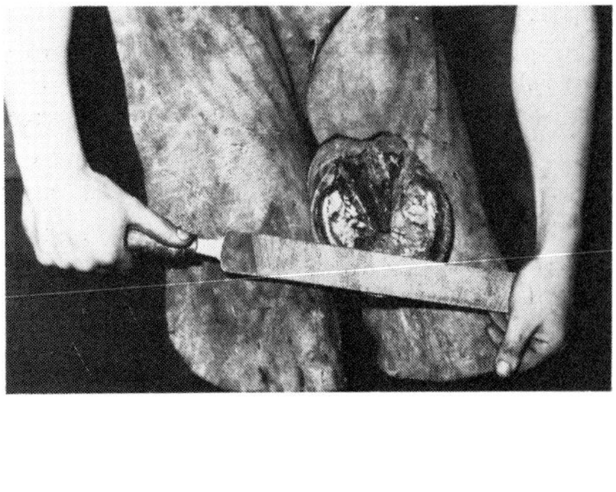

Abb. 210 Vierter Schritt. Die äußere Kante des Tragerandes wird leicht mit der Raspel gebrochen, um ein Ausbrechen oder Splittern des Hufs zu verhindern. Dazu benutzt man die Feile auf der anderen Seite der Raspel.

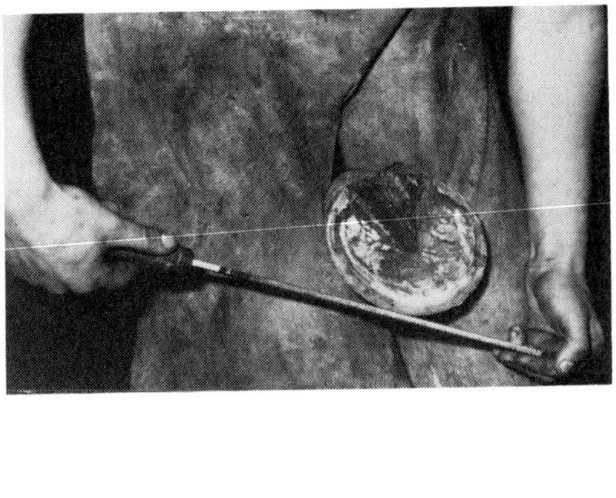

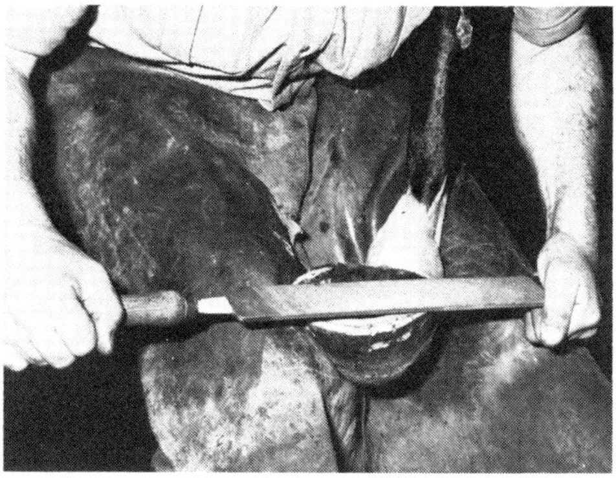

Abb. 211 So sollte man den Hinterhuf aufhalten, um den Tragerand zu beraspeln.

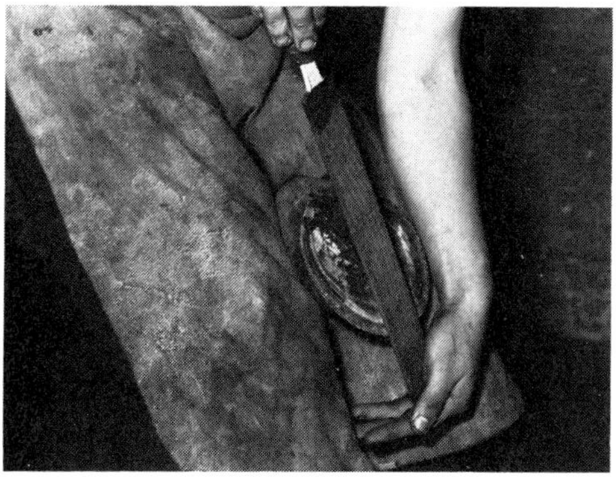

Abb. 213 Kürzen des Tragerands an der Zehe durch Anheben des Raspelgriffs.

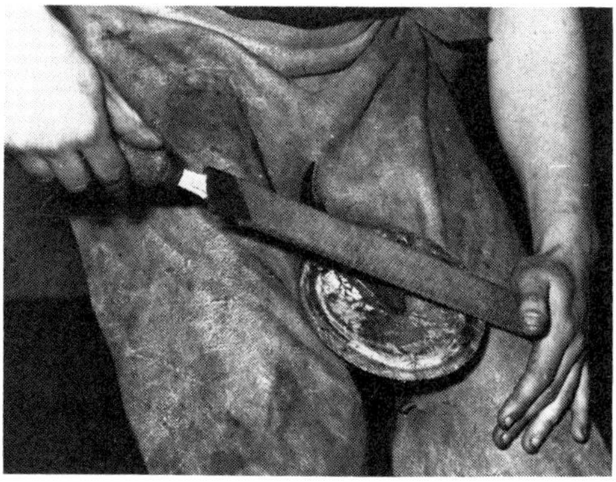

Abb. 212 Anheben des Raspelgriffs, um den inneren Tragerand niedriger zu raspeln.

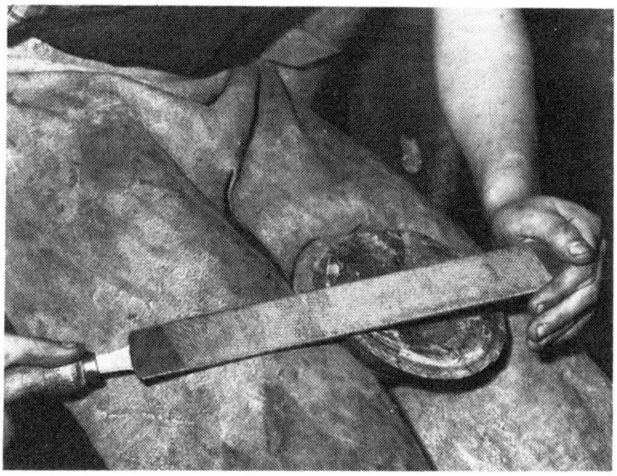

Abb. 214 Kürzen des Tragerands an der Außenseite durch Herunterdrücken des Raspelgriffs.

Fehler beim Gebrauch der Raspel
Eine Raspel muß immer gerade gehalten und kraftvoll geführt werden. Wenn man dies nicht befolgt, so wird an einigen Stellen mehr Horn abgetragen als an anderen, so daß eine unebene Tragefläche entsteht (Abb. 212 bis 214).

In den meisten Fällen braucht man, um eine ebene Tragefläche zu bekommen, nur soviel Horn entfernen, wie nach dem letzten Beschlagen nachgewachsen ist. Doch bevor man damit beginnt, ist es von ausschlaggebender Wichtigkeit, daß das Verhältnis zwischen Huf und Krongelenk-Hufachse überprüft wird, um entscheiden zu können, an welcher Stelle wieviel Horn gekürzt werden kann, unter Berücksichtigung folgender Aspekte:

a) Zu lange Zehe. Ist dies auf einen Hornüberstand an der Zehe zurückzuführen, verläuft die Krongelenk-Hufachse nicht gerade, sondern ist an der Krone nach hinten geknickt (Abb. 180a). Diese fehlerhafte Stellung belastet die Beugesehnen übermäßig und läßt das Pferd leicht stolpern. In derartigen Fällen korrigiert man die Hufachse, indem man die Zehe nach bestem Ermessen den Möglichkeiten entsprechend kürzt.
b) Zu hohe Trachten. Hierdurch entstehen steile oder stumpfe Hufe, und ist überschüssiges Horn die Ursache, so ist die

Krongelenk-Hufachse nicht gerade, sondern an der Krone nach vorn geknickt (Abb. 180b). Diese fehlerhafte Stellung wirft das Vorderfußwurzelgelenk nach vorn, streckt die Krone, verlagert Gewicht auf den vorderen Huf, verkürzt die Tragefläche und reduziert den Strahldruck. In diesen Fällen korrigiert man die Hufachse, indem man die Trachten kürzt.

c) Zu niedrige Trachten. Hier ist die Tragefläche vergrößert, und durch die übermäßige Neigung des Hufs wird der hintere Bereich zusätzlich belastet. Zur Korrektur der Hufachse werden die Seiten geringfügig und die Zehe etwas stärker gekürzt, während man die Trachten so beläßt, wie sie sind. In schweren Fällen empfiehlt sich, ein Eisen mit verstärkten Schenkeln zu verwenden.

d) Nach innen oder außen geknickt (Abb. 215a und 215b) nennt man Hufe, bei denen die Innen- oder Außenseite deutlich stärker wächst als die andere. Hier korrigiert man durch Kürzen der Hufwand an der entsprechenden Seite.

Will man diese Fehler korrigieren, um eine normale Krongelenk-Hufachse wiederherzustellen und eine gerade Tragefläche zu bekommen, so muß man zuerst das überflüssige Horn entfernen.

Ist an der Zehe zu viel Horn vorhanden und beginnt man den Huf an den Trachten zu kürzen, kann es sich als unmöglich herausstellen, eine entsprechende Menge an der Zehe wegzunehmen, damit der Huf ausgewogen bleibt. Nun bleibt nur noch die Möglichkeit, ein Eisen mit verstärkten Schenkeln oder Stollen aufzunageln.

Es gibt keine unumstößlichen Regeln für das Ausbalancieren des Hufs. Die beste Richtschnur ist, eine normale Krongelenk-Hufachse anzustreben, allerdings darf nicht übersehen werden, daß es erhebliche Unterschiede der Gestalt und Form normaler Hufe gibt. Einige Pferde haben von Natur aus hohe Trachten, andere lange Zehen, doch bildet die Krongelenk-Hufachse in diesen Fällen eine gerade Linie und der Versuch, solche Hufe einer Idealform anzugleichen, verursacht nur unnötigen Schaden. Außerdem darf bei der Korrektur der Krongelenk-Hufachse nicht übersehen werden, daß es genauso wichtig ist, eine ebene Tragefläche zu erhalten.

Ein schlecht zubereiteter Huf ist nicht nur bezüglich seiner Form verändert, sondern auch in seiner Stellung zum Bein, was sich wiederum auf die Bewegung der Gliedmaße auswirkt.

Einige Schmiede überprüfen ihre Arbeit, indem sie die Entfernung zwischen Krone und Tragerand mit dem Lineal, die Breite des Hufs mit dem Zirkel und den Winkel an der Zehe mit dem Hufmaß messen, doch verläßt sich die Mehrzahl auf ihr Augenmaß, ihre Erfahrung und ihr fachmännisches Geschick, wenn sie einen Huf für den Beschlag zubereiten.

Abb. 215 a) Nach innen geknickter Huf, übermäßiges Hornwachstum an der Außenseite des Hufs; b) nach außen geknickter Huf, übermäßiges Hornwachstum an der Innenseite des Hufs.

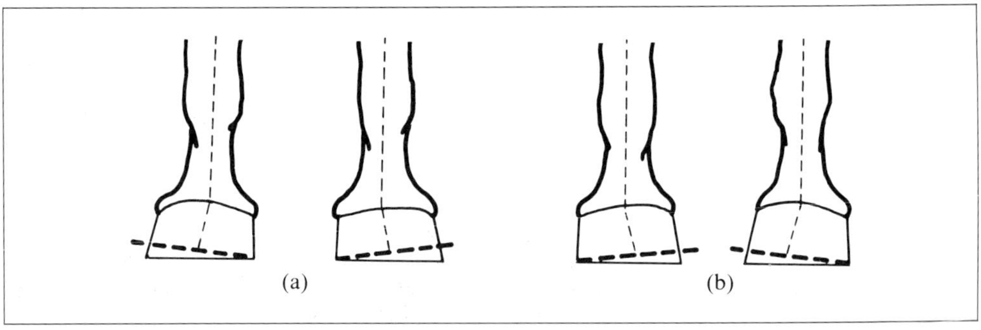

Merkmale eines korrekt zubereiteten Hufs

a) Das Gewicht verteilt sich gleichmäßig auf den Huf. Von vorn betrachtet (Abb. 178a) steht der Kronrand parallel zum Tragerand. Die Hufwand ist an beiden Seiten gleich hoch, und die Sohlenfläche bildet mit der Hufachse einen rechten Winkel.

b) Von hinten gesehen (Abb. 178a) sind die Trachten gleichhoch und der Strahl berührt soeben den Boden.

c) Von der Seite betrachtet, stehen Zehe, Seiten und Trachten im richtigen Verhältnis zueinander, und die Krongelenk-Hufachse bildet eine gerade Linie (Abb. 180c).

d) Zehenlänge und Trachtenhöhe bleiben erhalten, damit man einen ausgewogenen Huf mit ebener Tragefläche erhält (Abb. 216); die Eckstreben bleiben ebenfalls erhalten, in den Sohlenwinkeln wird die Sohle leicht ausgeschnitten, um Druck zu verhindern.

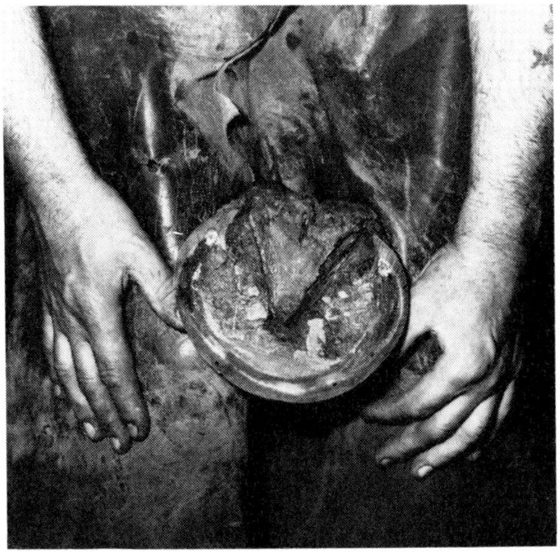

Abb. 216 Ein korrekt zubereiteter Huf. Die Tragefläche ist eben, Strahl und Sohle leicht ausgeschnitten, die Eckstreben ungekürzt und die Sohlenwinkel leicht ausgeschnitten, um das Entstehen von Druck zu verhindern.

Fehler beim Zubereiten des Hufs

Beschneiden des Strahls

Keinesfalls darf der Strahl aus optischen Erwägungen beschnitten werden oder aus der fälschlichen Annahme, daß ihm der Kontakt mit dem Boden schade. Falls er so stark beschnitten wird, daß er zum Boden keinen Kontakt mehr hat, kann er nicht mehr normal funktionieren; er bildet sich zurück und ruft einen Zwanghuf hervor.

Ausschneiden der Sohle

Die Sohle sollte nur beschnitten werden, um loses, scholliges Horn zu entfernen. Die irrige Annahme, das sich Senken der Sohle sei die Grundlage für die Ausdehnung des Hufs, führte dazu, daß man die Sohle ausschnitt, bis sie auf Daumendruck reagierte. Dies nimmt dem Huf nicht nur seinen natürlichen Schutz, sondern reduziert außerdem die Tragefläche um den Sohlenrand.

Zu starkes Kürzen der Zehe

Es verringert die Neigung des Hufs, erhöht die Trachten und verkleinert die Tragefläche. Die Hufachse ist nach vorn geknickt, das Vorderfußwurzelgelenk wird nach vorn gezogen, die Krone gestreckt und der vordere Teil des Hufs zusätzlich belastet; außerdem verhindern die hohen Trachten den natürlichen Strahldruck.

Zu starkes Kürzen der Trachten

Diesen Fehler sieht man häufig, denn es ist leichter, die Trachten zu beraspeln als die Zehe. Es vergrößert die Neigung des Hufs, die Länge der Zehe (was Stolpern verursachen kann) und die Tragefläche. Die Hufachse ist nach hinten geknickt, der hintere Teil des Hufs wird zusätzlich belastet, was sich auf die Beugesehnen auswirkt. Die Trachten dürfen auf keinen Fall gekürzt werden, um den Druck des Strahls zu vergrößern, denn damit würde das ausgewogene Verhältnis der Hufteile zueinander gestört.

Zu starkes Ausschneiden der Tragefläche

Dies passiert besonders leicht, wenn flache und gespreizte Hufe zubereitet werden und hat zur Folge, daß das Pferd einige Tage lang klamm geht.

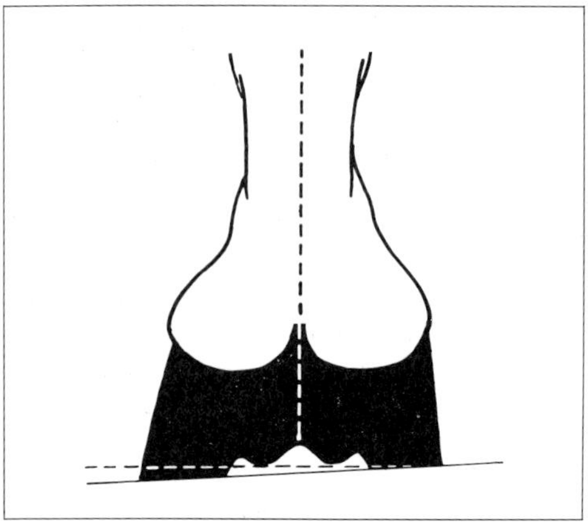

Abb. 217 Eine Seite des Hufs ist zu stark gekürzt worden.

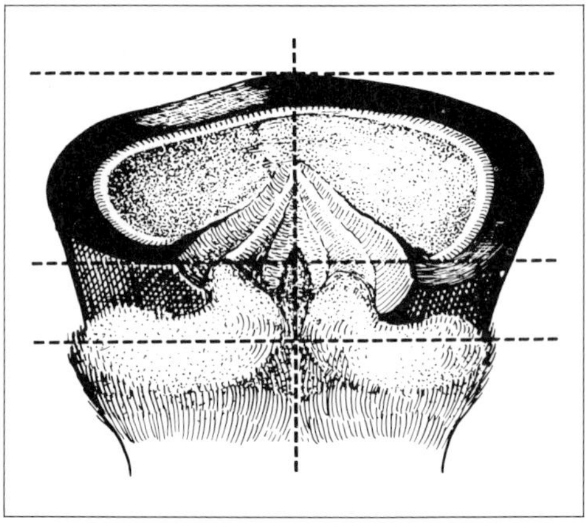

Abb. 218 Unebene Tragefläche. Die Zehe und die gegenüberliegende Trachtenseite sind zu stark gekürzt worden.

Eine unebene Tragefläche

Dies ergibt sich, wenn eine Seite zu stark gekürzt wird (Abb. 217). Die höhere Seite wird viel stärker mit Gewicht belastet, und wenn keine Korrektur erfolgt, verdreht sich der Huf. Recht häufig sieht man auch, daß die Zehe an einer Seite und die Trachten an der gegenüberliegenden Seite zu stark gekürzt wurden (Abb. 218), wobei eine ungleichmäßige Verteilung des Drucks entsteht. Ist ein Huf schlecht zubereitet, so sind Mangel an Erfahrung oder ein sorgloser Umgang mit der Raspel die Ursache.

Öffnen der Trachten

Dieser Begriff beschreibt das Wegschneiden der Eckstreben, durch das der Huf an Weite gewinnen soll. Hierbei wird die Tragefläche unterbrochen, die Hufwände werden an den Trachten nach innen gedrückt, und der Huf verliert einen wichtigen Teil seines »Stoßbrecher-Systems«. Kontraktion des Hufs ist die Folge.

Raspeln der Hufwand

Dies geschieht oft in der besten Absicht, um rauhe Stellen oder Rillen zu beseitigen und dem Huf ein schönes, glattes Aussehen zu verleihen. Es sollte auf ein Minimum beschränkt bleiben und nicht über die Höhe der Nagelköpfe hinausgehen, denn die Kronlederhaut würde verletzt, und die erhöhte Verdunstung würde das Horn hart und brüchig werden lassen. Das Raspeln unterhalb der Hufnagelhöhe verringert die Tragefläche und die Nagelfestigkeit der Hufwand.

Man spricht von Abstumpfen, wenn die Zehe mit der Raspel übermäßig gekürzt wird. Auch hier handelt es sich um eine

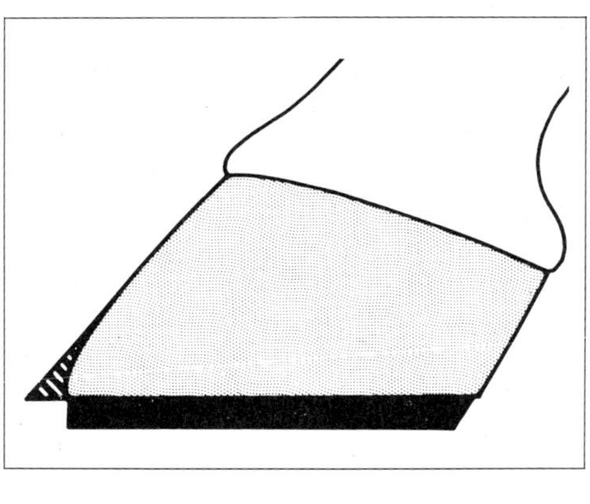

Abb. 219 Abstumpfen. Das Eisen wird nach hinten gerichtet und die vorstehende Wand an der Zehe weggeraspelt, um den Huf dem Eisen anzupassen und ihm ein gefälliges Aussehen zu verleihen.

schlechte Gewohnheit, die die Tragefläche verkleinert und das zugrundeliegende weiche Horn exponiert, welches brüchig wird. Im allgemeinen wird abgestumpft, wenn der Huf zubereitet wird für den Beschlag. Das Eisen hat einen kleineren Umkreis als die Wand, welche weggeraspelt wird, um den Huf dem Eisen anzupassen und ihm ein gefälliges Aussehen zu verleihen (Abb. 219). Muß ein Eisen unbedingt nach hinten gerichtet werden, und hat das Pferd flache, geneigte Hufe, so kann maßvoll berundet werden, damit die Nägel höher eingeschlagen werden können und besser halten.

7. Das Richten der Hufeisen

(Abb. 220 bis 237)

Wenn ein Eisen angebracht wird, muß seine Tragefläche der Tragefläche des Hufs angepaßt werden. Sein äußerer Rand ist dem Tragerand glatt anzupassen. Sind Huf und Eisen exakt aufeinander abgestimmt, so ist gewährleistet, daß der Druck der Gewichtsbelastung sich gleichmäßig auf die Tragefläche verteilt. In diesem Fall ist es angemessen, zu sagen, daß das Eisen wie eine Fortsetzung der Hufwand wirkt, auf ideale Weise die Abnutzung verhindert und den Huf vor jeder Störung seiner natürlichen Funktion schützt.

Richten der Trageflächen

Richten der Trageflächen bedeutet, daß die Tragefläche des Eisens der Tragefläche des Hufs genau angepaßt werden muß. Ein Pferd mit normalen Hufen und normalem Gang nutzt seine Eisen besonders stark an der Zehe ab. Daher ist es grundsätzlich richtig, Eisen zu wählen, die der Form der abgenutzten Eisen entsprechen. Hierzu benötigt man ein Eisen mit Zehenrichtung. Die Tragefläche ist entsprechend anzupassen. Solche Eisen sind wirtschaftlich im Gebrauch und im Verringern der Reibung, jedoch schwer herzustellen und anzubringen. Daher ist es zweckmäßig und auch zufriedenstellend, zwei aufeinander abgestimmte, ebene Flächen miteinander zu verbinden.

Schäden am Huf durch ungleichmäßigen Druck entstehen meistens an der Zehe und den Trachten. Druck an der Zehe ist entweder darauf zurückzuführen, daß über den Sohlenstand hinaus zurückgeschnitten wurde, oder daß die Tragefläche des Eisens an der inneren Randfläche erhöht ist. Pferde mit flachen Hufen neigen zu einer prominenten Sohle, vor allem an der Zehe, die vor übermäßigem Druck durch vorsichtiges Ausschneiden oder das Annageln eines abgedachten Eisens bewahrt werden können.

Die Ränderung des Eisens

Die Ränderung des Eisens richtet sich nach der Länge und Breite des Hufs. Die äußere Randfläche des Eisens ist dem Tragerand des Hufs glatt anzupassen.

Bodenenges Rändern

Die äußere Randfläche des Eisens liegt innerhalb des Hufumkreises, und das überragende Horn wird abgeraspelt, bis die Hornwand mit dem Eisen eine Linie bildet. Obwohl dies gut aussieht, ist es von Schaden für das Pferd, denn wertvolle Tragefläche geht verloren, weniger Horn verbleibt zum Befestigen der Nägel, und ein so behandelter Huf wird leicht spröde und rissig.
Bei Pferden, die häufig ein scharfes Tempo gehen müssen, ist es richtig, den inneren Schenkel des Eisenbodens eng zu rändern, um Streich- und Schnittverletzungen zu vermeiden.

Bodenweites Rändern

Das Eisen wird bodenweit gerändert, heißt, daß die äußere Randfläche des Eisens außerhalb des Hufumkreises liegt. Dies schützt den Huf zusätzlich, aber der Vorteil ist gering, verglichen mit den Streich- und Trittverletzungen, die hierdurch verursacht werden können.
Schwere Pferde werden häufig mit Eisen beschlagen, die an den Schenkelbögen weit gerändert sind und eine feste Unterlage schaffen. In diesem Fall wird die obere Kante gebrochen. Für Schauen werden den schweren Pferden oft abgeschrägte Eisen

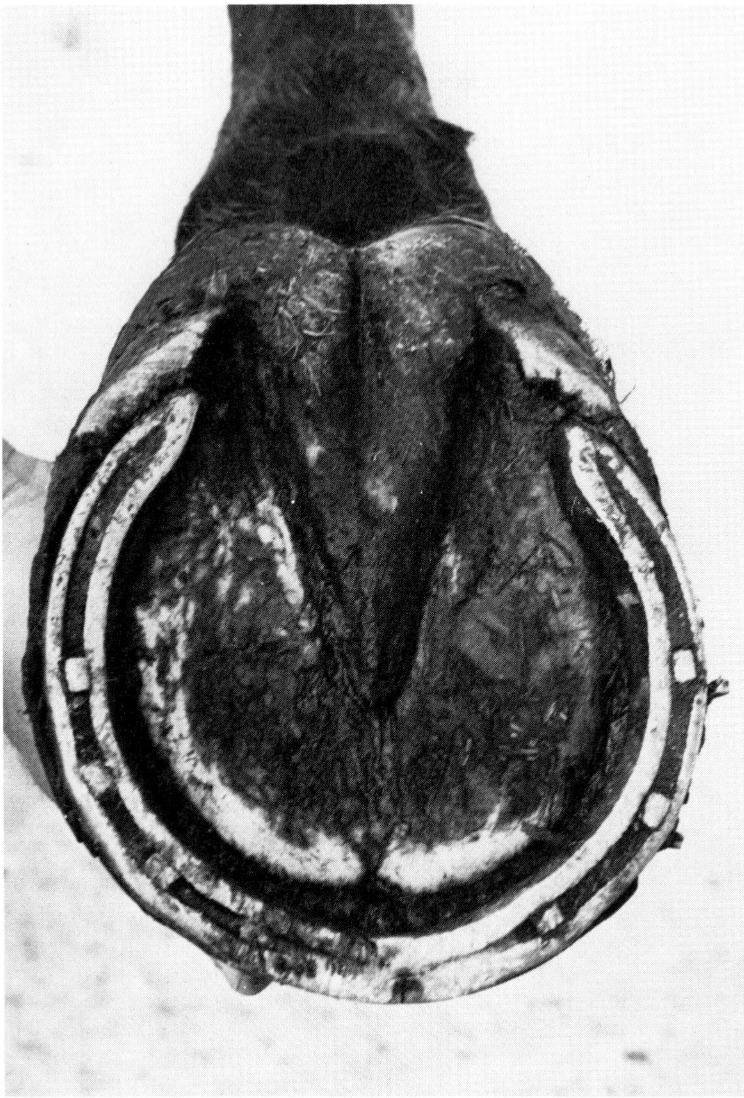

Abb. 220 Ein zu lange getragenes Eisen. Die Schenkel sind von den Eckstreben und der Wand weg nach vorn verschoben. Sie liegen jetzt auf den Sohlenwinkeln und verursachen Druck und Quetschungen.

aufgenagelt (Abb. 105), um ihre Hufe größer erscheinen zu lassen.

Länge des Eisens
Es ist wichtig, daß die Schenkelenden des Eisens bis zum Ende des Horns reichen und die Hornwand und Eckstreben abdecken. Während die Hornwand nachwächst, schieben sich die Schenkel des Eisens nach und nach vor und ruhen dann auf den Sohlenwinkeln und verursachen Druck und Quetschungen (Abb. 220). Häufig sieht man Vordereisen, deren Schenkelenden leicht außerhalb des äußeren Hornrands enden und die so abgeschrägt sind, daß sie mit dem Winkel der Trachten abgestimmt sind. Pferde, die in schnellen Gangarten gearbeitet werden (auch bei Jagdpferden üblich), werden allgemein mit Eisen beschlagen, deren Schenkelenden gerade bis zum Ende des

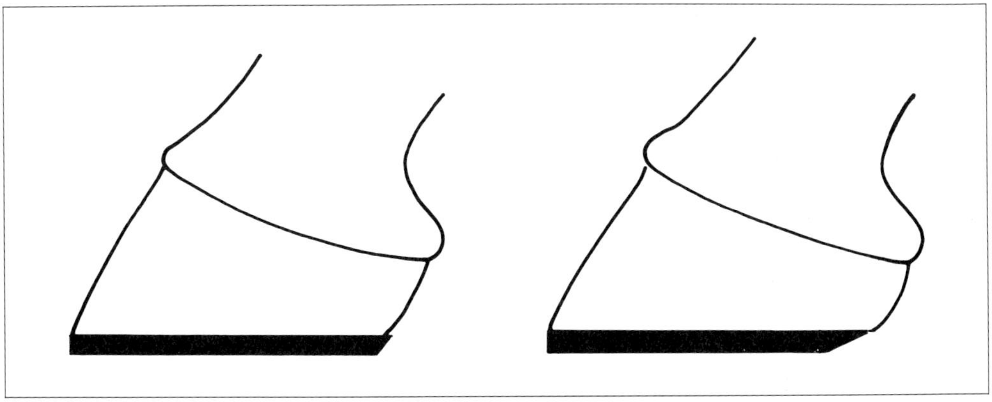

Abb. 221 Die Schenkelenden eines Vordereisens sollten etwas über die Tragefläche hinausragen und in einem Winkel mit den Trachten abgeschrägt werden.

Abb. 222 Die Schenkel eines Vordereisens für Pferde, die im Galopp gearbeitet werden, sollten knapp unterhalb der Tragefläche enden und spitzwinklig abgeschrägt werden.

Horns reichen und im spitzen Winkel nach innen abgeschrägt sind. Man nennt sie »angespitzte« Eisen (Abb. 222).

Zu lange Schenkelenden

Haben die Eisen zu lange Schenkelenden, so besteht die Gefahr, daß das Pferd mit den Hinterfüßen darauf tritt und sie losreißt oder hierbei zu Fall kommt. Lange Schenkelenden können außerdem das Ellenbogenbein verletzen, wenn das Pferd sich legt.

Zu kurze Schenkelenden

Sind die Schenkelenden zu kurz, so geht ein Teil der Tragefläche verloren, und sie verschieben sich durch das Nachwachsen des Hufs nur zu schnell nach vorn und liegen dann auf den Sohlenwinkeln.

Aufbrennen der Eisen

Horn ist ein schlechter Hitzeleiter. Folglich kann ein heißes Eisen auf den Huf aufgebrannt werden, ohne Schmerzen zu verursachen oder den darunterliegenden, empfindlichen Huf zu verletzen. Allerdings sollte das heiße Eisen nicht länger als irgend nötig auf den Huf gehalten werden, nur um zu überprüfen, ob irgendwelche Änderungen des Eisens oder der Tragefläche des Hufs nötig sind, damit Huf und Eisen einander korrekt angepaßt sind. Wird dies nicht beachtet, und wird das Eisen zu heiß oder so lange auf den Huf gehalten, bis es sich in das Horn einbrennt, ist eine verbrannte Sohle das Ergebnis; vor allem bei dünnem Horn.

Wird ein Eisen aufgebrannt, wird es rotglühend auf die Tragefläche aufgebracht. An den Kontaktstellen verkohlt das Horn stärker und zeigt somit Unregelmäßigkeiten zwischen den beiden Oberflächen auf. Ist die Tragefläche uneben, werden die verkohlten Stellen entweder mit dem Hufmesser abgenommen (oder mit der Raspel), und falls das Eisen nicht exakt sitzt, wird es erneut auf den Amboß gelegt und geändert. Dieser Vorgang wird wiederholt, bis eine perfekte Paßform an Tragefläche und Tragerand erreicht ist. Außerdem reduziert das Brennen der Hornfasern die Verdunstung, dehnt das Horn und macht es weich. In diesem Zustand lassen sich die Nägel leichter einschlagen und sitzen fester, wenn das Horn sich zusammenzieht.

Die Vorteile des Aufbrennens gegenüber dem kalten Beschlag lassen sich in einem Satz sagen: Das Eisen kann genauer aufgepaßt und sicherer befestigt werden.

Aufbrennen der Eisen

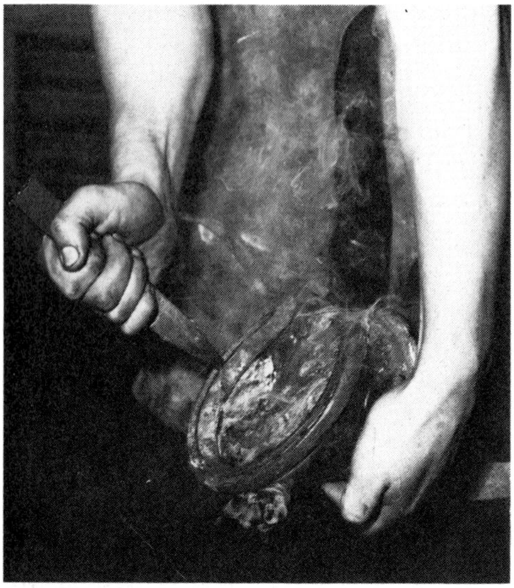

Abb. 223 Das rotglühende Eisen wird mit dem Aufpaßzirkel auf den Huf aufgebracht und überprüft.

Abb. 224 Mit dem Ende einer Raspel oder dem Griff eines Hufmessers wird das heiße Eisen in Stellung gebracht.

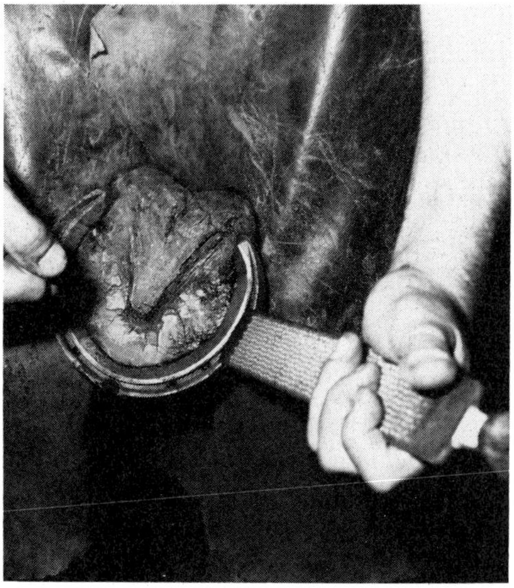

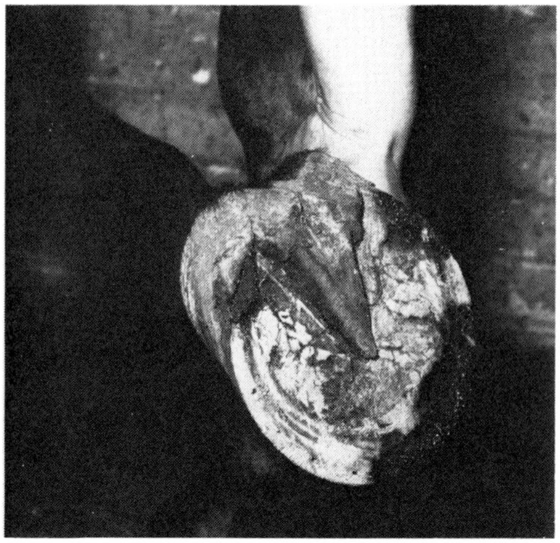

Abb. 225 Das Horn ist ungleichmäßig verkohlt. Dies zeigt an, daß entweder die Tragefläche des Hufs oder die dem Huf zugewandte Fläche des Eisens oder beide nicht eben sind. Handelt es sich hierbei um das Eisen, so sind eine ganze Seite des Tragerands und die gegenüberliegenden Trachten verkohlt.

Abb. 226 Der Tragerand des Hufs weist eine gleichmäßige dunkelhonigfarbene Tönung auf. Hier besteht ein gleichmäßiger Kontakt zwischen Huf und Eisen. Ein Streifen verkohlten Horns wird mit dem Hufmesser entfernt, um der Sohle Druck zu nehmen.

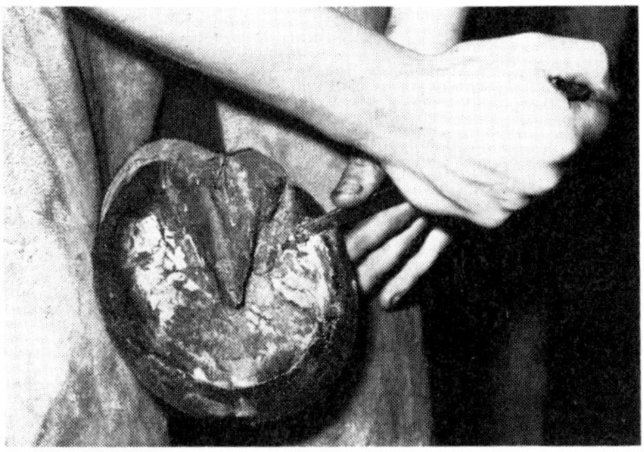

Abb. 227 Die Sohlenwinkel werden bis zu ca. 2–3 mm tiefer ausgeschnitten als Hufwand und Eckstrebe, um jeglichen Druck durch das Schenkelende auszuschalten.

Kalter Beschlag

Fabrikhufeisen haben eine gleichmäßige Form, eine ebene Oberfläche und werden üblicherweise kalt aufgeschlagen. Alle Eisen müssen verändert werden, um eine perfekte Paßform zu erhalten. Wenn man ein Eisen kalt aufschlägt, ist es lediglich möglich, seinen Umriß leicht abzuändern, jedoch nicht die Tragefläche. In den meisten Fällen kann man in der großen, verfügbaren Auswahl das passende Fabrikhufeisen finden und im Rahmen der begrenzten Möglichkeiten durchaus zufriedenstellend anpassen.

Kalt aufgeschlagene Eisen werden eher locker als aufgebrannte, da ein genaues Übereinstimmen von Huf- und Eisenfläche nicht erreicht werden kann. Sind Huf und Eisen nicht genau aufeinander abgestimmt, führt der ungleichmäßige Druck zu einer leichten Schaukelbewegung des Eisens, die nach und nach die Niete hebt; das Eisen wird locker.

Verfahren, die Form eines kalten Eisens zu ändern

Schmiede entwickeln ihre eigenen Methoden und Techniken, die Form kalter Fabrikhufeisen zu ändern. Die folgenden Methoden zeigen die Grundprinzipien, den Umriß eines kalten Eisens zu ändern, mit Hilfe von Bahn und Horn des Ambosses.

Abb. 228 Öffnen des Vorderteils über dem Horn des Ambosses.

Abb. 229 Öffnen eines Schenkels über dem Horn des Ambosses.

Abb. 230 Schließen des Vorderteils über dem Horn des Ambosses.

Abb. 231 Schließen eines Schenkels über dem Horn des Ambosses.

Abb. 232 Schließen eines Eisens auf der Bahn des Ambosses. Diese Methode ist falsch, da sie die Form des Eisens nicht verändert.

Abb. 233 Das Eisen wird auf der Bahn des Ambosses geradegeklopft.

Abb. 234 So hält man ein Eisen auf den Amboß, um zu überprüfen, ob seine Flächen eben sind.

Fehlerhaftes Richten des Hufumrisses

Der äußere Schenkel des Eisens ist zu eng gerichtet, der innere Schenkel zu weit (Abb. 235).
Der Aufzug sitzt nicht in der Mitte. Beide Schenkel sind zu eng gerändert. Der äußere Schenkel ist zu lang, der innere zu kurz (Abb. 236).

Fehlerhaftes Richten der Tragefläche des Eisens

Entlasten der Trachten
Dieser Begriff beschreibt die Gewohnheit, die Tragefläche des Eisens an den Schenkelenden zu senken (Abb. 237). Diese Praktik ergab sich aus der irrigen Annahme, daß ein Senken der Schenkelenden die Trachten entlasten würde und der Huf sich dadurch dehnen könnte. Es handelt sich um eine schlechte Praktik, bei der Tragefläche verlorengeht und sich unnatürlicher Druck an einer Stelle konzentriert, wo Huf und Eisen in gleichmäßigem Kontakt sein sollten.

Übermäßiges Verbrennen des Horns
Dies geschieht manchmal mit dem Ziel, das Eisen fest einzubetten. Dies ist falsch, da das zu stark gebrannte Horn wegkrümelt und sich das Eisen lockert.

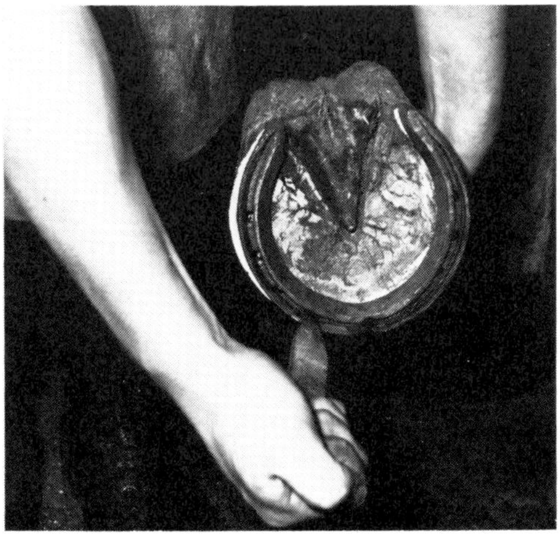

Abb. 235

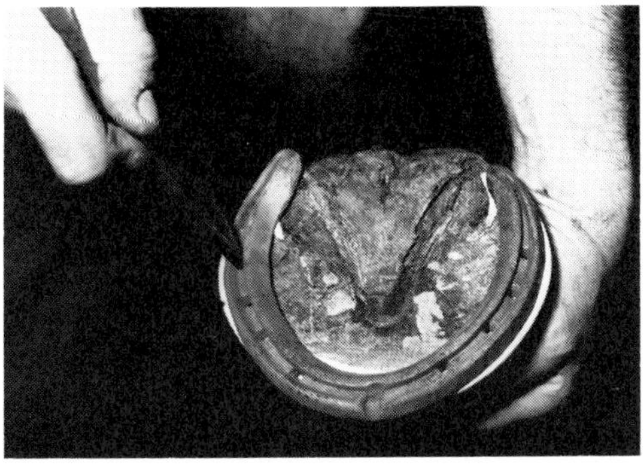

Abb. 236

Abb. 237

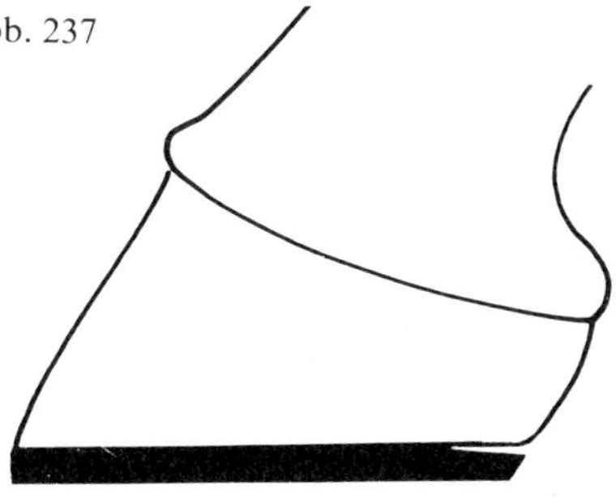

8. Das Aufnageln des Eisens; Beenden des Beschlagvorgangs

(Abb. 238 bis 253)

Eine Reihe wichtiger Punkte müssen beachtet werden, wenn ein Eisen aufgenagelt wird, und wenn man sie nicht beachtet, wird auch ein gut geschmiedetes, exakt aufgepaßtes Eisen bald locker werden. Die Nägel müssen zur Huf- und Eisengröße passend ausgesucht werden. Sind sie zu lang, spalten sie das Horn, sind sie zu kurz, sitzt das Eisen nicht fest am Huf. Nägel müssen parallel zu den Hornfasern eingeschlagen werden, kein Nagel darf in oder durch einen Hornspalt getrieben werden. Sind die Hufe ausgebrochen, so sollten Nagellöcher ausgestanzt werden, damit die Nägel durch gesundes Horn getrieben werden können. Man sollte so wenig Nägel wie möglich verwenden. Die meisten Eisen lassen sich mit sieben Nägeln befestigen, vier am äußeren und drei am inneren Schenkel. Man kann sich darüber streiten, ob der erste Nagel an der Zehe oder an den Trachten eingeschlagen werden sollte. An der Zehe zu beginnen, so wird behauptet, ermöglicht es, das Eisen zu drehen und die Schenkel akkurat zu richten. Jene, die an den Trachten beginnen, argumentieren damit, daß Eisen, die von der Zehe an aufgenagelt werden, sich leicht nach hinten verschieben.

Der Nagel sollte an der weißen Linie in den Huf eindringen und etwa auf einem Drittel der Höhe des Horns wieder aus der Wand heraustreten, um fest zu sitzen. Tritt die Spitze des Nagels zu hoch aus der Wand aus, kann er in den empfindsamen Teil des Hufs stechen oder auf ihn drücken. Lahmgehen ist die Folge. Dies nennt man Vernageln. Tritt er zu tief aus, hat das Eisen keinen sicheren Halt. Da die Wand an der Zehe etwa doppelt so dick ist wie an den Trachten, können die Nägel an der Zehe entsprechend höher eingetrieben werden. Der Schmied erkennt die Richtung des Nagels am Klang und Widerstand und dem Rückschlag des Hammers in der Hand. Sobald der Nagel vom weichen Horn der weißen Linie in das harte Horn eindringt, verändert sich der Klang. Ein weicher Klang zeigt an, daß der Nagel in ein altes Nagelloch dringt oder in einen Spalt oder aber in das weiche Horn der Wand, in Richtung auf den empfindsamen Teil des Hufs.

Sobald der Schmied sichergeht, daß der Nagel die exakte Richtung hat, und wenn er ihn etwa zu zwei Dritteln eingeschlagen hat, legt er einen Finger auf die Stelle, an der er das Austreten des Nagels vermutet und schlägt einige Male kräftig zu. Nun tritt der Nagel an der Außenseite der Wand aus.

Allgemein läßt sich sagen, daß ein kurzer, dicker Nagel mehr Halt hat als ein hoch eingetriebener.

Der Nagelbereich sollte im Idealfall nicht höher reichen als das Horn, das beim nächsten Beschlag gekürzt wird, um einen dauerhaft gesunden Huf zu erhalten. Die Höhe, in der der Nagel einzutreiben ist, hängt von dem Zustand der Wand, der Anzahl und dem Sitz der alten Nagellöcher und der Größe und Gestalt des Hufs ab. Sobald der Nagel an seiner Stelle sitzt, wird die Nagelspitze sofort abgekniffen, wobei man sich der Nietklinge oder der gespaltenen Finne des Hufbeschlaghammers bedient. Sind alle Nägel eingeschlagen, werden sie angezogen. Das geschlossene Maul der Zange wird nun gegen den Nagelstumpf gesetzt, gleichzeitig erhält der Nagelkopf einige kräftige Schläge mit dem Hammer. Dies treibt die Nagelklinge tief in die Wand, gleichzeitig wird der Nagelstumpf umgebogen.

Aufnageln der Eisen

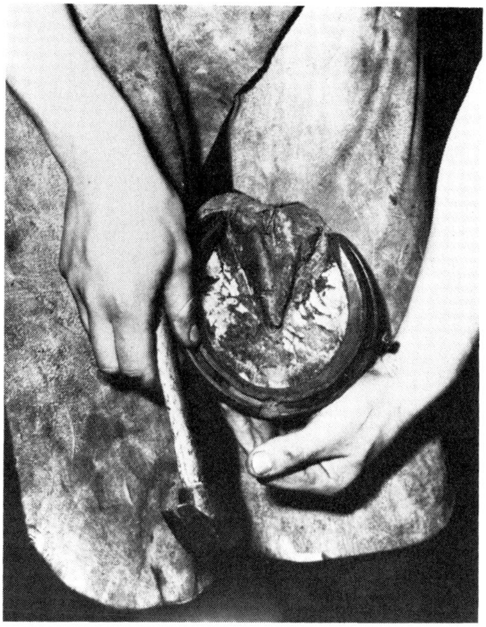

Abb. 238 Der Huf wird vorschriftsmäßig aufgehalten, und der erste Nagel wird an der Innenseite der Trachten eingetrieben.

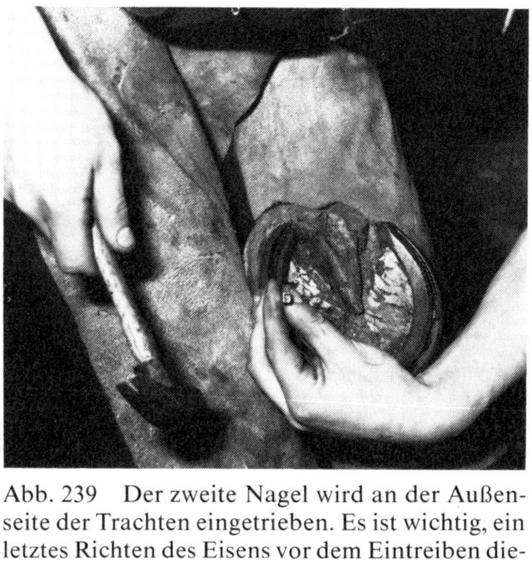

Abb. 239 Der zweite Nagel wird an der Außenseite der Trachten eingetrieben. Es ist wichtig, ein letztes Richten des Eisens vor dem Eintreiben dieses Nagels vorzunehmen, der die Lage des Eisens unverrückbar festigt. Die restlichen Nägel werden dann nacheinander abwechselnd auf beiden Seiten eingetrieben.

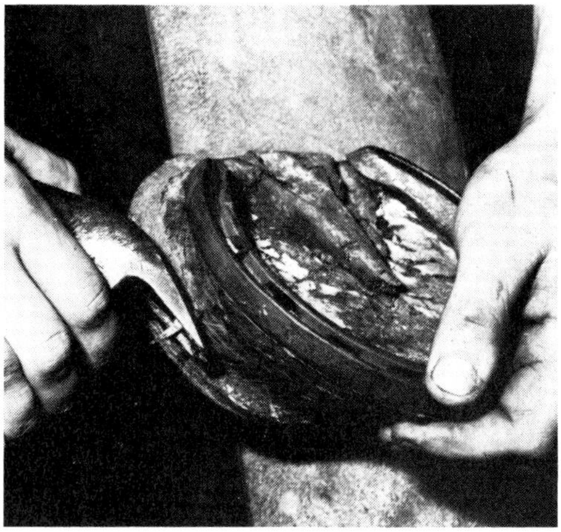

Abb. 240 Sobald ein Nagel an seiner Stelle sitzt, wird die Nagelspitze sofort abgekniffen mit der gespaltenen Finne des Hufbeschlaghammers. Es ist darauf zu achten, daß genug von der Klinge übrigbleibt, um einen Niet bilden zu können.

Abb. 241 Sobald alle Nägel eingeschlagen sind und die Spitzen abgekniffen, wird das geschlossene Maul der Zange fest gegen den Nagelstumpf gesetzt und gleichzeitig kräftig auf die Nagelköpfe geschlagen. Hierdurch wird das Eisen dicht auf den Huf gezogen, gleichzeitig wird der Nagelstumpf zu einem Niet umgebogen.

Aufhalten des Hufs beim Nietvorgang

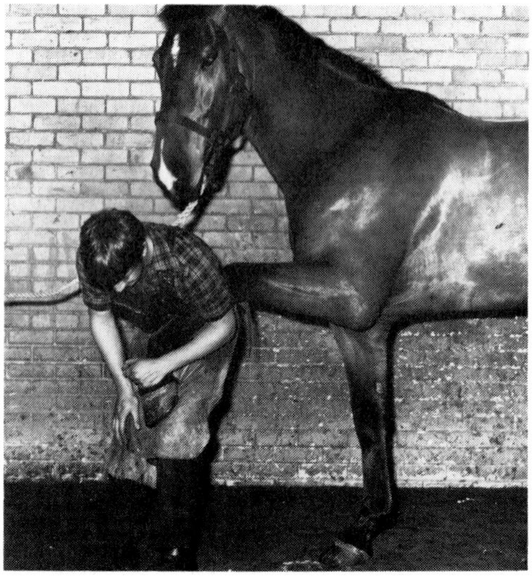

Abb. 242 Will der Schmied an der Außenseite des linken Vorderhufs arbeiten, so zieht er das Bein nach vorn und legt den Huf auf sein linkes Knie. Arbeitet er an der Innenseite des Hufs, so dreht sich der Schmied in die umgekehrte Richtung und legt den Huf auf sein rechtes Knie.

Abb. 243 Eine weitere Möglichkeit besteht darin, den Huf für den Nietvorgang auf den Bock zu stellen.

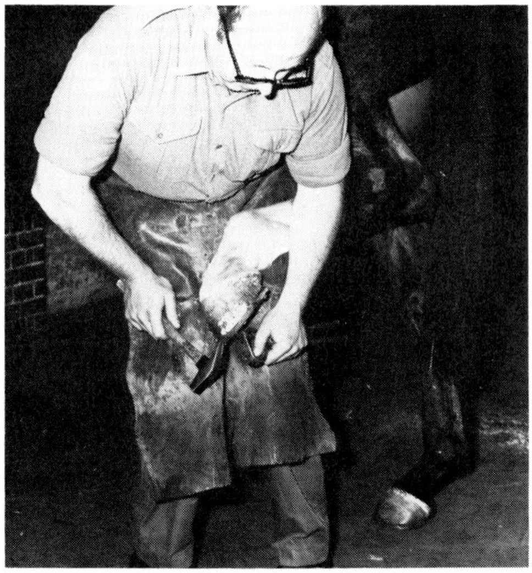

Abb. 244 Um an der Außenseite eines linken Hinterhufs zu arbeiten, zieht der Schmied das Bein nach vorn, und während er mit dem Rücken zum Pferd steht, legt er den Huf auf seinen linken Oberschenkel.

Abb. 245 Um an der Innenseite eines linken Hinterhufs zu arbeiten, zieht der Schmied den Huf nach vorn, und während er dem Pferd zugewandt steht, legt er den Huf auf seinen rechten Oberschenkel und seinen Arm über das Bein, damit der Huf in dieser Stellung verbleibt.

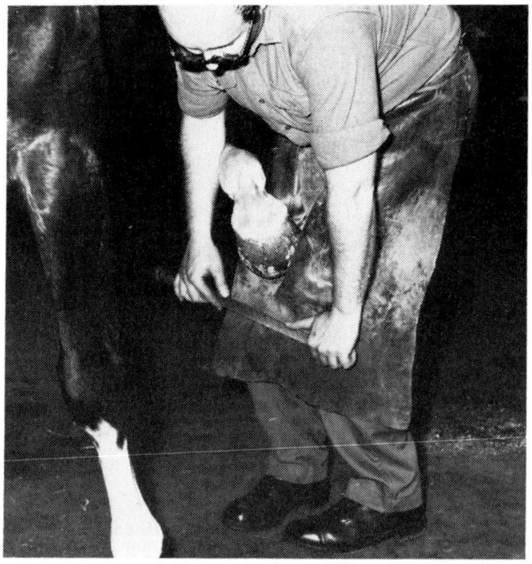

Nietvorgang und Beenden des Beschlagvorgangs

Abb. 246 Das unter dem Niet liegende, gespaltene Horn wird mit der Feilenseite der Raspel geglättet. Hier ist Sorgfalt geboten, damit keine Einkerbungen entstehen.

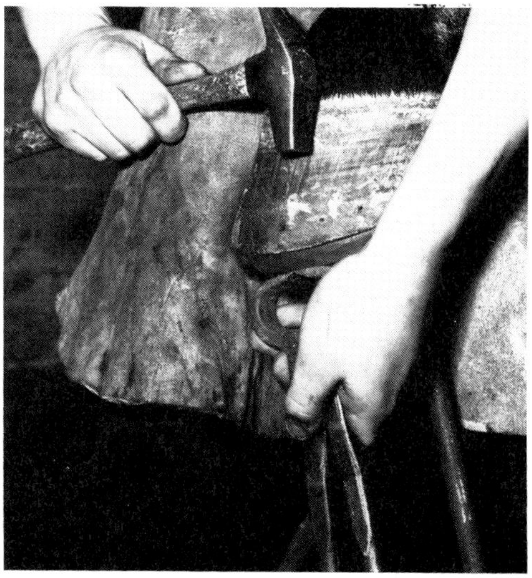

Abb. 248 Der Niet wird durch einige Schläge mit dem Hammer auf den Nagelstumpf gebildet und eingebettet, bis er flach an der Hufwand liegt. Gleichzeitig wird das geschlossene Maul der Zange fest gegen den Nagelkopf gesetzt, um zu verhindern, daß er zurückgetrieben wird.

Abb. 247 Der Niet wird mit der Feilenseite der Raspel geformt. Er sollte leicht abgeschrägt sein und in der Länge der Breite der Nagelklinge entsprechen. Seine Aufgabe ist es, die Nagelklinge und nicht das Eisen am Huf zu befestigen.

Abb. 249 Es besteht außerdem die Möglichkeit, ▶ Niete mit der Nietzange zu bilden. Man beachte die Handstellung des Schmieds. Die linke Hand hält die Nietzange fest gegen die Wand, während er mit der rechten Hand die Griffe der Zange schließt. Nietzangen haben sich besonders bei jungen und nervösen Pferden bewährt und bei Pferden mit empfindlichen Hufen, die sich dem Hammer widersetzen.

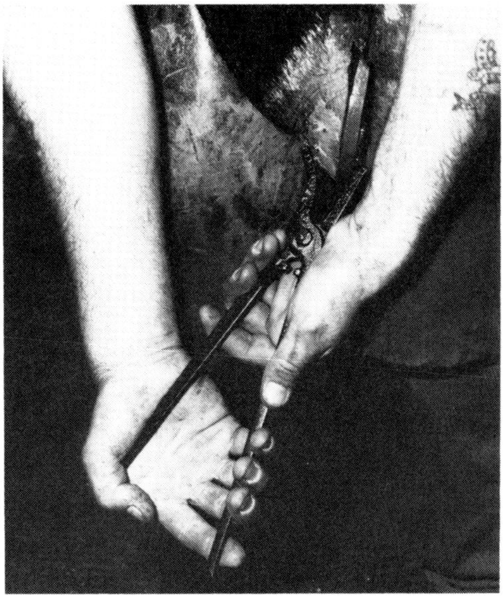

Abb. 250 Die Niete werden mit der Feilenseite der Raspel geglättet. Starkes Befeilen des Niets ist zu vermeiden. Abschließend wird der Rand der Hufwand beraspelt, und die Arbeit am Huf ist nun endgültig abgeschlossen.

Tagen völlig aufgehört, muß man das Nagelloch öffnen, damit Flüssigkeit abfließen kann und heiße Bäder des Hufs mit einer Behandlung mit Antibiotika kombinieren.

Von Nageldruck spricht man, wenn der Nagel dicht am empfindsamen Teil des Hufs liegt und Druck, Schmerz und Lahmheit verursacht. Die Folgen sind nicht immer gleich zu erkennen und können erst nach ein bis drei Tagen sichtbar werden. Der Huf wird untersucht, indem man an jedem Nageleintrieb auf das Horn klopft, bis das Pferd Schmerz bekundet und damit den falsch sitzenden Nagel erkennen läßt. Fast immer bemerkt man den Zustand innerhalb von 12 bis 24 Stunden. Der Nagel muß lediglich herausgezogen werden und das Pferd ein paar Tage stehen bleiben. Steht das Pferd schon lange, kann beim Herausziehen des Nagels Eiter austreten. In diesen Fällen müssen die Löcher augenblicklich geöffnet werden, damit der Eiter abfließen kann. Weiterhin sind heiße Bäder des Hufs, eine Behandlung mit Antibiotika und eine prophylaktische Dosis Tetanus-Antitoxin angezeigt.

Unfälle beim Aufnageln eines Eisens

Ein Nagelstich entsteht, wenn ein Nagel seine Richtung ändert und in den empfindlichen Teil des Hufs dringt. Das Pferd verspürt Schmerz und zieht den Huf weg. Wenn der Nagel herausgezogen wird, kann ein wenig Blut austreten und der Nagel verfärbt sein. Nagelstiche treten vor allem bei widerspenstigen Pferden auf, besonders wenn außerdem auch noch die Hufwand übermäßig beraspelt, das Eisen zu eng gerichtet, die Nagellöcher zu »grob« sind oder der Hufnagel falsch angesetzt wurde (Zwikke nach außen) (Abb. 251).

Man behandelt einen Nagelstich, indem man etwas Jod in das Loch träufelt und dem Pferd eine prophylaktische Dosis Tetanus-Antitoxin verabfolgt, wenn es nicht bereits gegen Tetanus geimpft wurde. Hat das Lahmen nicht innerhalb von zwei oder drei

Abb. 251 Ein sehr nachlässig eingetriebener Nagel, der Nageldruck verursachte. Der Nagel wurde mit der Zwicke nach außen falsch angesetzt; außerdem trat der Nagel nicht aus der Hornwand aus, um abgekniffen und umgenietet zu werden.

Punkte, die beim frisch beschlagenen Pferd zu beachten sind

Huf am Boden (Abb. 252)

a) Die Niete sind gleichmäßig, flach und breit. Die Nägel wurden nicht in alte Nagellöcher oder Risse getrieben und sind an der Zehe höher eingeschlagen als an den Trachten.

b) Beide Vorder- und Hinterhufe sollten gleich sein, die gleiche Größe, die gleiche Form und die gleiche Krongelenk-Hufachse haben.

c) Kein Beraspeln der Wände. Unter den Nieten ist allerdings immer etwas Horn durch das Beraspeln der Niete entfernt.

d) Kein Berunden der Wand. Besonders nicht an der Zehe der Vorderhufe, um ein schlecht gerichtetes Eisen zu verbergen.

e) Niedrige und breite Aufzüge, der Aufzug an der Zehe in der Mitte.

f) Die Form des Eisens entspricht dem Huf. Die Trachten haben die richtige Länge.

Aufgehobener Huf (Abb. 253)

a) Die Nägel sind richtig eingetrieben, ihre Köpfe passen in die Versenkungen.

b) Kein übermäßiges Ausschneiden von Strahl und Sohle.

c) Die Eckstreben wurden nicht beschnitten.

d) Der Aufzug an der Zehe liegt in der Mitte und in einer Linie mit der Strahlspitze.

e) Die Sohle ist an den Sohlenwinkeln ausgeschnitten worden.

f) Man kann zwischen Huf und Eisen nicht durchsehen, was eine Unebenheit der Tragefläche des Hufs oder der Oberfläche des Eisens anzeigen würde.

g) Der Beschlagvorgang ist vorschriftsmäßig durchgeführt worden. Abschließend wird das Pferd vorgetrabt, um eventuelle Zeichen von Lahmgehen zu erkennen.

Abb. 252

Abb. 253

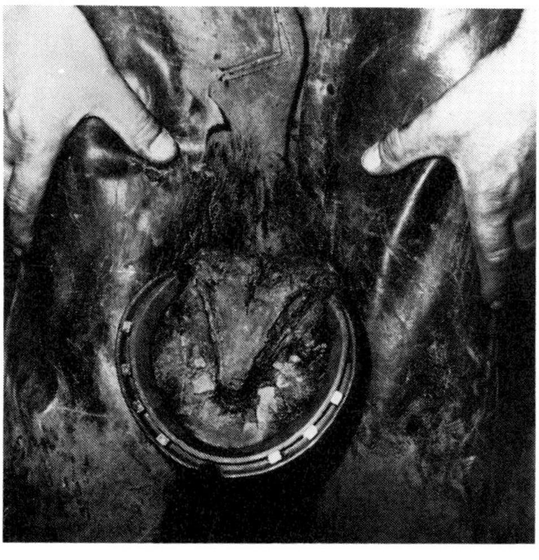

KAPITEL IX

Die Hufpflege

1. Das beschlagene Pferd

Eisen schützen den Huf zwar vor der Abnutzung durch Reibung, behindern jedoch die natürliche Dehnung und Kontraktion des Hufs. Sollen die Hufe gesund bleiben, müssen sie wenigstens zweimal täglich ausgekratzt werden, des morgens und des abends und nach jedem Arbeiten des Pferdes. Außerdem müssen die Eisen alle vier bis sechs Wochen abgenommen werden, um den Huf wieder in seine alte Form zu bringen und die Krongelenk-Hufachse zu wahren.

Bei der Hufpflege müssen eine Reihe allgemeiner Gesichtspunkte berücksichtigt werden: ob das Pferd in einer Boxe steht oder in einem Ständer, die Einstreu, Umfang und Art der Arbeit. Stallhygiene ist von großer Bedeutung, und man muß darauf achten, daß Pferde, die im Ständer stehen, nicht mit den Hinterfüßen im Mist stehen, was das Horn aufweicht und zu Strahlfäule führt. Wenn man die Hufe auskratzt, muß man besonders den Zwischenraum zwischen Eisen und Sohle beachten, vor allem bei abgedachten Schenkeln, und die Strahlfurchen von Steinchen und Schmutz befreien. Ist der Strahl zu stark nachgewachsen, darf man ihn vorsichtig nachschneiden, damit die Strahlfurchen frei werden und leichter ausgekratzt werden können.

Nicht immer wird berücksichtigt, daß der Feuchtigkeitsgehalt der Hufe erhalten bleiben muß, damit sie richtig funktionieren können. Wenn Pferde lange im Stall stehen oder bei Perioden der Trockenheit, kann der Huf die durch Verdunstung verlorene Feuchtigkeit nicht ausgleichen, er wird trokken und hart, verliert seine Elastizität und spleißt schnell. Werden die Hufe täglich gewaschen, so wird genügend Feuchtigkeit absorbiert, um den Verlust auszugleichen. Man sollte hierbei keine harte Bürste verwenden, da sie die Huflederhaut verletzt. Eine beachtliche Feuchtigkeitsmenge wird auch von Sohle und Strahl absorbiert, und eine gute Möglichkeit, sie zu ersetzen, besteht in feuchten Lehmpackungen.

Die Notwendigkeit und Vorteilhaftigkeit, fettende Substanzen, wie Salben und ölhaltige Mittel aufzutragen, um Wachstum und Gesundheit der Hufe zu fördern, sollte sorgfältig erwogen werden.

Es ist bisher nicht bewiesen, daß sie das Wachstum fördern. Sie wirken direkt auf das genau ausgewogene Verdunstungs- und Feuchtigkeitsaufnahmesystem des Hufs ein. Unter normalen Umständen hindert das regelmäßige Auftragen wasserabstoßenden Materials auf den Huf die Verdunstung, so daß er weich und brüchig wird. Bei feuchten Verhältnissen tritt das Gegenteil ein, und indem eine übermäßige Aufnahme von Feuchtigkeit verhindert wird, schützt es den Huf vor dem Aufweichen. Andererseits kann bei trockenen Witterungsverhältnissen der Feuchtigkeitsverlust verhindert oder verzögert werden. Wenn trockene, spröde Hufe gebadet werden, damit ihr Feuchtigkeitsgehalt sich reguliert, kann eine Anwendung solcher Mittel folgen, um die Feuchtigkeit im Huf zu halten. Man erreicht dies am einfachsten, indem man Wand, Sohle und Strahl mit einem dünnen Vaseline- oder Lanolinfilm überzieht. Zu empfehlen sind entsprechende Hufpflegemittel, die im Fachhandel erhältlich sind.

Der Huf beschlagener Pferde bleibt gesund und behält seine natürliche Elastizität, wenn man die Hufe regelmäßig auskratzt, für trockene Einstreu sorgt, den Huf bei Bedarf wäscht und gegebenenfalls Vaseline oder Lanolin aufträgt, um einen normalen Feuchtigkeitsgehalt des Horns zu gewährleisten.

Strahlfäule

Dies ist eine Erkrankung des Strahls, für die Substanzverlust an der mittleren und manchmal den seitlichen Strahlfurchen typisch ist sowie eine Auflösung des Horns. Sie tritt häufiger an den Hinterhufen auf als an den Vorderhufen und bei Pferden mit schlecht ausgebildetem und verkümmertem Strahl. Die Pferde gehen erst lahm, wenn die Strahlfäule stark vernachlässigt wird und der empfindsame Teil des Hufs freiliegt. Der Erreger der Strahlfäule ist unbekannt, aber immer liegen ungünstige Stallbedingungen vor; wie unregelmäßig ausgemistete Ständer und Boxen und ein feuchter Boden. Die Entstehung von Strahlfäule wird begünstigt, wenn die Hufe nicht regelmäßig ausgekratzt werden.

Es handelt sich um ein vermeidbares Übel. Dazu müssen die Stallbedingungen verbessert und die Hygiene beachtet werden, auch Bewegungsmangel hat Einfluß. Saubere und trockene Boxen und Ständer, der regelmäßige Gebrauch des Hufkratzers sowie ein guter Beschlag, der den Strahldruck gewährleistet, sind das Gebot der Stunde.

Zur örtlichen Behandlung gehört das Entfernen kranken und losen Horns. Außerdem hält man die Strahlfurchen trocken und sauber und behandelt mit einem astringierenden Puder (z. B. einer Mischung von einem Teil pulverisiertem Kupfersulphat zu zwei Teilen Borpuder) jeden Morgen und Abend; man kann auch jeden zweiten oder dritten Tag einen Wattebausch und Hufteer in die Furchen drücken.

2. Das unbeschlagene Pferd

Es ist allgemein üblich, den Arbeitspferden im Sommer für ein paar Monate Weidegang zu gewähren. Hierbei erholen und regenerieren sich die Pferde, und man nimmt ihnen die Eisen ab, so daß die Hufe nachwachsen können, ohne von Nägeln verletzt zu werden.

Ohne den Schutz eines Eisens nutzt sich der Huf durch Reibung ab; das Tempo der Abnutzung hängt von der Hornbeschaffenheit und dem Untergrund ab. Gleichgültig, ob ein Pferd auf der Weide geht oder auf festem Untergrund steht, seine Hufe müssen alle vier bis sechs Wochen nachgesehen werden. Das natürliche Wachstum wird nicht immer durch die Reibung ausgegli-

Abb. 254 Halbes Eisen (Halbmondförmiges Eisen).

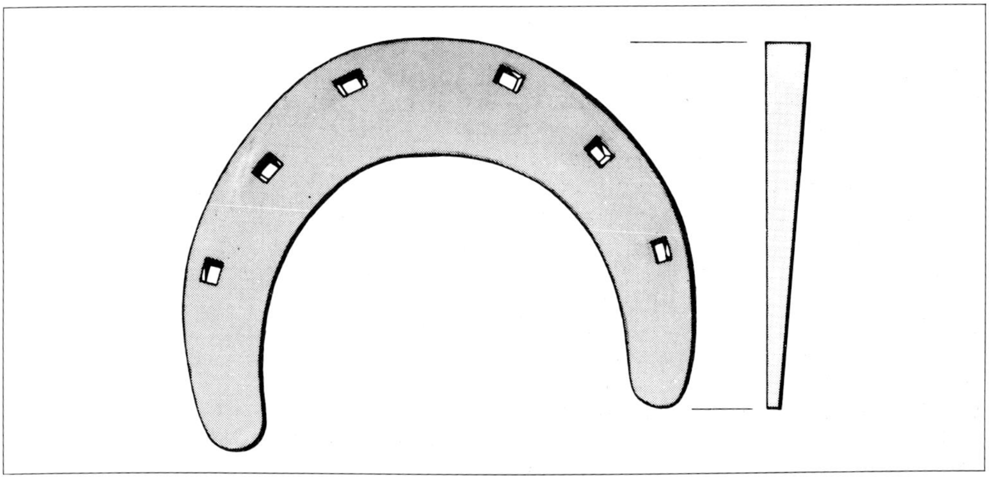

chen, und in vielen Fällen müssen Zehe und Trachten gekürzt werden, um die natürliche Krongelenk-Hufachse zu erhalten und der Rand der Hufwand mit der Raspel berundet werden, damit sie nicht ausbricht. Die Ausgewogenheit der Hufe muß erhalten bleiben, und man trabt die Pferde vor, um sicher zu sein, daß sie nicht lahmen. In einer Schlechtwetterperiode oder bei Arbeitsbedingungen auf Schotterstraßen nutzen sich die Hufe schnell ab und müssen beschlagen werden.

Halbe Eisen (Abb. 254)
Die kurzen oder halben Eisen bedecken nur die vordere Hufhälfte. Sie schützen die Wand an der Zehe vor Abnutzung und lassen die hintere Hälfte von Huf und Strahl frei, die somit normal belastet werden.
Aus diesem Grunde werden manchmal die Vorderhufe damit beschlagen, wenn die Pferde Weidegang bekommen, aber sie haben auch ihre Nachteile. Sie sind schwierig aufzunageln, werden oft locker und müssen regelmäßig abgenommen werden, damit das nachgewachsene Horn entfernt werden kann und die natürliche Krongelenk-Hufachse wiederhergestellt ist.

Es gibt zwei Typen von halben Eisen. Das Standard-Halbeisen (Abb. 255a), das sich zu den Trachten hin verjüngt, und die Abwandlung des Charlier-Halbeisens (Abb. 255b), das in die Hufwand eingepaßt wird. Das Charlier-Halbeisen hat keine Vorteile gegenüber dem Standardtyp; es erfordert beträchtliche Geschicklichkeit beim Aufbringen und ist eigentlich nur noch ein Relikt der Vergangenheit. Alle Halbeisen werden mit vier oder fünf Nägeln befestigt und müssen sorgfältig gerichtet werden, damit das Horn nicht über sie wächst und dann bricht.

3. Fohlenhufe

Wenn Fohlen sich entsprechend frei bewegen können, bleibt die natürliche Form der Hufe durch die Abnutzung erhalten; doch können sie sich nicht frei bewegen oder gehen in einer kleinen Weide, so wachsen ihre Hufe bald übermäßig nach.
Ist die Zehe zu lang, so entwickelt sich eine weiche Fesselung, die Hufachse wird beeinträchtigt, und das Fohlen stolpert leicht.

Abb. 255 a) Das halbe Eisen (Standard) wird so in den Tragerand des Hufs eingelassen, daß die Bodenfläche des Hufeisens mit den unbedeckten Trachten in einer Linie liegt.
b) Charlier-Halbeisen (so genannt nach seinem Erfinder). Am unteren Rand der Hornwand wird ein Streifen Horn entfernt und das Eisen an dieser Stelle eingebettet.

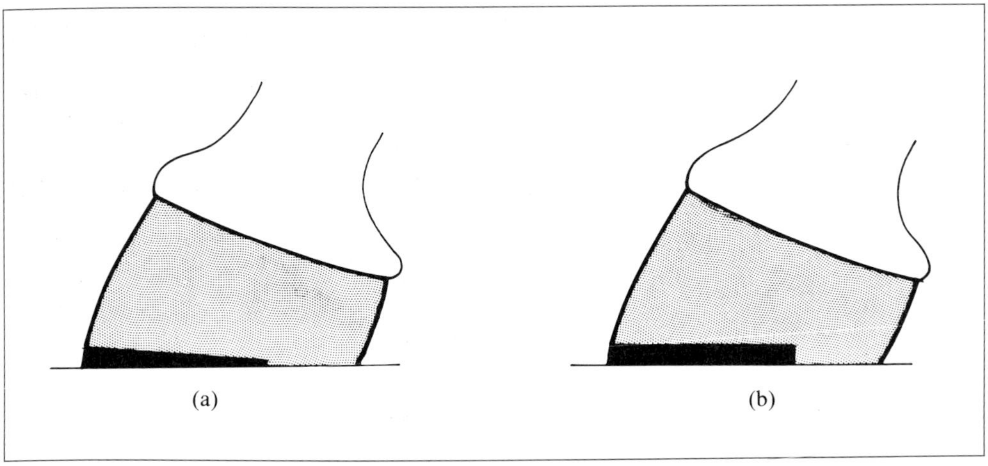

Häufiger sieht man allerdings die Entwicklung zu hoher Trachten, eine folgenschwere Erscheinung, die zu Mangel an Strahldruck und eingezogenen schwachen Trachten führt und schließlich zu einem verstellten und deformierten Huf.
Stellungsfehler sind sehr häufig, und es ist von ausschlaggebender Wichtigkeit, sie zu erkennen und so bald wie möglich zu korrigieren. Ein angeborener Defekt der Kronge- lenk-Hufachse ist nicht zu korrigieren, aber durch einen sinnvollen Gebrauch der Raspel kann er in Grenzen gehalten werden. Es ist bedeutend, daß jegliche Korrektur in Etappen vorgenommen wird, so daß sich das Bein den neuen Belastungsverhältnissen anpassen kann. Die häufigsten Stellungsfehler, die früh und regelmäßig korrigiert werden müssen, sind folgende:

a) Steile Stellung des Vorderhufs
Hier sind die Trachten leicht erhöht und werden nicht abgenutzt. Folglich wachsen sie weiter. Die Stellung der Fessel wird immer steiler, die Beugesehnen verkürzen sich, und wenn die Trachten nicht gekürzt werden, wird auch das Fesselgelenk in Mitleidenschaft gezogen.

Wichtig: Frühe Gewöhnung des Fohlens an den Schmied und Korrektur von Stellungsfehlern.

b) Zehenenge Stellung
Wenn das Fohlen sich vorwärts bewegt, schwenkt es den Huf nach außen und fußt auf dem Rand der Hufwand, die übermäßig abgenutzt wird (Abb. 183b). Wand und Trachten an der Innenseite wachsen nun übermäßig nach, und wenn sie nicht nachgeraspelt werden und eine ebene Tragefläche wiederhergestellt ist, verschlimmert sich die fehlerhafte Stellung.

c) Zehenweite Stellung
Sie ist das genaue Gegenteil der zehenengen Stellung (Abb. 183c) und wird durch das Beraspeln der äußeren Wand und Trachten korrigiert, um die Tragefläche eben zu erhalten.
Es wird häufig versucht, Stellungsfehler durch Ändern der Tragefläche des Hufs zu korrigieren. In diesem Zusammenhang muß darauf hingewiesen werden, daß Bein und Huf wechselseitig aufeinander einwirken, und daß die Knochenbildung eines jungen Tieres durch den auf sie ausgeübten Druck mitverursacht wird. Versucht man also einen angeborenen Stellungsfehler zu korrigieren, indem man die Stellung der Gliedmaße ändert, sollte man dic Achse der Gliedmaße eher mit einem Eisen verändern, als die Tragefläche zu verstümmeln, die man in jedem Fall eben halten sollte.

KAPITEL X

Gleitschutz und Winterbeschlag

1. Möglichkeiten des Gleitschutzes

Zu den Möglichkeiten, die Pferde mit einem sicheren Gleitschutz zu versehen, gehören Spezialeisen, angebogene Stollen, Keile an den Schenkelenden, spezielle Vorderteile, Schraubstollen und eine Anzahl verschiedener Einlagen. Spezialeisen mit unterschiedlichen Kerben, Vorsprüngen und Querrillen auf der Bodenfläche (Abb. 256) sowie Eisen mit einer Vertiefung, in die ein Stück Tau oder Gummi eingelegt wird, sind schon ausprobiert worden (Abb. 257). Bis zum gewissen Grade schränken diese Eisen die Rutschgefahr ein, aber ihre Nachteile überwiegen. Scharfe Rillen werden schnell abgeschliffen, Eisen mit Vertiefungen sind schwer zu schmieden und aufzunageln, das Tau oder Gummi läßt sich nicht sicher im Eisen befestigen und ist schnell verschlissen.
Praktisch bietet keins dieser Eisen mehr Halt als genormte gefalzte Eisen, und sie sind eigentlich nur noch von historischem Interesse.
Eisen mit Vorderteilen und angebogenen Stollen für Zugpferde und mit einem keilförmigen angebogenen Stollen am Schenkelende für Reitpferde haben sich im Laufe der Zeit als die beste Methode herausgestellt, um Pferden einen sicheren Gleitschutz zu gewähren.
Doch das Schmieden dieser Eisen erfordert Geschick und viel Zeit. Daher sind einfachere, zeitsparende und nicht so teure Methoden gefragt. Diese Lücke wurde weitgehend durch die Herstellung einer Reihe von Stollen gefüllt. Sie wurden entworfen, um allen Pferdetypen und Arbeitsbedingungen gerecht zu werden, und da die Pferde damit einen festen Halt haben, verringert sich die Abnutzung der Eisen.

Stollen
Es gibt Stollen in den unterschiedlichsten Größen, für Ponys, Reit- und Wagenpferde und in verschiedenen Formen, um den jeweiligen Anforderungen unterschiedlicher Sparten des Sports, wie z. B. dem Springsport, gerecht zu werden.
Standard-Stollen, die ganz allgemein die Rutschgefahr verringern sollen, sind niedrig und breit, lassen den Strahl naturgemäß funktionieren und sind mit einem Zapfen versehen, so daß sie – einmal angebracht – immer im Eisen verbleiben (Abb. 258). Gewöhnlich wird in jedes Schenkelende ein Stollen eingelassen (Abb. 259). Die Haltbarkeit dieser Stollen verlängert die Lebensdauer des Eisens, und unter normalen Bedingungen kann man davon ausgehen, daß sie wenigstens etwa 500 km Reiten und ca. 400 km leichte Arbeit im Zug aushalten. Nutzen sich diese Stollen ab, dämmen sie dennoch die Rutschgefahr weiterhin ein, denn sie enthalten einen Wolfram-Karbid-Stift. Hier handelt es sich um ein sehr hartes Metall, das sich langsamer abnutzt als das umgebende Metall und als Vorsprung bestehen bleibt (Abb. 260).
In Fällen, in denen es unangebracht ist, daß der Standard-Stollen die Schenkelenden der Eisen anhebt, findet ein stöpselförmiger Stollen Verwendung (Abb. 261). Diese Stollen werden in das Eisen versenkt, bis sie mit der Unterfläche des Eisens in einer Linie liegen. Während sich das umgebende Metall und das Schenkelende des Eisens abnutzen, bleibt der harte Wolfram-Stift erhalten, verringert die Rutschgefahr und gibt dem Pferd Halt (Abb. 262).
Für einige Sparten des Reitsports, wie Springprüfungen und den Turniersport

Abb. 256 Anti-Rutsch-Eisen. Dieses Eisen ist auf der Unterfläche mit Querrillen versehen.

Abb. 257 Taueisen. Die Unterfläche dieses Eisens enthält eine Vertiefung, in die ein geteertes Seil eingelassen ist.

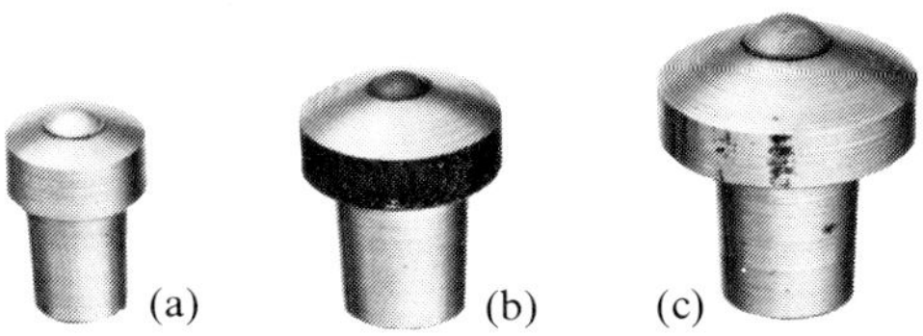

Abb. 258 Mit Zapfen versehene Standard-Stollen. Typ a) für kleine Ponys und Leichtgewichthunter; Typ b) für Reitpferde, Hunter und leichte Wagenpferde; Typ c) für schwere Zugpferde.

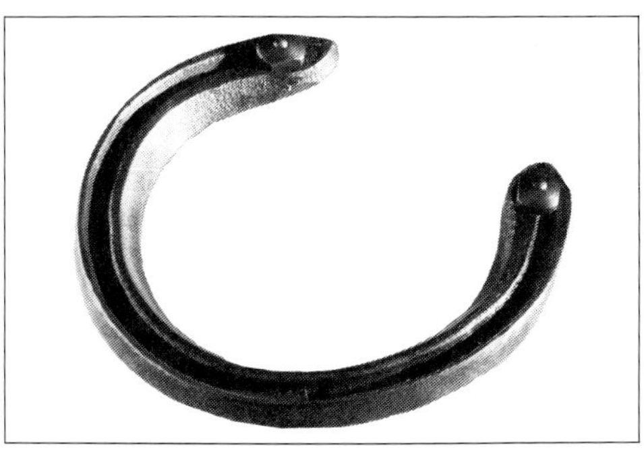

Abb. 259 Ein konkaves, gefalztes Eisen mit einem Standard-Stollen in jedem Schenkelende.

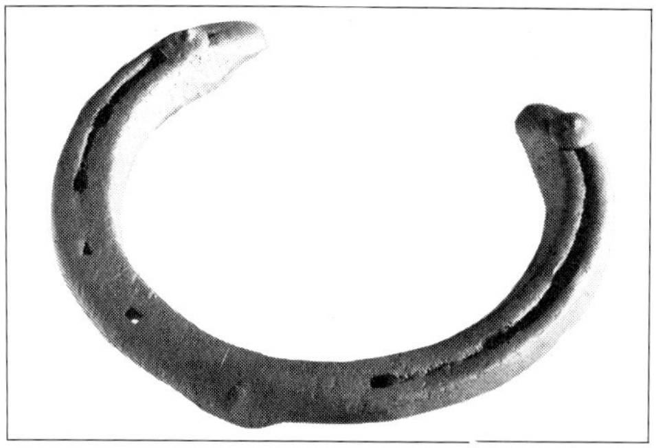

Abb. 260 Ein stark abgenutztes Eisen mit Standard-Stollen. Während sich der Stollen abnutzt, bleibt der Wolfram-Stift als Vorsprung bestehen und bietet einen Gleitschutz.

Abb. 261 Standard-Stollen in Stöpselform, welche in einer Höhe mit der Eisenunterfläche versenkt werden. Sie haben den Vorteil, den Huf nicht zu erhöhen und bieten dennoch einen Gleitschutz.

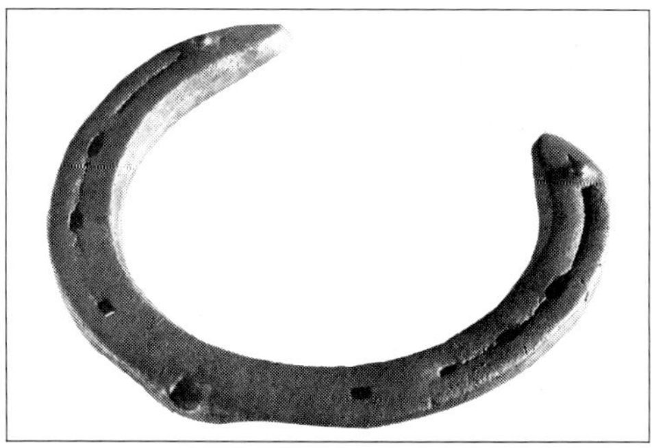

Abb. 262 Ein stark abgenutztes Eisen mit Stollen in Stöpselform. Während sich die Schenkelenden abnutzen, bleibt der Wolfram-Stift erhalten und ermöglicht einen festen Stand des Pferdes sowie Gleitschutz.

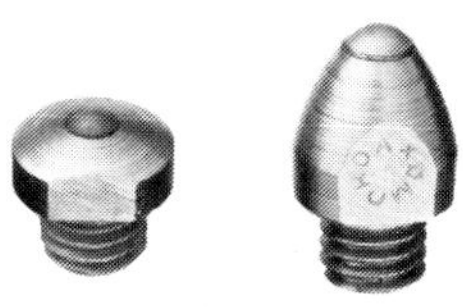

Abb. 263 Standard-Schraubstollen; links: Modell für Reit- und Jagdpferde; rechts: Modell für Springen und Geländeprüfungen.

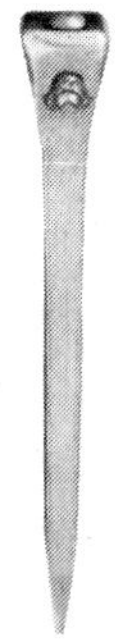

Abb. 264 Der Mordax-Hufnagel.

schlechthin, müssen Stollen schnell auswechselbar sein, um Veränderungen des Bodens und des Reittempos gerecht zu werden. Hier eignen sich vor allem Schraubstollen (Abb. 263).
Eine weitere Gleitschutz-Vorrichtung stellt der »Mordax«-Hufnagel dar. Dieser Nagel entspricht in seiner Form dem Standard-Hufnagel, wurde aber nach dem Prinzip eines Stollens entwickelt. Er enthält einen Wolfram-Karbid-Stift, der den oberen Rand des Nagelkopfes soeben überragt (Abb. 264). Bei Anwendung muß der Nagel so tief eingetrieben werden, daß er mit der Bodenfläche des Eisens plan ist. Ist dies nicht der Fall, so kann der Wolfram-Karbid-Stift während der Abnutzung des weicheren Metalls am Nagel verloren gehen. Die Nägel sind in den Größen 6, 7, 8 erhältlich. Das Eintreiben eines Nagels in jedes Schenkelende reicht gewöhnlich aus.

Methode, ein Loch für einen genormten Stollen zu stanzen
Dieser Vorgang wird in fünf Schritten beschrieben (Abb. 265 bis 269).

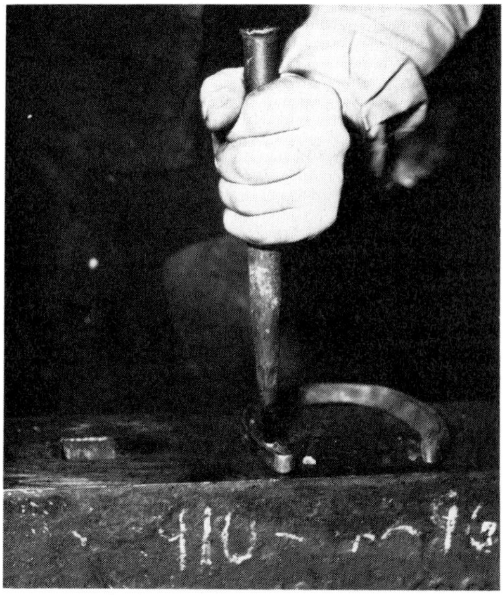

Abb. 266 Das Loch wird vervollständigt, indem es von der Bodenfläche her aufgelocht wird. Dadurch entsteht ein Stützrand um das Loch.

Abb. 265 Ein Loch wird in die Oberfläche des Eisens gestanzt.

Abb. 267 Das gestanzte Loch wird mit einem Dorn der Form und Größe des Stollenzapfens angepaßt.

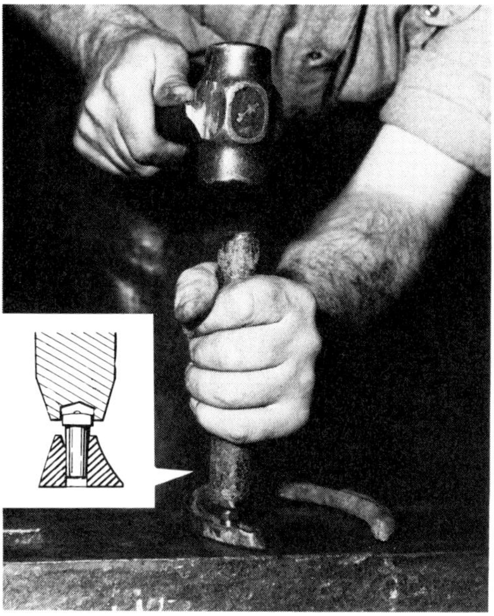

Abb. 268 Der Stollen wird mit einem Spezialwerkzeug eingetrieben, das genau seiner Form entspricht.

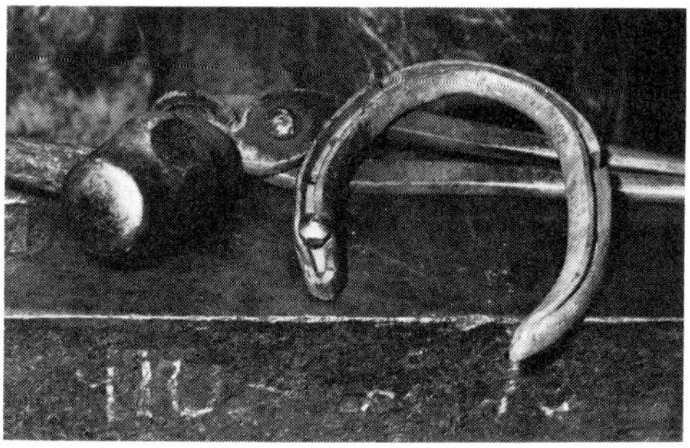

Abb. 269 Fertig angebrachter Stollen im äußeren Schenkel eines Hintereisens.

Das Anbringen von Löchern für Schraubstollen (Abb. 270 bis 273).

Abb. 270 Ein Loch wird von der Bodenfläche des Eisens her gebohrt oder gestanzt.

Abb. 271 Dieses Loch wird mit einem Schraubgewinde versehen.

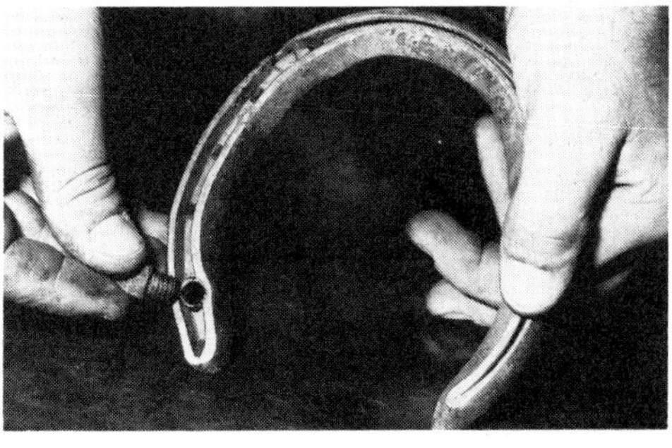

Abb. 272 Der Stollen wird in das Loch eingeschraubt.

Abb. 273 Ein Stollen wurde in das äußere Schenkelende eingeschraubt und mit einem Schraubenschlüssel angezogen, bis die scharfe Kante des Stollens rechtwinklig zu den Schenkelenden steht.

Borium für Hufeisen
Dies ist die Handelsbezeichnung für Wolfram-Karbid-Kristalle, die in einen Stahlstab eingeschlossen sind. Der Metallstab dient als Bindemittel, um die Wolfram-Karbid-Kristalle durch Löten auf ein Hufeisen aufbringen zu können. Es entsteht eine rauhe Oberfläche, die für Gleitschutz sorgt und gleichzeitig die Abnutzung des Eisens verzögert.

Abb. 274 Auflöten von Borium auf das Eisen.

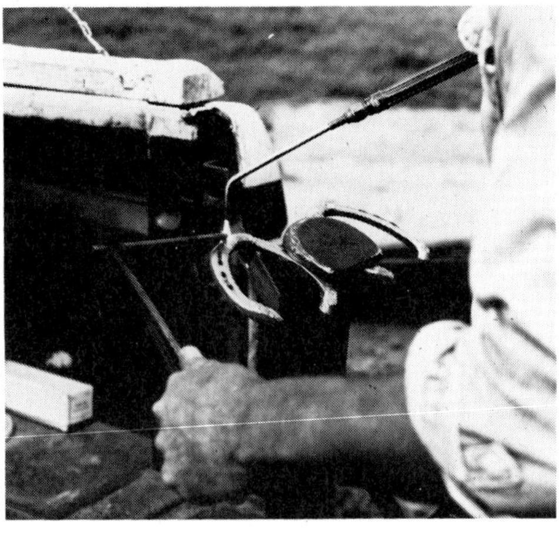

Wenn das weiche Metall des Bindemittels schmilzt, müssen die freiwerdenden Wolfram-Karbid-Teilchen groß und griffig genug sein, um als Gleitschutz wirken zu können. Diesen Anforderungen entsprechen die Größen 8 bis 10. Bei kleineren Teilchen werden die Größen 10 bis 30 benutzt; ihr Härtegrad reduziert in zufriedenstellender Weise die Abnutzung des Eisens, aber die Bodenfläche wird schnell geglättet, und die Gleitschutz-Eigenschaft geht verloren.

Auflöten von Borium
Borium-Stäbe gibt es in einer Länge von 35 cm und einem Durchmesser von 3,5 und 6 mm. Letztere eignen sich am besten für die Behandlung von Hufeisen. Vor dem Auflöten von Borium müssen die Eisen gerichtet und gereinigt sein.

a) Der Teil des Eisens, auf den Borium aufgetragen werden soll, wird erhitzt, und zwar entweder mit einer Oxy-Acetylen-Fackel (Abb. 274) oder im Schmiedefeuer, bis es weißglühend ist und seine Oberfläche zu schmelzen beginnt (Abb. 275).
b) Das Ende des Borium-Stabs wird im voraus erhitzt, an das geschmolzene Metall des Eisens gebracht, und die Bodenfläche des Eisens wird mit den Wolfram-Karbid-Kristallen überzogen (Abb. 276).
c) Schließlich werden die behandelten Stellen mit der Flamme erhitzt, um das Bindemittel zu schmelzen und zu glätten, so daß die Kristalle freiliegen (Abb. 277).
d) Das so behandelte Eisen läßt man langsam abkühlen. Wird es gelöscht und zu schnell abgekühlt, wird es sehr spröde, bricht leicht und blättert ab, wenn es in erkaltetem Zustand bearbeitet wird.

Die notwendige Menge von Borium, die man für ein Eisen benötigt, hängt von der Verwendung des Pferdes ab. Pferde, die im Gelände bewegt werden, brauchen als Gleitschutz nur einen Fleck an jedem Schenkelende. Solche Pferde hingegen, die eine Menge auf dem Pflaster gehen, benötigen einen reichlichen Überzug an der Zehe und an den Schenkelenden (Abb. 278), sowohl als Gleitschutz als auch zur Verhinderung einer starken Abnutzung. In diesen Fällen wird

Abb. 275 Der Schenkel des Eisens wurde im Schmiedefeuer weißglühend erhitzt. Er wird auf die Bahn des Amboß gelegt, damit das Borium aufgebracht werden kann.

Abb. 277 Die behandelte Stelle wird schließlich mit einer Oxy-Acetylen-Fackel erhitzt, um das Bindemittel zu schmelzen und die Wolfram-Karbid-Kristalle freizulegen.

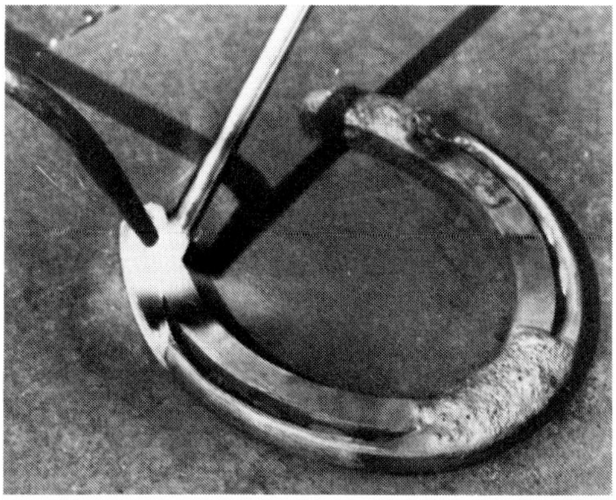

Abb. 276 Das vorher erhitzte Ende des Borium-Stabs wird an das geschmolzene Metall des Eisens gebracht, und die Bodenfläche des Eisens wird mit den Wolfram-Karbid-Kristallen überzogen.

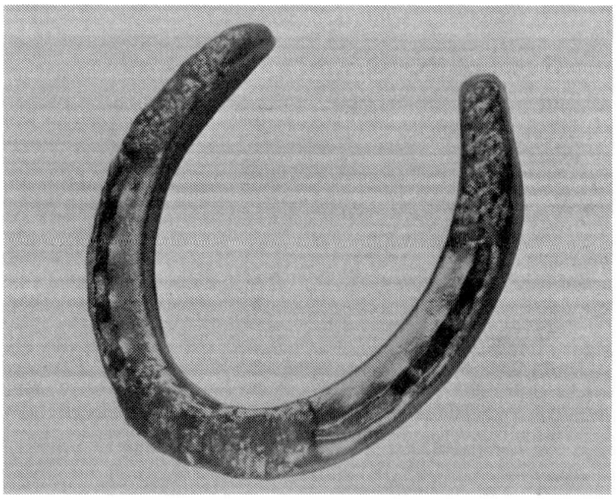

Abb. 278 An der Zehe dieses Eisens wurde zwischen den ersten beiden Nagellöchern und an den Schenkelenden von den Nagellöchern der Schenkelenden bis zum Ende derselben Borium aufgelötet.

die Außenkante des Eisens zwischen den ersten beiden Nagellöchern an der Zehe und vom letzten Nagelloch an den Schenkeln bis zum Ende des Eisens bis zur Höhe von ca. 6 mm überzogen. Wichtig ist, daß die Schichten aus Borium gleich dick sind, damit das Eisen weiterhin ausbalanciert ist.

Eisen, die mit Borium behandelt sind, sind griffiger und halten vier bis fünf mal so lange wie die gewöhnlichen Eisen (Abb. 279). Dieser Vorteil verleitet allerdings häufig dazu, die Eisen zu lange tragen zu lassen. Die längere Gebrauchsfähigkeit des Eisens geht Hand in Hand mit einer langsamen Vergrößerung der Nagellöcher, die beim Beschlag des Pferdes zunehmend stärkere Nägel erforderlich macht. Gespaltene Hufe und lose Eisen können die Folge sein. Mit der Zeit bildet sich durch die Bewegung der Schenkel eine Vertiefung; die Tragefläche des

Hufs wird uneben und ist schwer zu korrigieren. Im übrigen ist Borium teuer, und Eisen, die damit behandelt wurden, lassen sich schlecht bearbeiten. Trotz der genannten Nachteile spielt Borium eine bedeutende Rolle für die Arbeit mit dem Pferd, indem es Gleitschutz bietet, die Abnutzung verzögert und die Lebensdauer des Eisens verlängert.
Pferde mit normalem Gang nutzen ihre Eisen an der Zehe gewöhnlich stark ab. Dies kann problematisch werden, wenn Pferde viel auf dem Pflaster gehen, denn die stellenweise übermäßige Abnutzung macht es erforderlich, die Eisen zu erneuern, bevor sie eigentlich verschlissen sind. Man versucht dies auf verschiedene Weise zu verhindern. Stahl- oder Wolfram-Karbid-Stäbe, die in die Zehe hineingeschweißt werden, sind sehr wirkungsvoll, doch die Anwendung von Borium oder einem stöpselmäßigen Stollen ist ebenso effektiv und hat außerdem den Vorteil, den Pferden Halt zu geben.

Abb. 279 Das Pferd wurde vor fünf Monaten mit den abgebildeten Eisen beschlagen. Dies ist minimal abgenutzt, und es verbleibt genug Borium, um dem Pferd festen Halt zu geben.

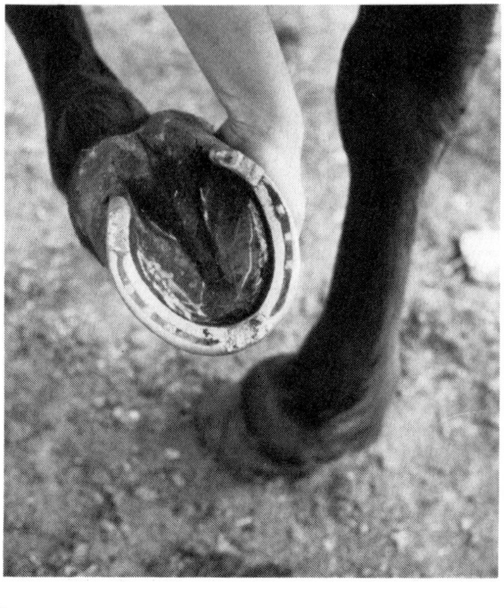

2. Winterbeschlag

Im Winter muß man sich auf Kälteperioden einstellen, mit verschneiten und vereisten Straßen. Glücklicherweise dauern sie selten länger als ein paar Tage, und daher braucht man auch nur vorübergehende Maßnahmen zu ergreifen, um die Pferde vor dem Ausrutschen zu schützen und sie bei der Arbeit zu halten. Hierzu gehören Veränderungen an den Eisen, der Gebrauch von Eisnägeln, das Anbringen von Stollen. Jede Methode hat ihre Vorteile und Nachteile, die je nach den Voraussetzungen, dem Pferdetyp und den Anforderungen an das Pferd überwiegen. In jedem Falle sollte man sich für die wirtschaftlichste, einfachste und wirkungsvollste Methode entscheiden. Am sichersten sind Stollen, am sinnvollsten Schraubstollen. Für Sportpferde nicht zu empfehlen sind angeflanschte Stollen wegen der Verletzungsgefahr (Transport).

Anrauhen oder Schärfen

Dies stellt ein wirkungsvolles und angemessenes, jedoch vorübergehendes Hilfsmittel dar. Die Schenkelenden eines Vordereisens werden länger belassen, damit genug Eisen vorhanden ist, das angebogen werden kann, um als Spitze auf den Boden zu treffen; dies nennt man eine Abschärfung (Abb. 280a). Wird dies mehrfach wiederholt, wird das Eisen verkürzt, die Tragefläche reduziert und das Schenkelende drückt auf die Sohlenwinkel. Die angebogenen Stollen an den Hintereisen werden von einer Vierkant- zu einer Keilform umgewandelt und mit einer scharfen Kante ausgerüstet (Abb. 280b).
Diese Methode hat den Nachteil, daß das Eisen jedesmal abgenommen werden muß, um den Vorsprung zu schärfen. Dies ist zeitraubend und strapaziert den Huf unnötig.

Eisnägel

Die Anbringung von Eisnägeln ist eine billige und schnelle Methode, um Pferde vor dem Ausrutschen zu schützen. Sie können ohne Spezialwerkzeuge oder die Hilfe eines Schmiedes angebracht werden. Es gibt zwei

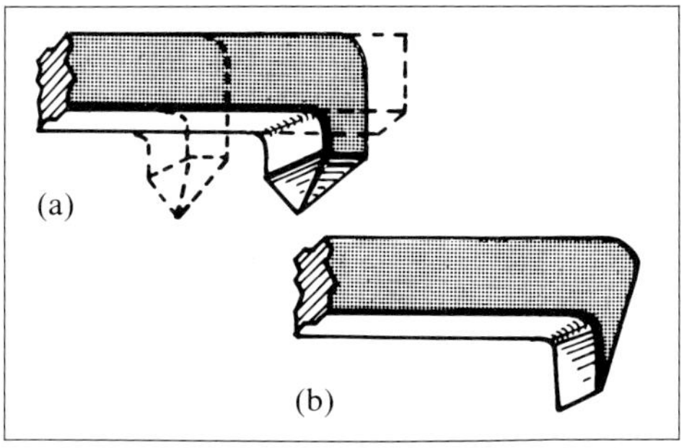

Abb. 280 a) Das Schenkelende eines Vordereisens wurde angebogen und geschärft; b) der angebogene Stollen eines Hintereisens ist zu einem Keil umgeformt worden.

Grundtypen von Eisnägeln. Beide haben einen großen Kopf, der entweder spitz oder keilförmig zuläuft. Der eine Typ ist im unteren Bereich des Nagelkopfes flach (Abb. 281a) und hat daher nur durch die Klinge Halt, während der andere Typ einen konischen Hals hat (Abb. 281b), der genau der Versenkung des Nagellochs entspricht und den Nagel sicherer verankert.

Der erste Typ hat eine dünne Klinge und ist als Helfer in der Not zu betrachten. Man zieht die Nägel an den Schenkelenden heraus und ersetzt sie durch Eisnägel, die man in die Bahn des alten Nagels eintreibt.

Der zweite Typ erfordert speziell angefertigte Nagellöcher. Zu Beginn des Winters war es bei vielen Fuhrunternehmen üblich, die Pferde mit Eisen zu beschlagen, die an den Trachten weiter als sonst üblich gerichtet waren, um Nagellöcher für Eisnägel in die Schenkelenden einzustanzen. Diese Nagellöcher waren außen eingestanzt, so daß der Nagel nicht in den Huf eindrang. Dies ermöglichte es, die Spitze abzukneifen und das abgekniffene Ende fest auf die Oberseite des Eisens zu schlagen und zum festen Verhalt über die Kante zu ziehen (Abb. 282). Es ist üblich, jedes Schenkelende beider Vorder- und Hintereisen mit einem Nagel zu versehen. Nägel mit keilförmigen Köpfen werden am äußeren Schenkelende quer zum Eisen und am inneren Schenkelende in einer Linie mit dem Eisen angebracht. Eisnägel haben den Vorteil, daß sie leicht, sicher und schnell anzubringen sind und bei Bedarf erneuert werden können. Doch sie lockern sich leicht und sind schnell abgenutzt. Daher beschränkt sich ihre Verwendung auf Ausnahmesituationen wie plötzliche Kälteperioden und auf Pferde, die nicht ständig in Arbeit sind.

Eisstollen

Der Einsatz von Eisstollen ist die erfolgreichste Methode, Pferden zu einem sicheren Stand zu verhelfen und zu verhindern, daß sie auf vereisten Straßen ausgleiten. Zu Beginn des Winters beschlägt man die Pfer-

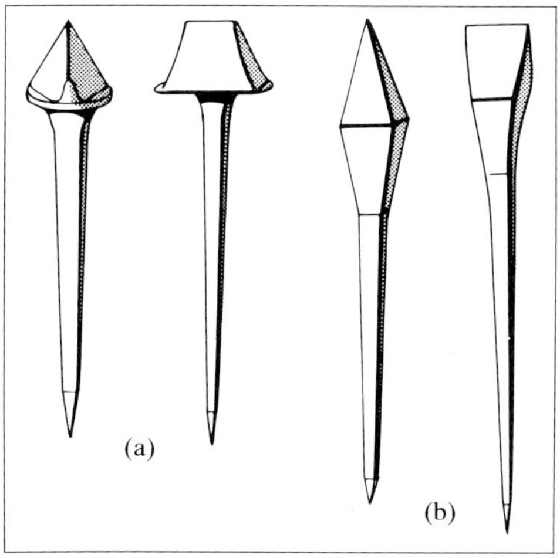

Abb. 281 Eisnägel: a) flach im unteren Bereich des Nagelkopfes; b) mit konischem Hals ausgestattet.

Abb. 282 Methode, einen Eisnagel zu befestigen.

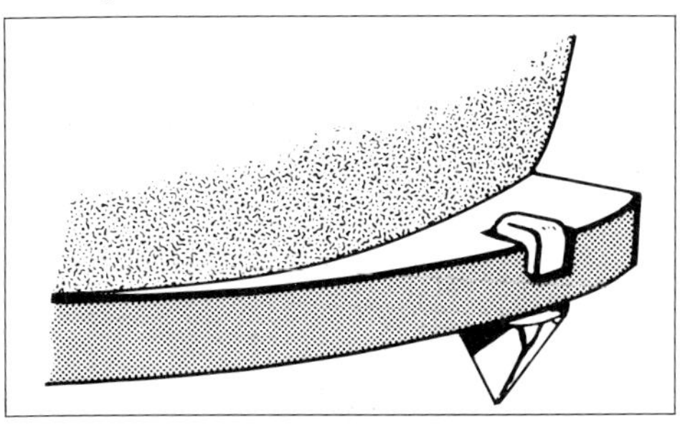

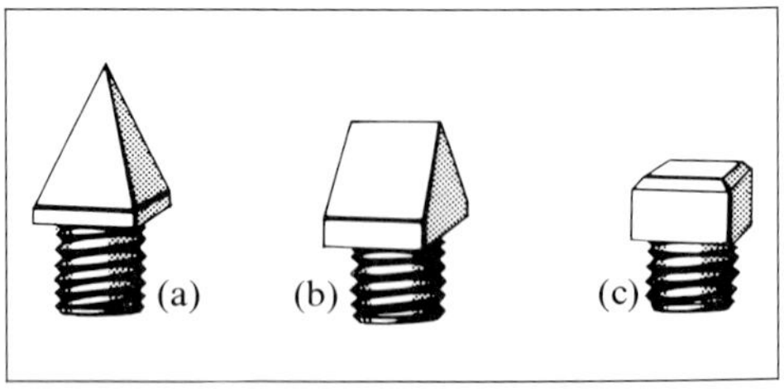

Abb. 283 Eisstollen zum Einschrauben: a) spitzer Stollen; b) keilförmiger Stollen; c) flacher Vierkantstollen.

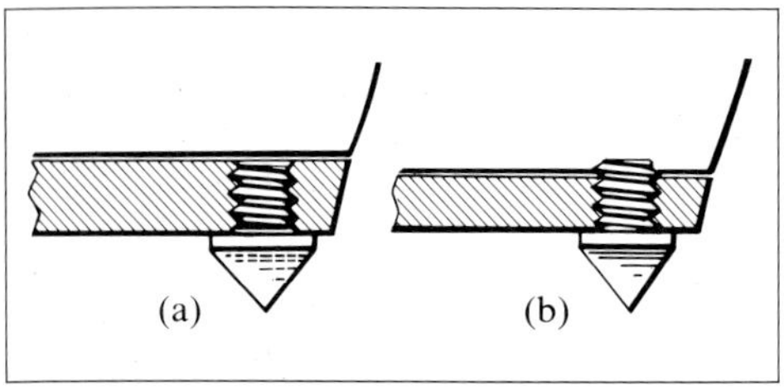

Abb. 284 Eisstollen: a) korrekter Sitz; b) das Eisen ist abgenutzt.

de entweder mit Fabrikeisen, die mit Löchern für die Eisstollen versehen sind, oder die Löcher werden nachträglich in die Eisen gestanzt oder gebohrt. Der Standard-Eisstollen wird eingeschraubt (Abb. 283a und b). Es ist wichtig, daß das Gewinde den gleichen Durchmesser wie der Kopf hat, denn sonst lockert sich der Stollen schon nach kurzer Zeit, der Kopf bricht ab, und das Gewinde verbleibt im Eisen. Die Köpfe werden in den unterschiedlichsten Ausführungen hergestellt, doch in der Praxis haben sich die spitzen oder keilförmigen am meisten bewährt.

Wird der Stollen nicht eingepaßt, wenn das Eisen gerichtet wird, bildet sich während der Abnutzung des Eisens eine rauhe Kante um das Loch. Vor dem Einschrauben eines Stollens muß dieser Rand mit einem Schraubenbohrer entfernt werden, und wenn der Stollen eingedreht wird, drückt er aufgrund der dünn gewordenen Schenkel auf die Tragefläche des Hufs und verursacht so Schmerz und Lahmen (Abb. 284). Dieses Problem läßt sich einfach lösen, indem man einen Stollen mit flachem Vierkant-Kopf einschraubt (Abb. 283c), wenn das Pferd beschlagen wird. Dies verhindert die Abnutzung der Schenkelenden, und wenn man diese Stollen herausschraubt, können die Eisstollen in ein sauberes Loch passender Größe eingedreht werden. Eisstollen mit runden oder quadratischen Zapfen sind unkompliziert und billig. Sowohl der Zapfen, wie auch das in das Eisen gestanzte Loch haben ein Gewinde. Dies garantiert, daß sie fest sitzen und jeglichen Arbeitsbedingungen standhalten. Diese Stollen lassen sich problemlos mit einem Spezialwerkzeug oder einem kräftigen Hammerschlag entfernen. Beim Ein- und Ausschrauben empfiehlt sich ein Gegenhalten, um eine Gelenkverdrehung zu vermeiden.

Keilförmige Eisstollen werden am äußeren Schenkelende mit der scharfen Kante quer zum Eisen eingefügt und am inneren Schenkelende mit der scharfen Kante in einer Linie mit dem Eisen. Je nach ihrer Größe empfiehlt es sich, sie herauszuschrauben, wenn Pferde in den Stall gebracht werden, um Trittverletzungen und Ellenbogenverletzungen zu vermeiden.

KAPITEL XI

Einlagen für Hufeisen

Einlagen sind Scheiben aus Leder, Gummi, Plastik, Filz, Kork oder einem anderen Material, die zwischen Huf und Eisen gelegt und mit Nägeln befestigt werden. Sie sollen den Huf schützen, die Erschütterung einschränken und als Gleitschutz dienen.

1. Schutzeinlagen

Ledereinlagen
Eine 4,5 bis 7,5 cm dicke Lederscheibe wird auf die Tragefläche des Hufs aufgebracht. Diese einfachste Einlage zum Schutz der Sohle ist am meisten verbreitet. Eine Lederscheibe wird in gleicher Größe und Form des Eisens geschnitten und mit zwei Nägeln auf ihm befestigt. Die hervorstehenden Stellen werden abgeschnitten, und das Leder wird mit zwei Stollen befestigt. Dann wird das Eisen wie üblich aufgenagelt, die Stollen entfernt und durch Nägel ersetzt.
Ledereinlagen bieten erfolgreich Schutz gegen dünne und druckempfindliche Sohlen und bei Verletzungen und Erkrankungen der Hufe; sie haben allerdings auch Nachteile. Schmutz und Steinchen sammeln sich im Zwischenraum zwischen Sohle und Ledereinlage; dies führt zu einer unhygienischen Beschaffenheit und fördert die Strahlfäule. Außerdem verschleißt das Leder rasch auf Grund des Strahldrucks. Diese Probleme kann man vermeiden, indem man den Hohlraum mit Werg und Hufteer ausfüllt und eine gerade Fläche schafft, auf der das Leder aufliegt.

2. Stoßbrechende Einlagen

Man sieht häufig, daß ein Lederring zwischen Huf und Eisen eingefügt wird, mit dem Zweck, den Stoß zu brechen. Er hat keinen nennenswerten Effekt auf die Erschütterung, erfüllt keinen Zweck und beeinträchtigt den Sitz des Eisens. Auch hier sind Ledereinlagen nicht ungut. So manche Lahmheit kann dadurch behoben werden. Sobald der Huf belastet wird, gibt das Leder nach; nun drückt der Huf auf das Eisen und sobald er sich hebt, dehnt sich das Leder aus. Diese Bewegung zwischen Huf und Eisen lockert die Nägel und anschließend das Eisen, während das Leder sich verschiebt. In der Praxis hat es sich bewährt, vor dem Vernieten das Pferd etwas gehen zu lassen.

Hufkissen (Abb. 285)
Dieser Name beschreibt eine spezielle Gummieinlage, die exakt nach jedem Huf geformt wird. Sie wird aus einer Gummilösung hergestellt, welche mit einem Härter gemischt wird und sich in eine feste, poröse Gummimasse verwandelt. Einlagen aus diesem Material dämpfen die Erschütterung und unterstützen die Behandlung von Sohlendruck und chronischer Rehe.

Anbringen eines Hufkissens

a) Der Huf wird ausgeschnitten, das Eisen gerichtet und eine Plastikscheibe von 4 mm Stärke wird gemäß der genauen Größe und Form des Eisens zugeschnitten.
b) Die Einlage wird mit zwei Nägeln am Eisen befestigt, dann werden Einlage und Eisen zusammen am Huf fixiert, indem die zwei Nägel ein Stück hineingetrieben werden. Eisen, Einlage und Nägel werden dann in einem Stück abgenommen.
c) Die Lösung für das Hufkissen wird mit dem flüssigen Härter vermischt und gerührt, bis eine breiige Masse entsteht. Diese Mischung wird auf den Huf aufgebracht, fließt in die Strahlfurchen und Aushöhlung der Sohle, bis der Huf gleichmäßig ausgefüllt ist.

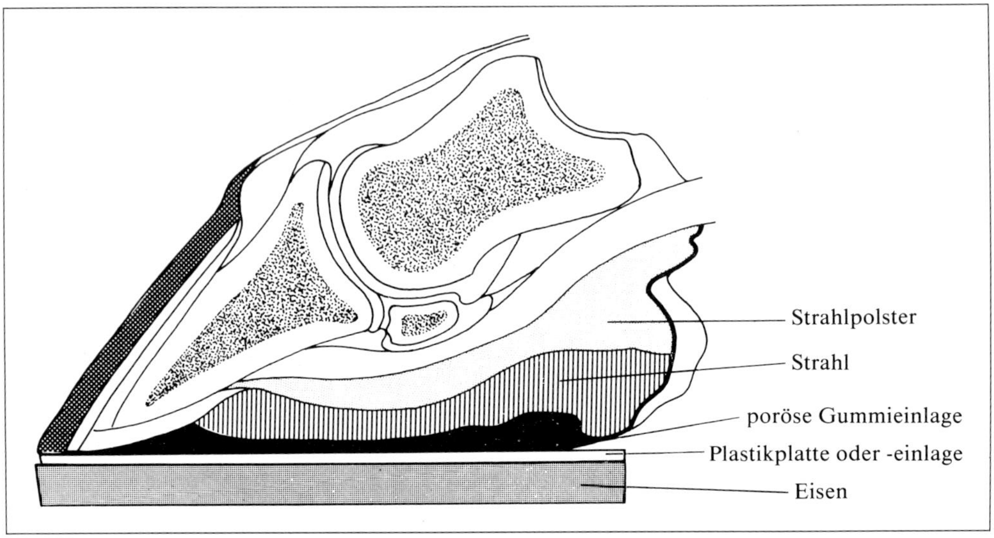

Abb. 285 Aintree-Hufkissen. Eine poröse Gummieinlage wird durch Schmelzen nach der Tragefläche des Hufes geformt und mit einer Plastikplatte oder -einlage befestigt, die zwischen Eisen und Hufkissen liegt.

d) Die Verbindung aus Eisen und Plastikeinlage wird nun auf den Huf aufgenagelt, mit den beiden bereits vorgetriebenen Nägeln. Der Huf wird auf den Boden gestellt und der gegenüberliegende Huf aufgehoben, so daß das Pferd den behandelten Huf voll belastet. Auf diese Weise wird jeglicher Überstand der Mischung herausgedrückt, die sich zu einem perfekt geformten Hufkissen verdichtet.
e) Nach 5 bis 7 Minuten kann das Eisen aufgenagelt werden; eventuelle Überstände des Hufkissens können weggeschnitten werden.

Das Kissen sitzt gut, denn jeglicher Überstand der Mischung wird herausgedrückt, nur ein dünner Film verbleibt zwischen der Plastikscheibe und der Wand. Außerdem ist die Plastikscheibe starr, läßt sich nicht zusammendrücken, daher entsteht keine Bewegung zwischen ihr und dem Eisen, die die Nägel lockern könnte. Hufkissen sind sehr haltbar und können bei zwei bis drei aufeinanderfolgenden Beschlägen Verwendung finden.

3. Gleitschutzeinlagen

Soll die Erschütterung verringert werden oder ist ein Gleitschutz nötig, so benutzt man Gummieinlagen, die auf eine Lederplatte oder synthetisches Material montiert werden.

Strahleinlage (Abb. 286)
Dies ist die älteste Einlage. Sie besteht aus einer einfachen Ledersohle, an der ein künstlicher Strahl aus Gummi befestigt ist. Sie sorgt für guten Halt, hat aber keine weiteren Vorzüge. Wenn keine Vorsichtsmaßnahmen ergriffen werden, sammeln sich Schmutz und Steinchen unter der Ledersohle mit allen Folgeerscheinungen einer unhygienischen Beschaffenheit, bis hin zur Strahlfäule.

Lufteinlage nach Sheather (Abb. 287)
ist eine Abwandlung der Strahleinlage, bei der die solide Gummieinlage durch ein Luftkissen ersetzt wurde, das sich bei jedem Schritt zusammendrückt. Dieses Modell

soll die Gleitschutzwirkung der Strahleinlage vergrößern, den ständigen Druck auf den Strahl verringern und die Ansammlung von Schmutz zwischen Einlage und Sohle verhindern. Diesen Einlagen war kein rechter Erfolg beschieden, und sie sind nur noch von historischem Interesse.

Stegeinlagen (Abb. 288)
bestehen aus einer Gummieinlage, die an einer Platte aus Leder oder synthetischem Material befestigt ist, die den hinteren Teil des Strahls und die Schenkelenden bedeckt. Sie werden durch ein kurzes Eisen am Huf gehalten. Diese Einlagen haben sich als

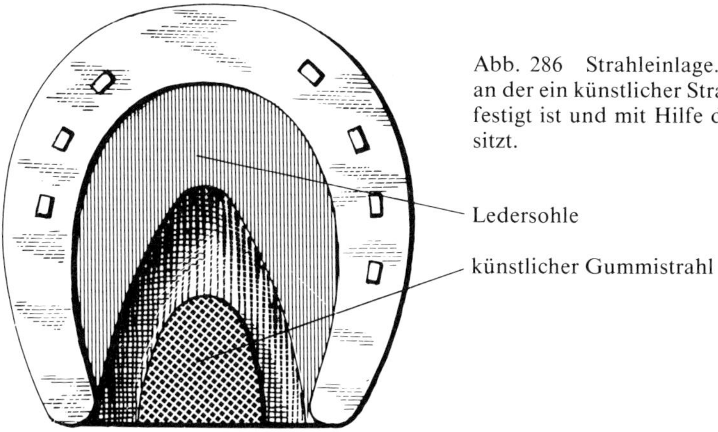

Abb. 286 Strahleinlage. Eine Ledersohle, an der ein künstlicher Strahl aus Gummi befestigt ist und mit Hilfe des Eisens am Huf sitzt.

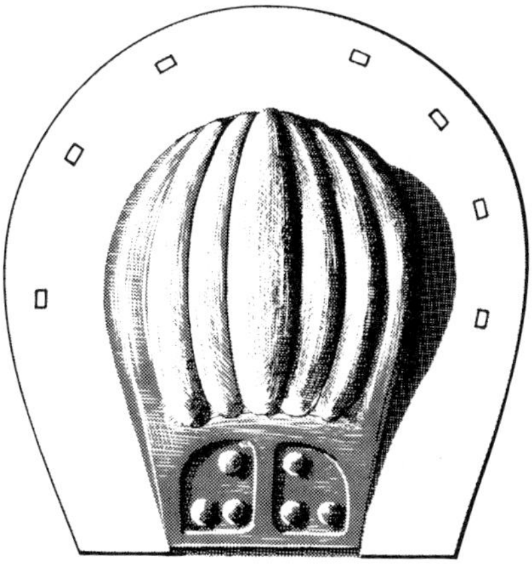

Abb. 287 Lufteinlage nach Sheather. Eine Abwandlung der Strahleinlage. Die solide Gummieinlage wurde durch ein Luftkissen ersetzt.

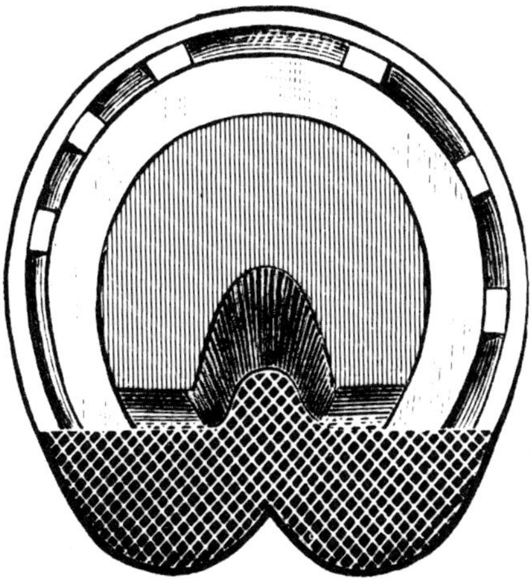

Abb. 288 Stegeinlage. Eine Gummieinlage ist an einer Platte aus Leder oder synthetischem Material befestigt, die den hinteren Teil des Strahls und die Trachten bedeckt und durch ein kurzes Eisen gehalten wird.

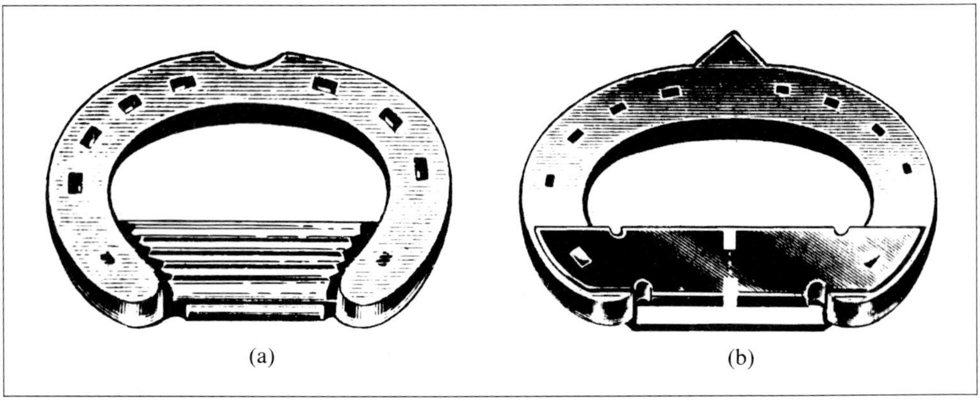

Abb. 289 Elastische Brückenstegeinlage nach Gray. a) Eine Gummieinlage, die auf eine elastische Metallunterlage montiert ist; b) Oberfläche des Eisens, auf der die Metallunterlage der Brückenstegeinlage zu sehen ist, die mit einem Niet am Eisen befestigt wurde.

rutschfest bewährt, reduzieren die Erschütterung und können in einzelnen Fällen die Behandlung von Hufgeschwüren und chronischer Rehe unterstützen.

Elastische Brückenstegeinlage nach Gray (Abb. 289)

Sie besteht aus einer Gummieinlage, die auf eine elastische Metallgrundlage montiert ist, die den hinteren Teil des Strahls und der Trachten bedeckt. Die Stärke solcher Einlagen variiert zwischen 6 mm und 1,5 cm, und sie werden vor dem Beschlag am Eisen befestigt. Gegenüber den Standard-Stegeinlagen haben sie den Vorteil, daß der vordere Bereich von Strahl und Sohle frei bleibt. Sie sind ein Gleitschutz und brechen die Erschütterung durch ihre Elastizität.

Ursprünglich erfand man Strahl- und Stegeinlagen, um den Pferden auf den glatten Decken der modernen Straßen Halt zu geben. Diese Art von Brückenstegeinlagen vermindert die Erschütterung, und da Stegeinlagen ein geringes Gewicht haben, sind sie Stegeisen vorzuziehen.

Wenn man Pferden Einlagen verpaßt, braucht es manchmal Zeit, bis sie sich daran gewöhnen und zufriedenstellend arbeiten. Wahrscheinlich fühlen sie sich mit Einlagen unsicher, doch dies ändert sich schnell und ihr Gang verbessert sich.

Man sollte keinesfalls vergessen, daß ein normaler, gesunder Huf keinen Schutz gegen die Erschütterung benötigt. Die Elastizität des Strahls, die Ausdehnung der Trachten, der Senkvorgang der Sohle und die Winkelung der Fessel fangen sie zur Genüge auf. Allgemein läßt sich sagen, daß Strahl- und Stegeinlagen, abgesehen vom Gleitschutz, den sie bieten und für den billigere, praktischere und bessere Mittel zur Verfügung stehen, wenig zweckmäßig sind. Wenn man sich dennoch unter gewissen Voraussetzungen ihrer stoßdämpfenden Wirkung wegen für Einlagen entscheidet, sollten sie nur über kurze Zeit benutzt werden, denn wenn ständig Druck auf den Strahl ausgeübt wird, bildet er sich zurück. Sehr gut bewährt gegen Einballung von Schnee hat sich der sogenannte Huf-Grips.

KAPITEL XII

Spezialeisen

Schmiede werden häufig gebeten, Spezialeisen anzufertigen und zwar für fehlerhafte Hufe, zur Vermeidung von Störungen, zum Schutz des Hufs und zur Entlastung lahmender Pferde.

1. Durch Hufeisen verursachte Verletzungen

Kronentritt
Der Begriff Kronentritt bezeichnet eine Verletzung der Krone, die, wie der Name schon sagt, durch das Eisen verursacht wurde. Gewöhnlich verletzt sich das Pferd beim Wenden mit dem gegenüberliegenden Huf, oder wenn Pferde im Gespann gehen, dadurch, daß ein Pferd auf den Huf des anderen tritt. Eine weitere Ursache stellen juckende Beine dar. Sie entstehen durch den Parasiten Chorioptes Equi, der die Pferde unaufhörlich mit den Hufen stampfen läßt. Oft reiben sie auch ein Bein mit dem Eisen des gegenüberliegenden Hufs, wobei die Krone verletzt wird.
Als Kronentritt bezeichnet man eine einfache Schramme, wie eine offene Wunde. Immer müssen diese Verletzungen ernst genommen werden, denn eine tiefe Verletzung der Krone kann nicht nur zu einer Kronenfistel führen, sondern, wenn außerdem eine Infektion eintritt, eine Nekrose des Knorpelgewebes verursachen sowie eine Hufknorpelfistel.

Beschlag
Pferde mit einem Kronentritt wurden meist zuvor mit Stollen beschlagen, vor allem in den Wintermonaten, wenn sie zum Gleitschutz angeschärft wurden. Um Kronentritte zu vermeiden, sollten Stollen niedrig und rechteckig und das Eisen an den Trachten eng gerichtet sein. Falls Eisstollen eingeschraubt wurden, sollte man sie entfernen, wenn das Pferd in den Stall kommt. Fälle von juckenden Beinen müssen behandelt werden.

Stollbeule
Als Stollbeule bezeichnet man eine Schwellung an der Ellbogenspitze. In vielen Fällen handelt es sich um einen Schleimbeutel, der beim Hinlegen entsteht, wenn das Pferd mit dem inneren Schenkel des Eisens gegen die Ellbogenspitze schlägt. Ein unebener Stallboden mit unzureichender Einstreu fördert außerdem Ellbogenverletzungen der Pferde beim Aufstehen.

Beschlag
Er sollte verhindern, daß der Schenkel des Eisens mit der Ellbogenspitze in Kontakt kommt. Man verwendet Eisen mit eng gerichtetem und gekürztem innerem Schenkel.

Eisen bei Stollbeulen (Abb. 290)
Dieses Eisen hat einen kurzen, bodeneng geränderten inneren Schenkel. Das Schen-

Abb. 290 Eisen bei Stollbeulen.

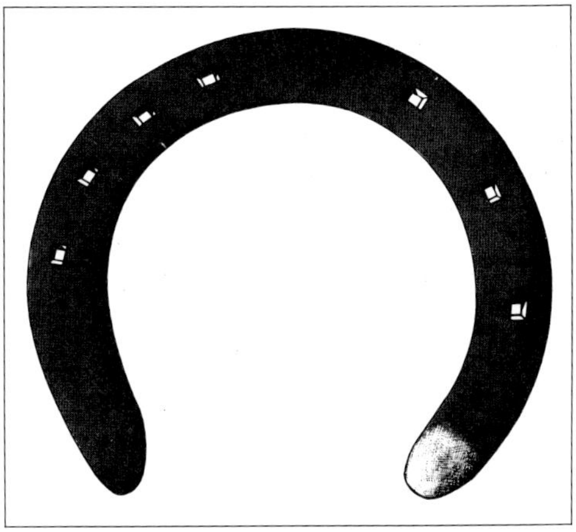

kelende wird in heißem Zustand schräg abgeraspelt und berundet, so daß es wie die Rückseite eines Löffels aussieht.

Dreiviertelеisen (Abb. 291)
An diesem Eisen wird gewöhnlich an der Innenseite bis zu 50 % abgetrennt. Entweder wird es rechtwinklig abgeschnitten oder aber halbrund, wobei das Ende abgeschrägt und glattgefeilt wird. Da bei diesem Eisen kein Schenkelende auf die Ellbogenspitze treffen kann, verwendet man es oft bei der Behandlung der Stollbeulen, doch ist es weder hier noch in anderen Situationen empfehlenswert.
Wertvolle Tragefläche geht verloren, der Huf kommt aus dem Gleichgewicht, und am Ende des gekürzten Schenkels entsteht ein unnatürlicher Druck, durch den sich die Trachte senkt. Dies ist unphysiologisch und von Schaden für den Huf.
Bei vielen Fällen von Stollbeule, die durch das Anschlagen des inneren Schenkels gegen die Ellbogenspitze verursacht wurde, kann man auf ein Spezialeisen verzichten. Es genügt, einen Schutzstulpen anzulegen, wenn das Pferd in den Stall kommt.

Abb. 291 Dreiviertelеisen. Eine Hälfte eines gewöhnlichen Eisens wird bis zu 50 % gekürzt.

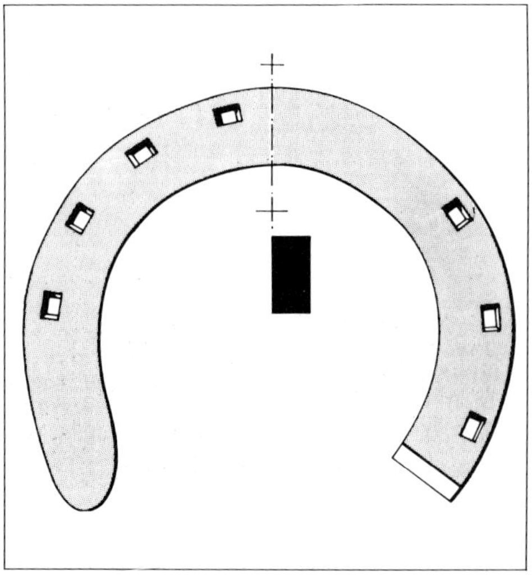

2. Der Beschlag fehlerhafter Hufe

Als fehlerhaft gelten solche Hufe, die auf Grund der Huf- oder Beinstellung des Pferdes verformt oder anormal sind bzw. durch Verwahrlosung oder schlechten Beschlag so geworden sind.

Flachhuf
Ein Flachhuf hat einen großen Umfang und eine übermäßig schräge Wand (Abb. 182 b). Er ist niedrig an den Trachten, hat einen prominenten Strahl und eine Sohle, der die normale Wölbung fehlt. Man muß sorgfältig zwischen angeborenen Flachhufen und solchen unterscheiden, die auf chronische Rehe zurückgehen.

Beschlag
Bei Sohlendruck kann durch ein flach abgedachtes Eisen Abhilfe geschaffen werden. Keinesfalls sollte die Sohle ausgeschnitten werden, um die Wölbung zu verstärken, denn das würde nur die Tragfläche verkleinern und den Schutz der zugrundeliegenden empfindsamen Teile des Hufs.

Flach abgedachtes Eisen (Abb. 292)
Hierbei handelt es sich um ein Eisen, das für Flachhufe bestens geeignet ist, denn der Verbindungsstelle von Sohle und Hufwand wird der Druck genommen.
Es handelt sich um ein breites Eisen, dessen Innenkante der Tragefläche abgedacht ist. Die Abdachung wird rund um das Eisen vorgenommen, mit Ausnahme der Schenkelenden, die man flach beläßt, damit eine normale Gewichtsbelastung bestehen bleibt. Ein Nachteil ist, daß abgedachte Eisen bei schwerem Boden eine Saugwirkung verursachen und dadurch leicht losgezogen werden können. Hier besteht zusätzlich Unfallgefahr.

Steiler Huf
Ein steiler Huf hat eine sehr gerade Wand (Abb. 182 c), eine kurze Zehe, hohe Trachten und einen kleinen Strahl. In extremen Fällen bezeichnet man ihn als Bockhuf (Abb. 182 d).

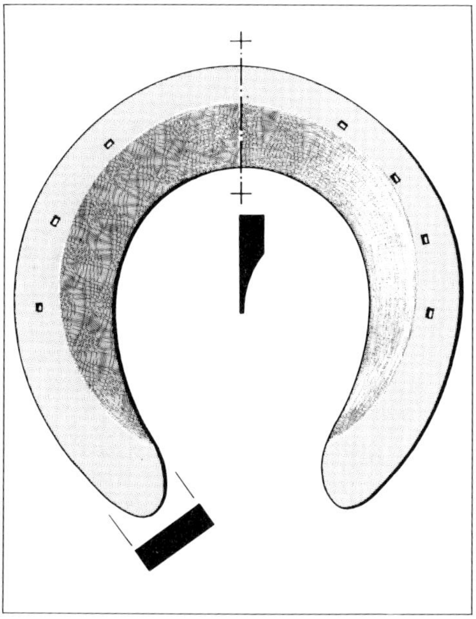

Abb. 292 Flach abgedachtes Eisen. Die Abdachung reicht bis zu den Nagellöchern und geht rund um das Eisen. Ausgespart bleiben die Schenkelenden.

Steile Hufe erfordern keine Spezialeisen, doch ist auf ein korrektes Zubereiten der Hufe zu achten und auf die Erhaltung der natürlichen Krongelenk-Hufachse. Geschieht dies nicht, wird die Stellung immer steiler, ein Überköten des Fesselgelenks kann die Folge sein.

Schiefer Huf

Ein schiefer Huf kann einen angeborenen Fehler darstellen bzw. durch Vernachlässigung oder schlechten Beschlag entstanden sein. Ist er angeboren, so kann man ihn nicht durch einen Korrekturbeschlag beheben, allerdings kann man durch fachgerechtes Ausschneiden verhindern, daß er sich verschlimmert. Ist er jedoch auf Nachlässigkeit oder schlechten Beschlag zurückzuführen, so kann er langsam durch sachgemäße Zubereitung des Hufs und den richtigen Beschlag seine natürliche Form wiederbekommen. Meistens ist ein unregelmäßiges Wachstum auf Fehler bei der Zubereitung des Hufs zurückzuführen. Ist die Tragefläche nicht gerade, so verteilt sich das Körpergewicht ungleichmäßig und verursacht eine Verbiegung der Hufwand. Ein übermäßiges Wachstum der inneren Wand, welche eine steilere Stellung hat, führt zu einer eingezogenen Tragefläche, während die äußere Wand, durch die schrägere Stellung bedingt, nach außen weggedrückt wird (Abb. 293). Man korrigiert einen schiefen Huf, indem man im Abstand von zwei oder drei Wochen die zu hohe Seite nach und nach kürzt, bis eine ebene Tragefläche erreicht ist. Anschließend ist das Gewicht gleichmäßig verteilt, der natürliche Druck auf Strahl und Sohle wiederhergestellt.

Beschlag

Ein genormtes Eisen wird aufgepaßt, jedoch nicht nach der schiefen Form des Hufs ausgerichtet, sondern nach einem angenommenen, normalen Hufumriß. An der Innenseite des Hufs mit der eingezogenen Tragefläche wird das Eisen weit gerichtet, gemäß der angenommenen normalen Linienführung der Tragefläche, und seine scharfe Außenkante wird berundet. An der Außenseite, an der die Wand nach außen drückt, wird

Abb. 293 a) Normaler Huf; b) schiefer Huf. Das übermäßige Wachstum der inneren Wand führt zu einer eingezogenen Tragefläche, während die schräger stehende äußere Wand sich nach außen herausdrückt.

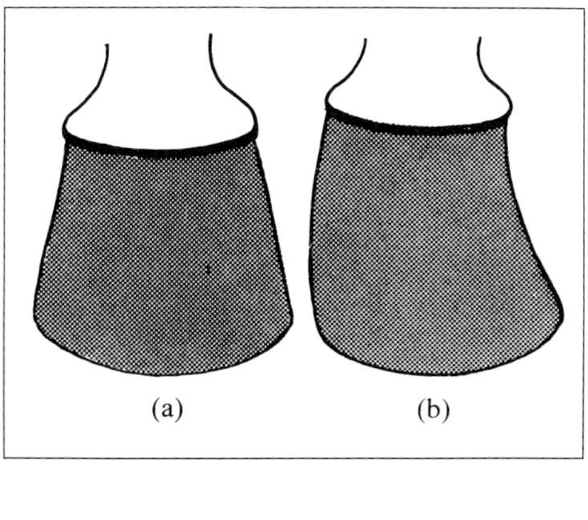

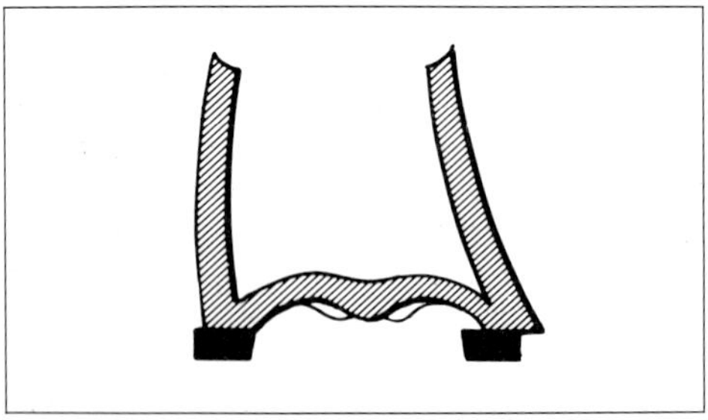

Abb. 294 Methode, ein Eisen auf einen schiefen Huf aufzupassen. Innen wird das Eisen bodenweit gerändert, außen eng, und die überhängende Wand wird in einer Linie mit dem Eisen weggeraspelt.

das Eisen so eng gerichtet, daß die Nägel gerade noch sicher eingetrieben werden können; die überhängende Wand wird weggeraspelt, so daß sie in einer Linie mit dem Eisen ist (Abb. 294).

Diese Methode, einen schiefen Huf zu behandeln, der durch Vernachlässigung oder falschen Beschlag verursacht wurde, ist höchst wirksam, und es bleibt lediglich eine Frage der Zeit, wann die Verdrehung korrigiert ist und der Huf seine normale Form wiedererlangt hat.

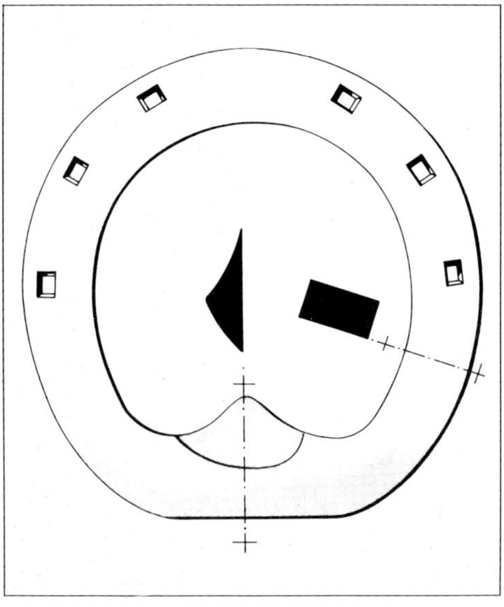

Trachtenzwanghuf

Dieser Name bezeichnet das Bild eines Hufs, dessen Horn an den Schenkeln bis unter die Sohle eingezogen ist. Die eingezogene Wand bildet eine Tragefläche. Wird durch das Eisen Druck auf sie ausgeübt, so verschlimmert sich der Zustand.

Zur Korrektur des Trachtenzwanghufs wird der nach innen gedrehte Teil des Hufs weggeschnitten, bis die normale Gewichtsbelastung im vorderen und hinteren Bereich des Hufs wiederhergestellt ist.

Beschlag

Zur Behandlung des Trachtenzwanghufs eignen sich vor allem Stegeisen. Statt auf den einwärts gedrehten Teil der Wand wird mehr Druck auf den Strahl übertragen.

Stegeisen (Abb. 295)

Ein Stegeisen ist ein gewöhnliches Eisen, das an den Schenkelenden durch einen Steg verbunden ist, der auf den Strahl Druck ausübt. Der Steg ist an der hinteren Kante der Bodenfläche abgeschrägt, um die Erschütterung zu mildern, wenn die Trachten den Boden berühren und um zu verhindern, daß es von einem Hintereisen gegriffen und losgerissen wird.

Der Steg verursacht einen dauernden Druck auf den Strahl. Dies ist eine unnatürliche Situation, und mit der Zeit stellt sich eine Atrophie des Strahls ein. Folglich ist die allgemein verbreitete Ansicht falsch, ein Stegeisen fördere das Wachstum eines zurückgebildeten Strahls. Der Sinn eines Stegeisens ist es lediglich, bestimmte Teile der Wand vom Druck zu entlasten und ihn auf den Strahl zu verlagern. Daher bietet es sich zur Behandlung des Trachtenzwanghufs und der Steingallen an, doch darf nicht übersehen werden, daß der Strahl nicht unbegrenzt dem zusätzlichen Druck ausgesetzt sein kann, ohne sich zurückzubilden.

Abb. 295 Stegeisen. Ein gewöhnliches Eisen wird durch einen Steg an den Schenkeln verbunden, der auf den Strahl Druck ausübt.

Stegeisen haben eine Reihe von Nachteilen. Sie sind schwerer als gewöhnliche Eisen, so daß man mehr Nägel als üblich gebraucht, um sie zu befestigen, sie vermitteln keine feste Bodenhaftung und eignen sich nur für den Gebrauch bei niedrigem Tempo. Stegeisen sind deshalb nur eine Kompromißlösung.

Zwanghuf

Ein Zwanghuf ist kleiner als üblich, enger an den Seiten und den Trachten, hat eine übermäßig gewölbte Sohle und einen zurückgebildeten Strahl. Dies kann daher rühren, daß die Gliedmaße über längere Zeit falsch belastet wurden, durch Unvermögen oder Schmerz, falsches Ausschneiden des Hufs und vor allem durch das Öffnen der Trachten und übermäßiges Ausschneiden der Sohle. Gewisse Beschlagsmethoden können ebenfalls dazu beitragen. Sehr oft ist auch Strahlfäule ein Vorläufer von Zwanghuf. Zu hohe Stollen schränken den normalen Druck auf den Strahl ein, und zu weit hinten an den Schenkelenden eingetriebene Nägel verhindern die natürliche Ausdehnung des Hufs. Die Methode, einen Zwanghuf zu behandeln, richtet sich nach der Ursache. Wurde er durch Krankheit oder Verletzung hervorgerufen, ist eine Behandlung möglich, und die normale Funktion stellt sich nach und nach mit der Rückverwandlung der Hufform wieder ein. Handelt es sich um eine unheilbare Situation, ist es sinnlos, Maßnahmen zu ergreifen, die den Huf weiten sollen. Ist der Zwanghuf auf eine falsche Zubereitung des Hufs oder fehlerhaften Beschlag zurückzuführen, so ist er behoben, sobald diese Fehler korrigiert werden. Zum Beispiel senkt man die Stollen, um den Druck auf den Strahl wirken zu lassen, oder man arbeitet das Pferd mit halbmondförmigen Eisen, wobei die Zehe geschützt ist, während der hintere Bereich des Hufs der Gewichtsbelastung ausgesetzt bleibt und normal funktionieren kann. Zusätzlich zu diesen und ähnlichen Maßnahmen hat es sich in einigen Fällen als günstig erwiesen, die Wand an den Trachten mit Rillen zu versehen.

Einkerben der Wand (Abb. 296)

Es gibt eine Reihe von Techniken, die die Dehnung an den Trachten zum Ziel haben. Die folgende Methode ist sowohl einfach durchzuführen, als auch wirkungsvoll. Der Huf wird nach vorn gezogen und auf das Bein des Schmieds gestellt oder auf einen Bock. Mit dem Hufmesser werden drei oder vier parallele Rillen in Abständen von 2 cm vom Kronrand zum Tragerand gezogen. Dies geschieht an den inneren und äußeren Trachten; sie reichen bis zur weißen Linie. Jede Rille ist 5 mm breit. Ist die Wand sehr hart, kann sie durch kalte Hufbäder weich gemacht werden, die über eine Stunde, zweimal täglich, zwei bis drei Tage lang durchgeführt werden.

Beschlag

Viele scharfsinnige Ausführungen von Spezialeisen für den Zwanghuf sind schon ausprobiert worden. Da gibt es solche, deren

Abb. 296 Einkerben der Wand mit dem Hufmesser.

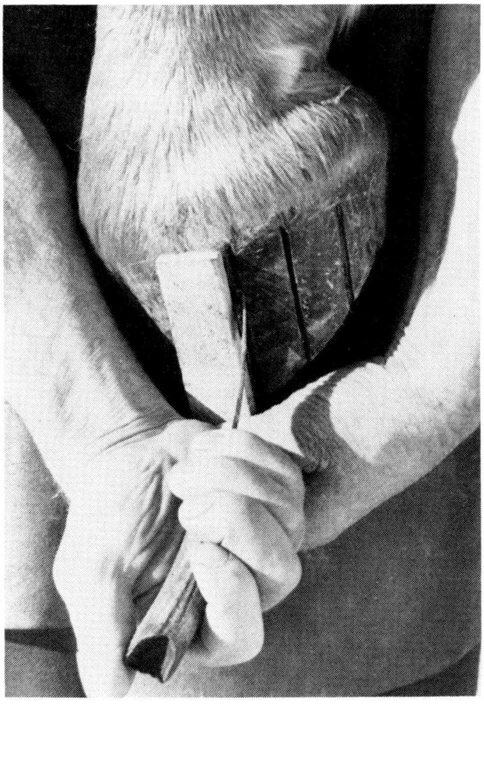

Oberfläche nach außen abfällt, um Gegendruck zu erzeugen und solche, bei denen die Schenkelenden der Eisen auseinandergedrückt werden. Die meisten basieren auf falschen Vorstellungen von der Anatomie und Funktion des Hufs, was zu falschen Schlüssen über ihre Wirkung führte; wenigen war dauerhafter Erfolg beschieden.

Slipper-Eisen (Abb. 73)
Die Tragefläche dieses Eisens ist nach außen hin abgeschrägt. Dies ermöglicht, daß die Wand sich unter Gewichtsbelastung ausdehnt. Die Neigung darf nicht sehr stark sein und muß sich auf Schenkel und Schenkelenden beschränken. Ist die Außenkante der Tragefläche mehr als 2 bis 3 mm niedriger als die Innenkante, wird die weiße Linie übermäßig belastet. Dies führt zur Abtrennung und einer losen Wand. Aus diesem Grunde verwarf man das Eisen wieder. Bei angemessener Schräge, die sich auf die Schenkelenden beschränkt, ist das Eisen durchaus brauchbar bei leichteren Fällen von Zwanghuf.

Abb. 297 Dehnungseisen nach Smith.

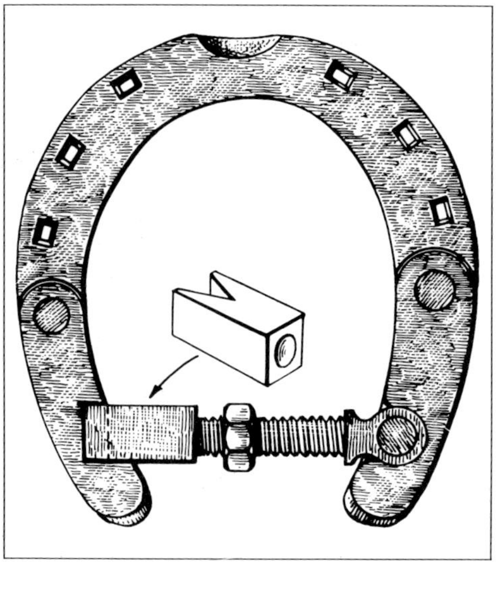

Eisen mit Stegklammern
Dieses Eisen hat eine flache Tragefläche und eine Klammer am inneren Rand eines jeden Schenkelendes. Die Klammern liegen in den Strahlfurchen, dicht an den Eckstreben. Um den Huf zu dehnen, werden alle 10 bis 14 Tage die Schenkelenden mit einem Spezial-Eisendehner ca. 3 mm auseinandergedrückt. Diese Methode verursacht Schmerz und Lahmen und hat keinerlei Vorteile vorzuweisen.

Dehnungseisen nach Smith (Abb. 297)
Bei diesem Eisen sind beide Schenkel, ca. 4 bis 5 cm vom Schenkelende entfernt, mit einem Scharnier versehen und mit Stegklammern ausgestattet. Die Schenkelenden sind durch einen Gewindebolzen mit Schraubmutter miteinander verbunden, der angedreht wird, um die Schenkelenden auseinanderzuzwingen. Korrekturen sind leicht durchzuführen, und in einzelnen Fällen sollen sich die Trachten nach einer einwöchentlichen Behandlung um 6 mm gedehnt haben.

3. Durch anormale Gangarten verursachte Schäden

Diese Schäden bezeichnet man häufig als »Interferenzen«. Sie werden durch fehlerhafte Gänge und eine schlechte Stellung herbeigeführt. Dies hat zur Folge, daß eine Gliedmaße entweder durch das Eisen des gegenüberliegenden Hufs oder eines Hinterhufs getroffen wird und sich eine Quetschung oder Wunde bildet. Besonders leicht betroffen sind müde Pferde und solche ohne Kondition, auch können eine falsche Zubereitung des Hufs oder ein schlechter Beschlag die Ursache sein. Solche Fälle lassen sich leicht beheben, indem man durch vorsichtiges Vorgehen die Ausgewogenheit der Hufe wiederherstellt und sie entsprechend beschlägt. Aber die Fälle, denen Stellungsfehler zugrunde liegen, wie die zehenweite Stellung, oder ein fehlerhafter Bewegungsablauf, können nur durch einen korrigierenden Beschlag günstig beeinflußt werden.

Vor einem Beschlag, der vor diesen Verletzungen schützen soll, muß die Ursache gesucht und bestimmt werden. Die Stellung der Gliedmaße und die Krongelenk-Hufachse müssen berücksichtigt und die Bewegung des Pferds in allen Gangarten beobachtet werden. Jedes Pferd ist einzeln zu beurteilen, wenn es darum geht, das beste Eisen auszuwählen, um Verletzungen zu verhindern.
Nicht für alle Pferde mit den gleichen Gangfehlern ist das gleiche Eisen geeignet, oder die gleiche Art, beschlagen zu werden.

Streichen
Der Begriff »Streichen« beschreibt gewöhnlich Verletzungen, die durch das wiederholte seitliche Anschlagen des Hufs des gegenüberliegenden Beins auf das stützende Bein – meist in der Fesselgegend – entstehen.
Die Verletzung kann eine leichte Quetschung sein, aber auch eine offene Wunde. Sie tritt besonders häufig bei jungen Pferden und solchen mit einer unzureichenden Kondition auf. Fälle, denen fehlerhafte Zubereitung des Hufs wie zu starke Kürzung der inneren Seite der Hufwand oder schlechter Beschlag, wie ein zu weites Rändern an der Innenseite, zugrunde liegen, lassen sich leicht behandeln, da die Fehler offensichtlich sind. In allen Fällen jedoch, die durch Abnormitäten des Gangs entstanden, die auf Stellungsfehlern beruhen, muß die Ursache der Verletzung exakt bestimmt werden, damit auch wirklich das geeignetste Eisen aufgeschlagen werden kann.
Es ist nicht immer leicht, mit Gewißheit zu sagen, welcher Teil des Eisens die Verletzung verursacht hat, denn das Bein kann entweder durch die Spitze, die Schenkel oder die Schenkelenden getroffen worden sein. Um dies festzustellen, bringt man Kreide oder Fett auf die Wand oder die Eisen auf und stellt fest, wo und bei welcher Gangart die Substanz abgerieben wird.
Eine Maßnahme gegen das Streichen muß Ursache, Häufigkeit und Schweregrad der Verletzung berücksichtigen. Viele Fälle von leichtem Streichen an den Vordergliedmaßen können behoben werden, indem man lediglich ein flaches, leichteres Eisen aufbringt, und an den Hintergliedmaßen, indem man keine Stollen verwendet, oder indem man den inneren Stollen durch ein keilförmiges Schenkelende ersetzt. Reichen diese einfachen Maßnahmen nicht aus, empfiehlt es sich, den inneren Schenkel des Eisens eng zu richten und die überragende Wand in einer Linie mit dem Eisen abzuraspeln.

Beschlag
Eine Vielzahl von Eisen wird empfohlen, um Streichverletzungen zu verhindern. Jedes Eisen hat seine Vorteile, die je nach Art der Ursache abzuwägen sind. Häufig genügen Normaleisen, deren äußerer Schenkel etwas schwerer als der innere ist.

Eisen mit schmalem Innenschenkel (Abb. 298)
Der innere Schenkel ist schmal und reduziert so die Tragefläche, er ist bodeneng gerändert und am Schenkelende abgerundet. Der äußere Schenkel wird der Wand ent-

Abb. 298 Eisen mit schmalem Innenschenkel, bodeneng gerändert und am Schenkelende abgerundet.

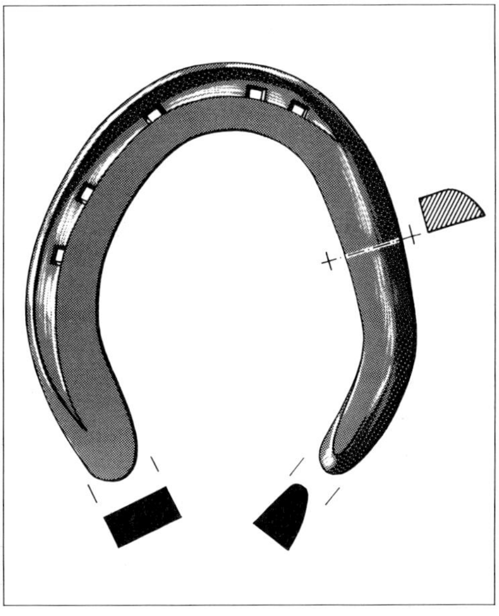

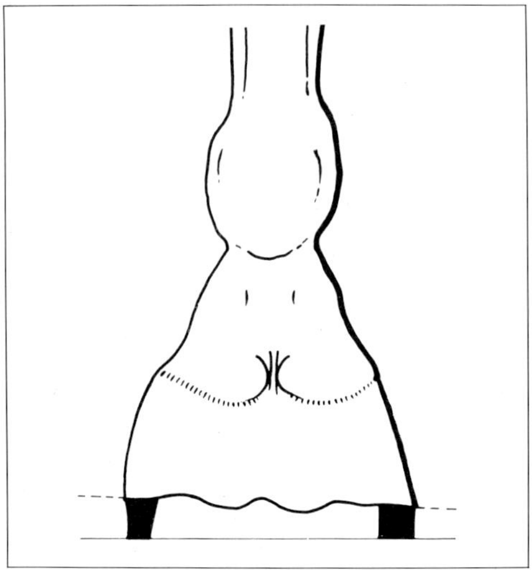

Abb. 299 Keilförmig geformtes Eisen.

sprechend gerichtet, hat drei oder vier Nagellöcher und manchmal einen Seitenaufzug. Der innere Schenkel wird bodeneng gerändert und die überstehende Wand berundet. Bis auf ein oder zwei Nagellöcher an der Spitze hat das Eisen an diesem Schenkel keine Löcher. An den Hintereisen wird der innere Stollen durch ein keilförmiges Schenkelende ersetzt. Dieses Eisen empfiehlt sich zum Vermeiden von Streichverletzungen, die von der Spitze oder Schenkelmitte des Eisens rühren.

Keilförmig geformtes Eisen (Abb. 299)
Dies ist ein übertriebenes »Knocked-up« Eisen. Der ungelochte innere Schenkel ist sehr schmal und höher als der äußere. Durch Anheben der Innenseite soll dieses Eisen den Huf von seiner natürlichen Bewegungsrichtung nach außen abbringen und dadurch ein Streichen verhindern. Die Praxis hat erwiesen, daß es an der Spitze sehr schnell abgenutzt wird und das Ergebnis enttäuschend ist.

Eisen mit flachem Innenschenkel (Abb. 300)
Die Oberfläche beider Schenkel ist gleich breit, aber die Kante des inneren Schenkels ist dort, wo sie das gegenüberliegende Bein trifft, flachgeklopft und berundet. Das Eisen wird gewöhnlich mit einer Kappe und Seitenwandaufzügen versehen und manchmal mit einem oder zwei Nägeln am Ende des inneren Schenkels genagelt, damit es

Abb. 300 Eisen mit flachem Innenschenkel.

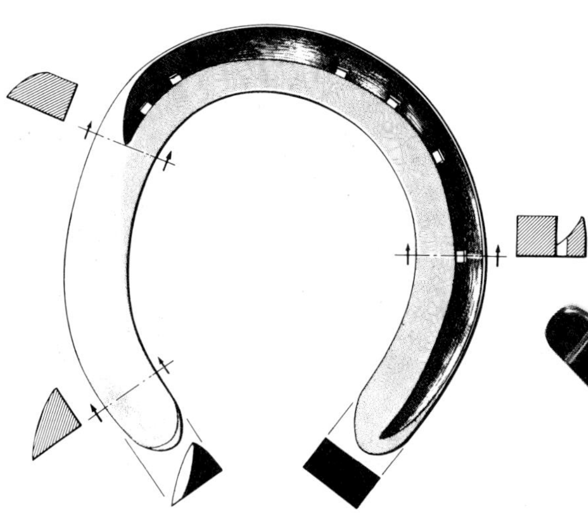

Abb. 301 Das »G«-Eisen.

fest sitzt und sich nicht löst. Dieses Eisen eignet sich für Pferde mit zehenweiter Stellung und solche, die mit dem hinteren Teil des Schenkels oder dem Schenkelende streichen.

Das »G«-Eisen (Abb. 301)
Dies ist ein Stegeisen mit einem Stollen am inneren Schenkelende. Innen endet es an der Spitze und hat keinen Schenkel. Das Eisen ist mit einer Kappe und einem Seitenwandaufzug versehen. Die Hufwand wird an der Innenseite zwischen Zehe und Stollen reduziert und mit der Raspel berundet. Der Stollen bringt den Huf von seiner normalen Bewegungsrichtung nach außen ab, und da sich an der Innenseite des Hufs kein Eisen befindet, kann eine Streichverletzung nur noch durch die berundete Wand verursacht werden. Dieses Eisen hat den Nachteil einer unebenen Bodenfläche, es beraubt die Wand eines Drittels der Tragefläche und ist nur empfehlenswert, wenn andere Eisen nicht ausgereicht haben und bei Pferden, die vor allem in langsamen Gangarten gearbeitet werden.

Schmieden – Greifen
Schmieden oder Klappen wird durch einen fehlerhaften Bewegungsablauf verursacht und geschieht im Trab, wenn das Pferd Schenkelende oder Innenseite der Spitze eines Vordereisens mit der Spitze des entsprechenden Hinterbeines greift (Abb. 303). Dies kann auch passieren, wenn das Hintereisen außen am Vorderhuf vorbeigeführt wird und die Innenseite der Spitze auf das äußere Schenkelende des Vordereisens trifft. Schmieden ist unangenehm durch das verursachte Geräusch und gefährlich, wenn das Eisen getroffen wird, da es losgerissen werden oder das Pferd stürzen kann. Schmieden sieht man bei jungen Pferden und solchen, die erschöpft und ohne Kondition sind. Diese Fälle geben sich mit der Zeit, wenn das Pferd mehr Kondition bekommt und fit wird. Besonders häufig sind Pferde mit kurzem Körper und langen Beinen betroffen, Pferde, welche hinten breit gehen und mit langen Zehen.

Beschlag
Die Eisen schlagen in dem Moment aneinander, wenn der Hinterhuf auffußt und der Vorderfuß abfußt. Will man das Schmieden verhindern, muß man also möglichst ein Eisen aufnageln, das das Abfußen der Vorderhufe beschleunigt und das Auffußen der Hinterhufe verzögert. Bei vielen Pferden kann man das Schmieden verhindern, indem man vorn ein gewölbtes Eisen verwendet und das Abfußen durch eine Zehenrichtung und leicht erhöhte Schenkelenden beschleunigt. Falls dies nicht ausreicht, schlägt man Hintereisen mit abgestumpfter Spitze auf (Abb. 304). Das Eisen sollte gut nach hinten gerichtet sein und die überstehende Wand berundet und in einer Linie mit dem Eisen beraspelt werden. Um das Abfußen zu verzögern, sollten die Schenkelenden gesenkt und etwas länger belassen werden, damit sie schleifen und wie eine Bremse wirken, wenn der Huf auffußt.

Eisen mit rautenförmiger Spitze (Abb. 305)
Dies ist ein Hintereisen, dessen Bodenfläche an beiden Seiten der Spitze nach unten

Abb. 302 Eisen bei »Speedy Cutting«. Der innere Schenkel verläuft von der Spitze bis zur Schenkelmittel gerade, die Außenkante ist abgerundet.

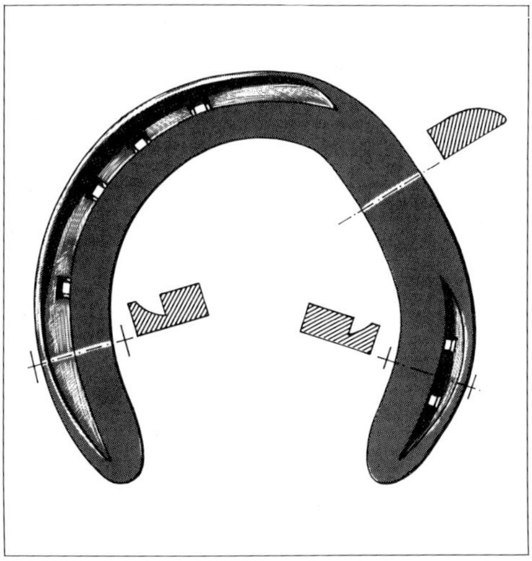

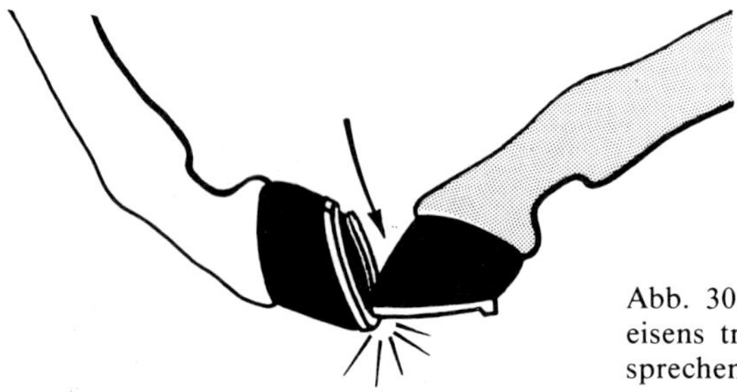

Abb. 303 Schmieden. Die Spitze des Hintereisens trifft von innen auf die Spitze des entsprechenden Vordereisens.

und hinten abgeschrägt ist. Die Schenkelenden sind etwa 3 mm niedriger als die Spitze. Das Eisen wird mit Seitenwandaufzügen befestigt.
Solch ein Eisen eignet sich nur für Pferde, die schmieden, indem sie einen Hinterhuf seitlich an einem Vorderhuf vorbeiführen. Verwendet man dieses Eisen, sollte der äußere Schenkel des Vordereisens an den Schenkelenden eng gerichtet sein; in einigen Fällen erweist es sich außerdem als notwendig, das Abfußen durch Hochrollen der Spitze und Erhöhen der Schenkelenden zu beschleunigen.

Einhauen (»Speedy Cutting«)
Dies ist eine Verletzung des mittleren Bereichs der Gliedmaße, etwa in Höhe des Vorderfußwurzelgelenks. Sie entsteht, wenn sich das Pferd schnell bewegt. Sie reicht von der Quetschung zur offenen Wunde und wird durch die Innenkante der Spitze oder des Schenkels des gegenüberliegenden Eisens verursacht. Pferde mit bodeneng-zehenweiter Stellung und großen Flachhufen sind hier besonders gefährdet. Derartige Verletzungen ergeben sich relativ häufig, wenn das Pferd im Außengalopp geht oder häufig umspringt.

Eisen für Einhauen (Abb. 302)
Dieses Eisen empfiehlt sich sowohl beim Streichen wie beim »Speedy Cutting«. Der innere Schenkel verläuft gerade von der Zehe zur Schenkelmitte. Die Außenkante ist abgerundet. Man kann den Schenkel glatt belassen, da »Speedy Cutting« aber bei schnellem Tempo geschieht, ist es ratsam, das Eisen mit einem oder zwei Nägeln zu sichern. Nach dem Aufbringen des Eisens wird die vorstehende Wand in einer Linie mit dem geraden Schenkelteil berundet.
Streicheisen und Eisen gegen »Speedy Cutting« haben eine Reihe von Nachteilen. Dazu gehört die Schwierigkeit, einen ungelöcherten Schenkel zu befestigen, das enge Richten des inneren Schenkels, das Sohlendruck verursachen kann und die Verringerung der Tragefläche, die eine ungleichmäßige Gewichtsbelastung nach sich ziehen kann. Da diese Eisen dem Huf keinen sicheren Stand geben, rutschen die Pferde außerdem leicht. Diesen Nachteilen stehen die Vorteile dieser Eisen gegenüber, das Verhindern oder Einschränken von Verletzungen und die Tatsache, daß das Pferd weiter gearbeitet werden kann.
Wenn der Huf sachgemäß zubereitet und das Eisen entsprechend geschmiedet wird, ist der Verlust an Tragefläche minimal, eine ebene Bodenfläche und Tragefläche bleiben bestehen, und durch geschicktes Aufnageln können die Eisen angemessen befestigt werden. Allerdings kann nicht genug betont werden, daß das bestmögliche Eisenmodell für jeden Fall einzeln ausgesucht werden muß, um den Stellungs- und Bewegungsfehlern erfolgreich zu begegnen.
Eisen mit rautenförmiger Spitze sollten bei einfachem Schmieden verwendet werden, da die Spitze die Sohle des Vorderhufs treffen und diese verletzten kann.

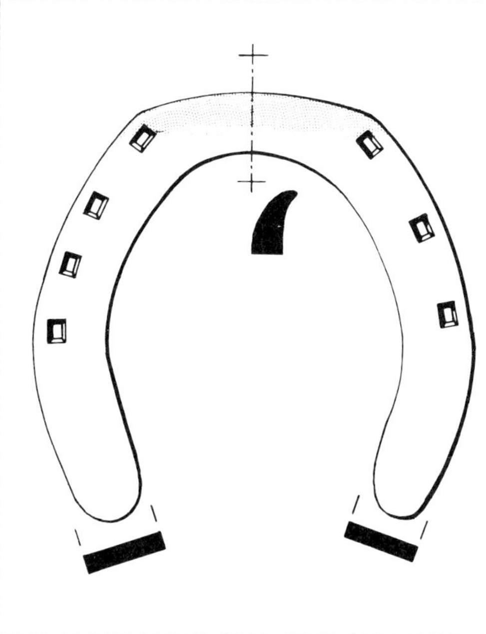

Abb. 304 Eisen mit abgestumpfter Spitze. Die Spitze ist begradigt und abgerundet, an den Schenkelenden ist das Eisen halb so dick wie an der Spitze.

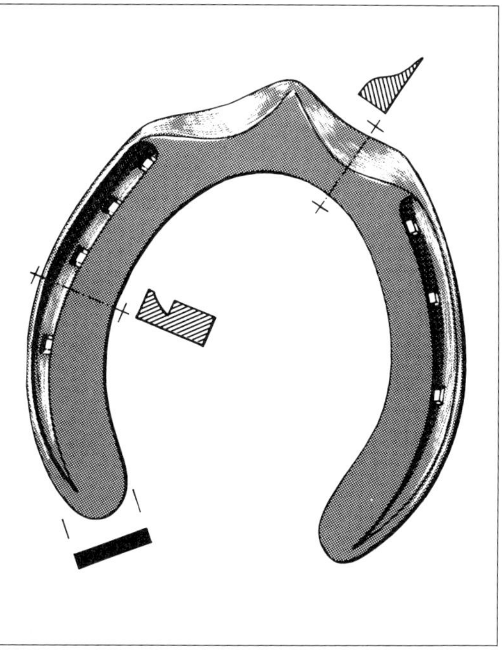

Abb. 305 Eisen mit rautenförmiger Spitze. Ein Hintereisen, dessen Bodenfläche an beiden Seiten der Spitze nach unten und hinten abgeschrägt ist.

Einhauen

Einhauen ist der Name einer Verletzung, die zwischen dem hinteren Vorderfußwurzelgelenk und den Ballen liegt. Sie entsteht, wenn die innere Kante der Bodenfläche eines Hintereisens bei schneller Bewegung auf das Vorderbein einschlägt und das Vorderbein nicht ausreichend gestreckt bzw. das Hinterbein zu stark gestreckt ist (Abb. 306). Bewegt sich das Hinterbein nach hinten, greift die innere Kante des Eisens das Vorderbein von hinten und quetscht oder durchtrennt die Haut, die dann in einer Klinke herabhängt. Tritt die Verletzung oberhalb des Fesselgelenks auf, spricht man von »hohem« Einhauen, an oder neben den Trachten, der häufigsten Stelle, spricht man von »tiefem« Einhauen. Trifft die Spitze oder Außenkante des Eisens auf eine der genannten Stellen, spricht der Engländer von einem »Strike« (Schlag).

Abb. 306 Einhauen. Dies geschieht, wenn ein Vorderbein durch ein Hintereisen eingeholt wird und von der Innenkante des Hintereisens getroffen wird.

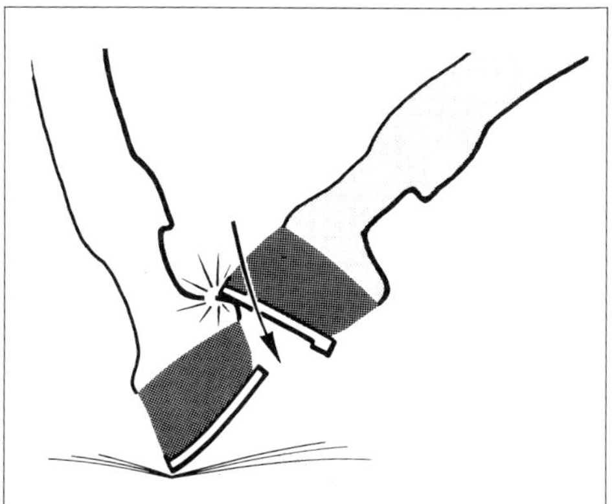

Abb. 307 Eisen gegen das Einhauen. Die Innenkante der Zehe ist gut ausgerundet, und die Schenkelenden sind etwa halb so dick wie die Spitze des Eisens.

Kurze Pferde mit langen Beinen oder mit kurzen Vorder- und langen Hinterbeinen sind am stärksten gefährdet, häufig auch überbaute Pferde. Die Verletzungen entstehen meistens im Galopp, hin und wieder sieht man sie auch bei Trabern und bei Pferden nach dem Bergaufsprung.

Abb. 308 An der Spitze wird die halbe Breite des Eisens in einem Winkel von 20 bis 25 Grad hochgebogen.

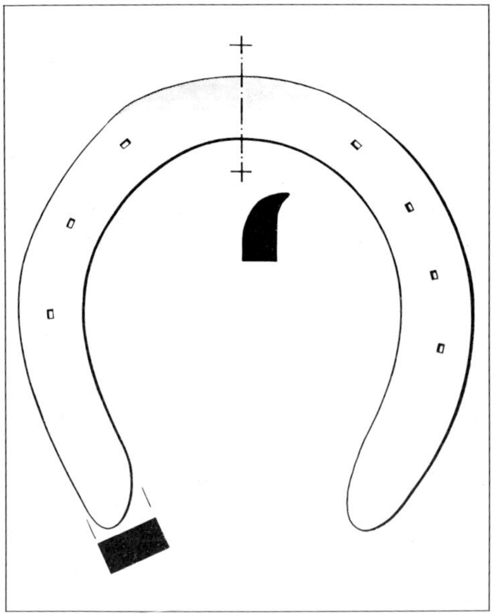

Beschlag
Um diesen Verletzungen aus dem Wege zu gehen, muß der Beschlag des Pferdes das Abfußen der Vorderhufe beschleunigen, so daß das Bein nicht vom Hinterbein eingeholt und getroffen werden kann. Dazu verwendet man Eisen mit Zehenrichtung und erhöhten Schenkelenden, wobei die Schenkelenden etwas kürzer als gewöhnlich sind, damit sie nicht vom Hintereisen gegriffen werden können. Die Schenkelenden der Hintereisen sollten etwa halb so dick wie die Spitze und etwas länger als üblich sein (bis zu 1 cm), um das Abfußen des Hufs zu verzögern. Um den Schutz zu erhöhen und die Verletzungen möglichst geringfügig zu halten, sollte das Eisen gut nach hinten gerichtet und die Innenkante der Spitze gewölbt, bzw. gut ausgerundet sein (Abb. 307).

Stolpern
Ein Pferd stolpert, wenn es mit der Zehe hängenbleibt oder sie in den Boden gräbt. Dies passiert bei müden Pferden, wenn die Hufe zu lang sind oder wenn das Pferd wegen Lahmheit oder einer Bewegungseinschränkung des Fesselgelenks auf der Zehe geht. Frisch beschlagene Pferde stolpern leicht, bis sich das Eisen durch Abnutzung der Bewegung des Pferdes angepaßt hat.

Beschlag
Will man das Stolpern verhindern, muß vermieden werden, daß die Zehe vorzeitig auf den Boden trifft. Man erreicht dies, indem man die Zehe kurz raspelt und die Eisen mit Zehenrichtung aufpaßt (Abb. 308). Die Schenkel sollten leicht erhöht sein, um das Abfußen zu beschleunigen. Wie stark die Zehe gekürzt werden muß und die Zehenrichtung sein sollte, um das Stolpern des Pferdes zu verhindern, kann man an der Abnutzung des getragenen Eisens ersehen.

4. Orthopädischer Hufbeschlag

Orthopädische Eisen werden angefertigt, um die Behandlung von krankhaften Veränderungen und Verletzungen der Gliedmaße und des Hufs zu unterstützen, indem sie Schutz gewähren und entlasten.

Steingallen
Steingallen sind Quetschungen der Sohle im Sohlenwinkel. Sie treten gewöhnlich an den Vorderhufen von Pferden mit breiten Flachhufen auf, wobei der innere Sohlenwinkel häufiger betroffen ist. An den Hinterhufen sieht man sie selten. Steingallen werden durch Druck verursacht. Ein Stein unter dem Schenkelende kann daran schuld sein, die Eisen können zu lange am Huf sitzen, so daß die Schenkelenden auf die Sohlenwinkel drücken, oder es können Beschlagfehler vorliegen, wie ein zu enges Richten der Schenkelenden oder zu kurze oder zu schmale Schenkelenden. Eine steile Fesselstellung zieht eine hohe Erschütterung nach sich, und werden solche Pferde auf harter Straße schnell gearbeitet, wird die Entstehung von Steingallen begünstigt.

Anzeichen der krankhaften Veränderung.
Eine Steingalle ist an der roten Verfärbung des Horns zu erkennen, die durch Blutaustritt hervorgerufen wird. Man spricht von trockenen Steingallen, wenn keine Flüssigkeit abgesondert wird, bzw. von einer feuchten, wenn eine Absonderung zu erkennen ist. Eine eiternde Steingalle liegt vor, wenn eine Infektion hinzugekommen ist.

Behandlung
Die Behandlung umfaßt das Abstellen der Ursache, die Bekämpfung der Entzündung und eine Entlastung des Hufs. Gewöhnlich genügt es, das verfärbte Horn wegzuschneiden, um die Spannung zu lindern, das Pferd zwei bis drei Tage stehen zu lassen und es mit einem gewöhnlichen Eisen zu beschlagen, wobei darauf zu achten ist, daß das Schenkelende glatt an Hufwand und Eckstrebe anliegt. Ist eine Infektion eingetreten, sollte man einen Tierarzt hinzuziehen.

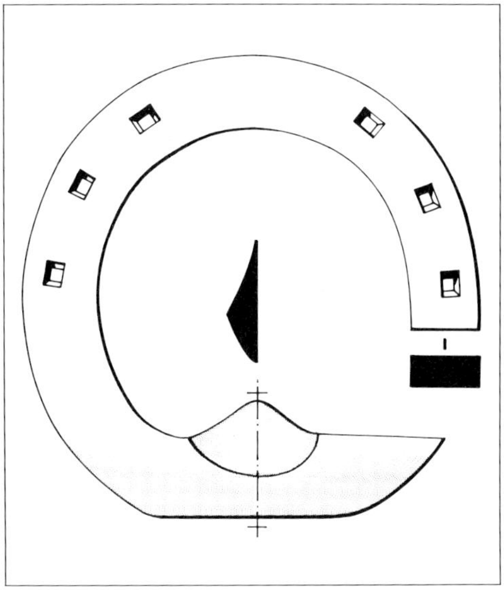

Abb. 309 Dreiviertel-Stegeisen. Ein Schenkelende dieses Eisens wurde um 2,5 bis 4 cm gekürzt.

Beschlag
Hier ist ein Eisen erforderlich, das Schutz bietet und den Sohlenwinkel entlastet, so daß das Pferd weiterhin eingesetzt werden kann. Oft empfiehlt man ein Dreivierteleisen zur Behandlung von Steingallen. Es ist jedoch kein geeignetes Eisen, da es keinen Schutz bietet und weitere Nachteile aufweist (Abb. 291). Stegeisen (Abb. 295), die die Schenkelenden entlasten, indem sie den Druck auf den Strahl übertragen, eignen sich bei doppelseitigen Erkrankungen.

Dreiviertel-Stegeisen (Abb. 309)
Bei diesem Eisen wurde ein Schenkelende um 2,5 bis 4 cm gekürzt. Der Steg ruht auf einem Schenkelende, dem hinteren Teil des Strahls und der Eckstrebe der gegenüberliegenden Seite. Man benutzt es bei der Behandlung einzelner Steingallen, da es den Vorteil hat, die Trachten zu stützen und gleichzeitig die Sohlenwinkel zu entlasten; nachteilig ist jedoch, daß die Steingalle ungeschützt ist.

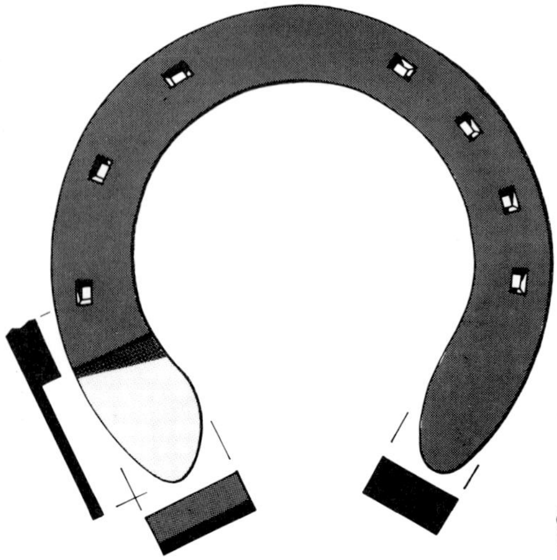

Abb. 310 Eisen mit hochgesetztem Schenkelende. Die Bodenfläche des Schenkelendes wurde um etwa 3 mm abgetragen.

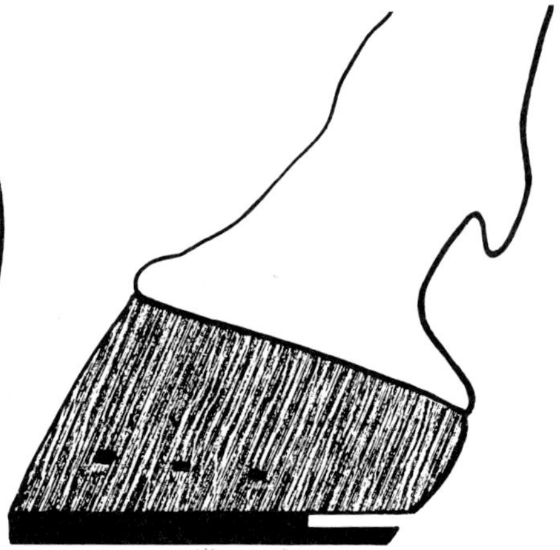

Abb. 311 Eisen mit gesenktem Schenkelende. Die Tragefläche des Schenkelendes wurde um etwa 3 mm gesenkt.

Eisen mit abgetragenem Schenkelende (Abb. 310)

Die Bodenfläche eines Schenkelendes wurde an diesem Eisen um etwa 5 mm abgetragen, so daß kein Kontakt mit dem Boden besteht. Die Tragefläche des Eisens hat normalen Kontakt mit der Tragefläche des Hufs, und das Schenkelende wird etwas verbreitert, um zusätzlich Schutz zu bieten. Dieses Eisen empfiehlt sich bei der Behandlung der Steingallen, da es schützt und die erkrankten Teile entlastet. Die Dreiviertel-Bodenfläche stellt einen technischen Nachteil dar, macht sich in der Praxis jedoch kaum bemerkbar.

Eisen mit gesenktem Schenkelende (Abb. 311)

Es ist das Gegenstück zu dem Eisen mit hochgesetztem Schenkelende. Die Tragefläche des Eisens wurde um etwa 3 mm gesenkt und hat daher keinen Kontakt mit der Tragefläche des Hufs.

Obwohl dieses Eisen Steingallen vom Druck entlastet, ist es nicht zufriedenstellend. Es schützt nicht, da sich im Hohlraum schnell Schmutz und Steinchen ansammeln; und da der hintere Bereich der Hufwand kein Gewicht trägt, ergibt sich eine Stelle mit unnatürlichen Druckverhältnissen, was eine ebenso unerfreuliche Wirkung zeigt, wie das »Entlasten« der Trachten.

Anker- oder T-Eisen (Abb. 312)

Dieses Eisen gleicht einem halbmondförmigen Eisen, das mit einer Platte verbunden ist, die den Strahl bedeckt. Es wurde zur Behandlung von Steingallen entwickelt, die durch das Hinzukommen eines Zwanghufs erschwert wird. Die gesamte Gewichtsbelastung des hinteren Hufbereichs wird vom Strahl übernommen, und der Sohlenwinkel wird entlastet.

Leider hat dieses Eisen eine Reihe von Nachteilen. Es schützt den Sohlenwinkel nicht, wird leicht verloren und kann nur bei

Arbeitspferden auf dem Lande verwendet werden. Es ist praktisch kaum einzusetzen.

Bleibende Hornspalten (»False Quarters«)
Dieses ist ein bleibender Defekt der Wand. Er entsteht durch Verletzungen am Kronrand, die zur Sekretion anormalen Horns führt.

Kennzeichen der Erkrankung
Ein »False Quarter« zeigt sich als oberflächlicher Spalt, der abnormes Horn enthält und sich in Richtung der Hornfasern von der Krone nach unten zum Tragerand fortsetzt. Unmittelbar um den Riß ist die Wand dicker als das umgebende Horn. »False Quarters» begleiten das Pferd sein Leben lang, ohne es zu beeinträchtigen, außer wenn sie infiziert werden.

Behandlung
Eine Behandlung ist nicht erforderlich, wenn keine Infektion des Spalts erfolgt. In diesem Fall ist ein Tierarzt zu Rate zu ziehen. Hornüberschüsse an den Rändern des Spalts sollten weggeraspelt werden, um die Oberfläche glatt zu halten.

Beschlag
Spezialeisen sind nicht erforderlich. Suchen Sie das Eisen zum Pferd passend aus. Falls erforderlich, kann der Huf mit der Fissur entlastet werden, indem man die Wand an jeder Seite einschneidet (Abb. 320 b).

Hornsäule
Hornsäule ist die Bezeichnung für einen Horntumor, der sich im Innenbereich der Wand entwickelt.

Kennzeichen der Erkrankung.
Der Tumor wird von hartem, glänzendem Horn gebildet, das von zylindrischer Form ist, zwischen 0,5 und 4 cm im Durchmesser mißt und sich in unterschiedlicher Höhe vom Tragerand zur Krone erstreckt. Es wird zuerst am Tragerand als harte Hornmasse sichtbar, die zwischen Wand und Sohle liegt, wodurch die weiße Linie an der betreffenden Stelle einen sohlenwärts gerichteten Bogen macht. Mit der Vergrößerung des Tumors geht das Pferd auf den Trachten und beginnt zu lahmen. Eine Röntgenaufnahme des Hufbeins im fortgeschrittenen Stadium zeigt eine Delle, die durch den Druck der Hornverdickung verursacht wurde (Abb. 313).

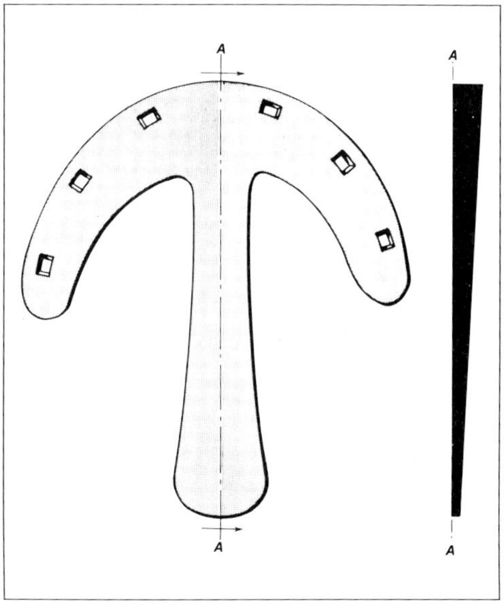

Abb. 312 Anker- oder T-Eisen.

Abb. 313 Röntgenaufnahme eines Hufbeins, welches die durch Hornsäulendruck verursachte Delle sichtbar macht.

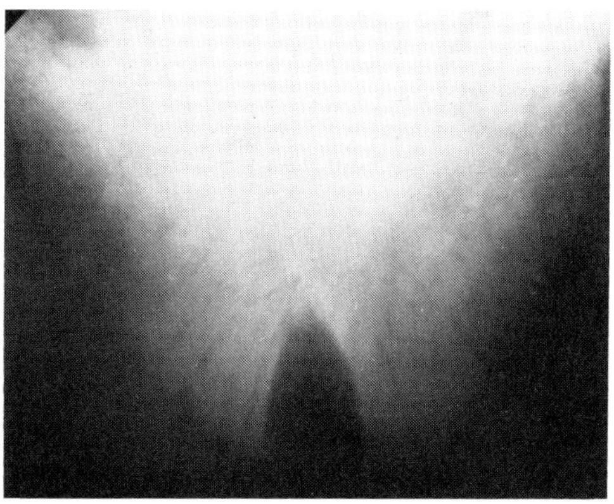

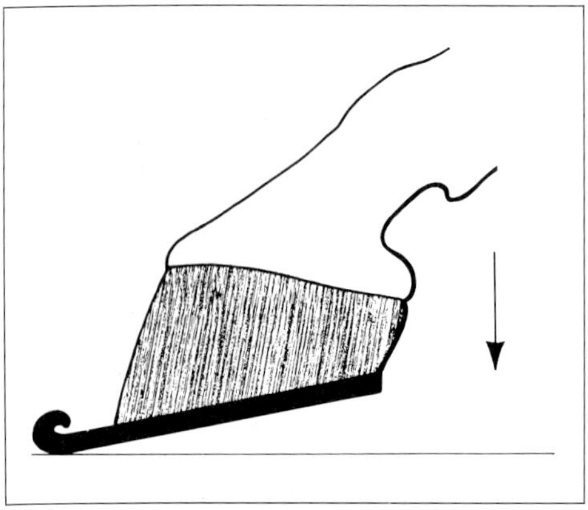

Abb. 314 Eisen mit vorgezogener Spitze.

Behandlung
Im frühen Stadium wird das Ende des Tumors beschnitten, damit das Eisen nicht darauf drücken kann. Diese Maßnahme lindert jedoch nur und kann das Wachstum des Tumors in keiner Weise beeinflussen, der früher oder später durch eine Radikaloperation entfernt werden muß.

Beschlag
Ein ebenes, flaches Eisen mit viel Deckfläche ist angezeigt, um übermäßigen Druck auf die Zehe zu vermeiden, unterstützt durch niedrige Schenkelenden. Andererseits kann Druck auf den Tumor gemildert werden, indem man von der darunterliegenden Tragefläche des Eisens 5 mm wegnimmt. In der Nähe des Tumors dürfen keine Nägel eingetrieben werden.

Überköten
Überköten oder ein Sich-Durchdrücken des Fesselkopfes nach vorn entsteht durch eine Verkürzung der Beugesehnen, die, indem sie die Trachten anhebt, die Bewegung des Fesselgelenks beeinträchtigt. Es kann sich um einen angeborenen Fehler handeln, sich spontan bei jungen Tieren entwickeln oder bei ausgewachsenen Tieren die Folge von Sehnenverletzungen oder chronischer Arthritis sein, die eine natürliche Bewegung der Gelenke unmöglich machen.

Krankheitsbild
Das Ausmaß des Überkötens variiert beträchtlich. Bei leichten Fällen wird der Huf mit durchgedrücktem Fesselgelenk dicht über den Boden geführt, im fortgeschrittenen Fall werden die Trachten bei nach vorn durchgedrücktem Fesselgelenk hochgezogen, und bei sehr schweren Fällen kann die Vorderseite des Fesselgelenks den Boden berühren. Das Pferd geht auf der Spitze; es ist nicht in der Lage, mit den Trachten aufzufußen und stolpert.

Behandlung
Bei Fohlen und jungem Pferdematerial ist es von grundlegender Wichtigkeit, daß die Beugesehnen ständig unter Spannung stehen, um einer permanenten Verkürzung vorzubeugen. Um dies zu erreichen, sorgt man dafür, daß das Fesselgelenk gestreckt ist, indem man die Trachten beraspelt und das Tier arbeitet. Sollten all diese Maßnahmen die Verschlechterung des Zustands nicht aufhalten können, muß möglicherweise ein Eisen mit vorgezogener Spitze von ca. 2,5 cm Breite und 2,5 bis 4 cm Länge Anwendung finden (Abb. 314). Es wirkt wie ein Hebel und verursacht eine ständige Spannung der verkürzten Sehnen. Beim ausgewachsenen Pferd müssen die Sehnen unbedingt ausgiebig gebraucht werden, denn eine eingeschränkte Funktion würde die Sehnen verkürzen. Zu diesem Zweck sollte dem Pferd ein Eisen mit dicker Spitze und dünnen Schenkelenden verpaßt werden, verbunden mit regelmäßiger Arbeit.

Rehe
Dieses Krankheitsbild wird allgemein als nichteitrige Huflederhautentzündung beschrieben, bei der immer beide Vorderhufe erkranken. Eine ganze Reihe von Ursachen sind bekannt, wie Fütterungsfehler, eine Gebärmutterentzündung nach dem Fohlen, Allergien, Erschütterungen.

Akute Rehe
Die Hufe des Pferdes sind heiß und schmerzen. Es nimmt eine Stellung ein, die die erkrankten Hufe vom Gewicht entlastet, und

liegt es, ist es unwillig aufzustehen. Wenn es sich bewegt, hebt es die Hufe bei jedem Schritt hastig und geht auf den Trachten. Die Entzündung der Huflederhaut wird von einer deutlichen Absonderung begleitet. Der Druck dieser Absonderungen sowie das Gewicht des Pferdes und die Zugwirkung der Hufbeinbeugesehne führen zu einer Drehung des Hufbeins, dessen vorderer unterer Rand auf die Sohle drückt. Diese senkt sich und wird flach oder sogar konvex (Abb. 315).

Chronische Rehe
Sie ist die Folge einer akuten Reheerkrankung, gefolgt von charakteristischen Veränderungen der Hufform und charakteristischem Lahmen.

Krankheitsbild
Der Huf verlängert sich von vorn nach hinten und wird seitlich schmaler. Die Wand ist an den Trachten beinah vertikal, zur Spitze hin wird sie flacher. Die Hornwand weist die typischen Ringe auf, die durch das unregelmäßige Wachstum entstehen. An der Vorderwand liegen sie enger und werden nach den Trachten hin weiter und flacher (Abb. 316). Die Sohle ist flach oder konvex durch den Druck, der vom gedrehten Hufbein ausgeht, und der Zwischenraum zwischen Hufbein und Wand ist mit lockerem Narbenhorn ausgefüllt. An der weißen Linie ist das Horn trocken, spröde und bricht leicht aus. Im Schritt zeigt das Pferd den typischen Bewegungsablauf: es geht auf den Trachten, und die Bewegung ist steif.

Beschlag
Der Krankheitsverlauf läßt sich nicht durch einen Beschlag beeinflussen, aber Spezialeisen können den Schmerz lindern und die Bewegung des Pferdes verbessern. Vor dem Beschlag sollte der Huf in eine normalere Form gebracht werden, durch Kürzen der vorspringenden Zehe sowie der Trachten. Das Eisen muß hier die gesenkte Sohle vom Druck entlasten und die Bewegung des Pferdes fördern.

Abb. 315 Akute Rehe. Durch den Druck der entzündlichen Absonderungen, das Gewicht des Pferdes und die Zugwirkung der Hufbeinbeugesehne kam es zu einer Drehung des Hufbeins, verbunden mit einem Sohlendurchbruch.

Jeder Fall sollte für sich sorgfältig untersucht werden, um festzustellen, wie schwerwiegend der Huf verändert ist und welche Arbeitsleistung vom Pferd erwartet wird. Ein flach abgedachtes Eisen, das durch leichtes Hochbiegen der Spitze und Ausplatten der Schenkelenden abgewandelt wird, stützt das Pferd in der Bewegung und hat sich bei leichten Fällen gut bewährt.

Rocker-Stegeisen (Abb. 317)
Dies ist ein Stegeisen mit verstärkten Schenkeln. An den Seiten sind die Schenkel doppelt so dick wie bei Standardeisen und verjüngen sich zu der Zehe und den Trachten. Bei einigen Eisen sind die Schenkelenden dünner als die Spitze, bei anderen ist eine leichte Zehenrichtung angebracht, alle müs-

Abb. 316 Chronischer Rehehuf.

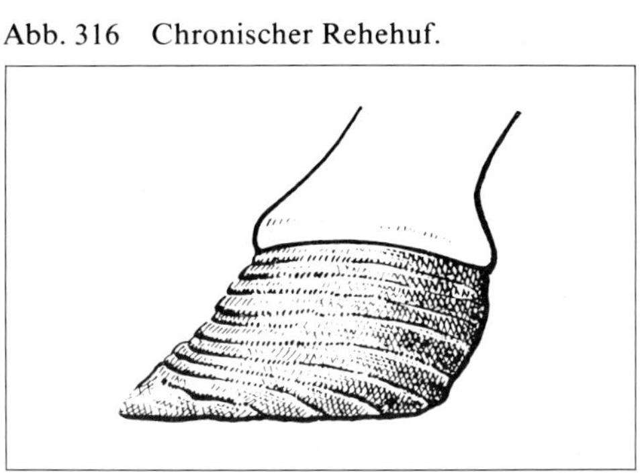

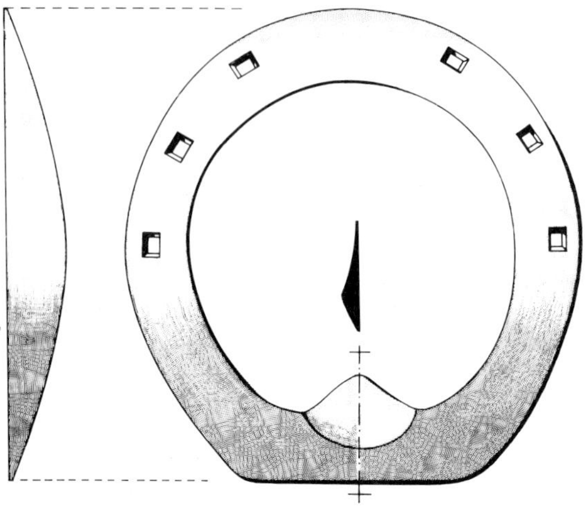

Abb. 317 Rocker-Stegeisen. Ein Stegeisen mit verstärkten Schenkeln.

sen jedoch flach abgedacht sein, um die Sohle vom Druck zu entlasten.
Ein Pferd mit chronischer Rehe fußt auf den Trachten auf und rollt den Huf dann zur Zehe hin ab. Das Rocker-Stegeisen wird zur Behandlung der Erkrankung eingesetzt, da es die Auswirkungen der Erschütterung bis zum gewissen Grade einschränkt und den Huf in der Bewegung stützt; es eignet sich jedoch nur für Pferde, die in langsamen Gangarten gearbeitet werden. Viele Pferde, die an chronischer Rehe leiden, bewegen sich besser, wenn ihnen ein Hufkissen mit einem abgewandelten flach-abgedachten Eisen oder einem Rocker-Stegeisen aufgeschlagen wird.

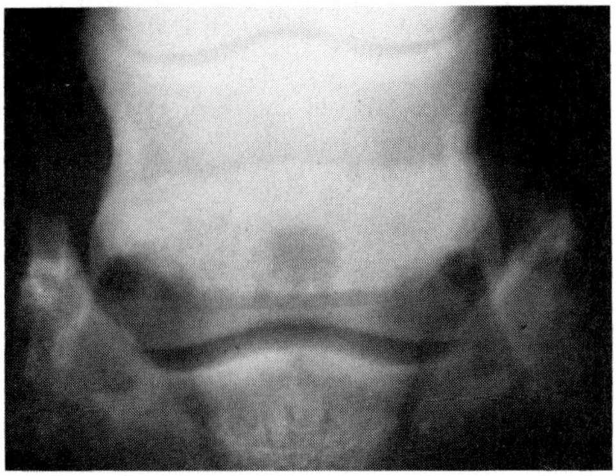

Abb. 318 Röntgenaufnahme eines klassischen Falls von Hufgelenkslahmheit. Der dunkle Schatten im mittleren Bereich des Knochens zeigt eine Verdünnung und Aushöhlung des darunterliegenden Knochens an.

Hufgelenkslahmheit (Hufrollenentzündung)
Dieser Name bezeichnet eine pathologische Veränderung des Strahlbeins des Pferdes. Sie ist gekennzeichnet durch eine Zersetzung des Knorpelgewebes der mit Sehnen überzogenen Oberfläche und Zerstörung und Aushöhlung des darunterliegenden Knochens (Abb. 318).
Die Erkrankung tritt einseitig und zweiseitig auf, meistens bei Reit- und Jagdpferden, seltener bei Ponys. Unglücklicherweise werden Pferde oft im besten Alter zwischen 7 und 9 Jahren von dieser Krankheit heimgesucht.

Krankheitsbild
Da der hintere Teil des Hufs schmerzt, tritt das Pferd mit hochgezogenen Trachten auf, die Spitze berührt zuerst den Boden. Das Lahmen ist im Anfang irreführend, da es sich nach kurzer Arbeitszeit verliert, doch mit der Zeit lahmt das Pferd ständig. Da das Pferd auf der Spitze läuft, stolpert es. Im

Laufe der Zeit verändert sich die Form des Hufs, es entsteht Trachtenzwang, der Strahl verkümmert und die Sohle wölbt sich.

Beschlag
Hufgelenkslahmheit ist nicht heilbar, doch im frühen Stadium kann man den Schmerz lindern, das Stolpern verhindern und die Gebrauchsfähigkeit des Pferdes durch geeigneten Beschlag verlängern. Die Bewegung des Pferdes wird geschützt und wesentlich verbessert, wenn man ihm ein Eisen mit Zehenrichtung verpaßt oder ein Eisen mit keilförmigen Schenkelenden (Abb. 319), das nach dem abgetragenen Eisen angefertigt wurde.

Hornspalt
Ein Hornspalt ist eine Trennung der Hornwand, die an der Krone beginnt und sich unterschiedlich weit den Huf abwärts fortsetzt. Hornspalten werden ihrer Lage entsprechend als Vorder- oder Seitenwandhornspalten bezeichnet, ihrer Länge entsprechend als durchlaufende oder nicht durchlaufende Hornspalten, je nachdem, wie weit sie von der Krone abwärts reichen; und ihrem Ausmaß nach als oberflächlich, wenn nur das Horn in Mitleidenschaft gezogen ist, als durchdringend, wenn die empfindlichen Strukturen angegriffen sind und als eitrig, wenn eine Infektion hinzukommt. Am häufigsten entstehen Hornspalten, wenn das Horn trocken und brüchig ist oder die Huflederhaut durch zu starkes Beraspeln des Horns verletzt wurde. Sie entstehen unerwartet und vor allem dann, wenn ein Pferd sich in schnellem Tempo auf hartem Untergrund bewegt und sich eine plötzliche unnatürliche Gewichtsverteilung durch das Auftreten auf unebenem Boden ergibt.

Erscheinungsbild
Gewöhnlich ist der Spalt sichtbar, und sobald der empfindsame Teil des Hufs betroffen ist, ist Lahmen die Folge.

Behandlung
Sie muß dahin wirken, das freie Ende des Risses zu entlasten und ein Weiterreißen zu verhindern. Einen oberflächlichen Hornspalt kann man durch zwei Einkerbungen isolieren. Ist er nicht durchlaufend, sollten die Einkerbungen V-förmig, von der Krone zum Endes des Spalts verlaufen (Abb. 320 a), ist er jedoch durchlaufend, werden zwei parallele Einkerbungen gemacht, die zu beiden Seiten des Hornspalts von der Krone zum Tragerand verlaufen (Abb. 320 b). Um die Ränder des Hornspalts zu entlasten und eine weitere Ausdehnung erfolgreich zu verhindern, müssen die Einkerbungen ca. 4 mm breit sein und bis zur weißen Linie eingeschnitten werden. Außerdem schneidet man die Tragefläche am Ende eines durchlaufenden Hornspalts aus, damit das Eisen an dieser Stelle keinerlei Druck verursachen kann. Ein durchdringender Hornspalt erfordert, daß man seine

Abb. 319 Ein Fall von Hufgelenkslahmheit, der durch Einkerben der Trachten und mit einem Eisen behandelt wurde, das an der Zehe hochgerollt und an den Schenkelenden verdickt war.

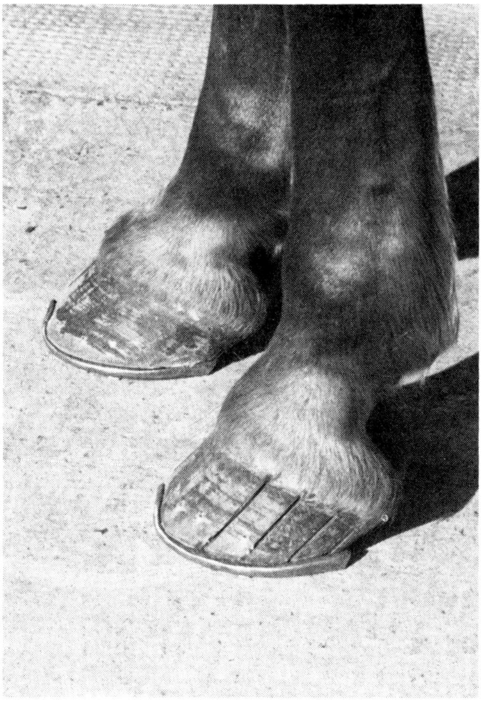

Ränder auf mechanische Weise befestigt, um ein Weiterreißen zu verhindern. Hierzu verwendet man spezielle Hornspalt-Klammern oder treibt einen Hufnagel durch den Spalt.

Abb. 320 a) Oberflächlicher, nicht durchlaufender Hornspalt. Zwei Einkerbungen wurden V-förmig von der Krone bis zum unteren Ende des Spalts geschnitten, wo sie zusammentreffen; b) durchlaufender, oberflächlicher Hornspalt. An jeder Seite des Spalts werden parallel zueinander verlaufende Kerben geschnitten, die von der Krone zur Tragefläche reichen.

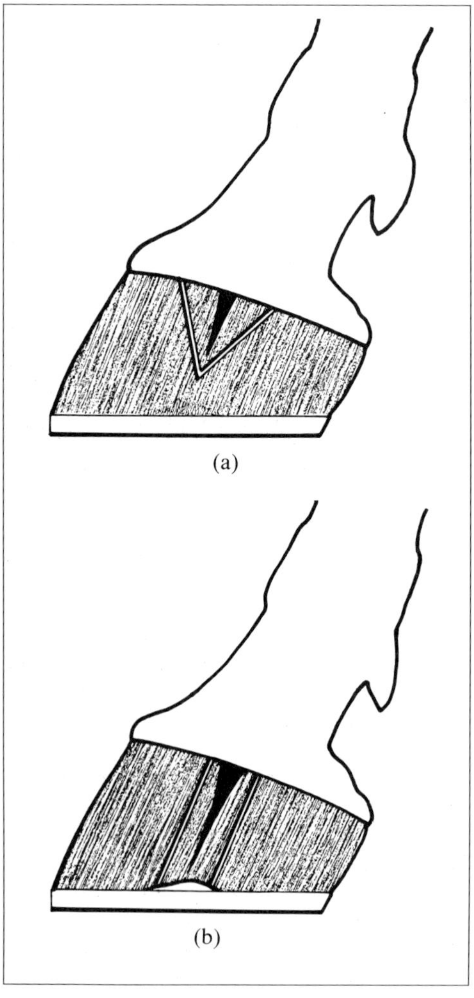

Begrenzen eines durchdringenden Hornspalts mit Hilfe eines Standard-Hufnagels

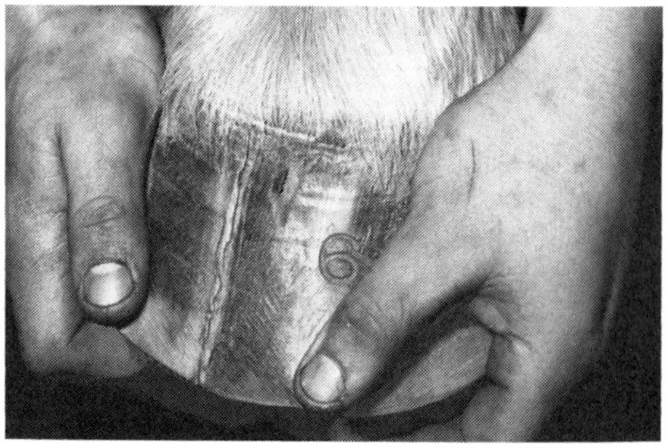

Abb. 321 Ein typischer, durchdringender Hornspalt, der sich von der Krone bis zum Tragerand erstreckt.

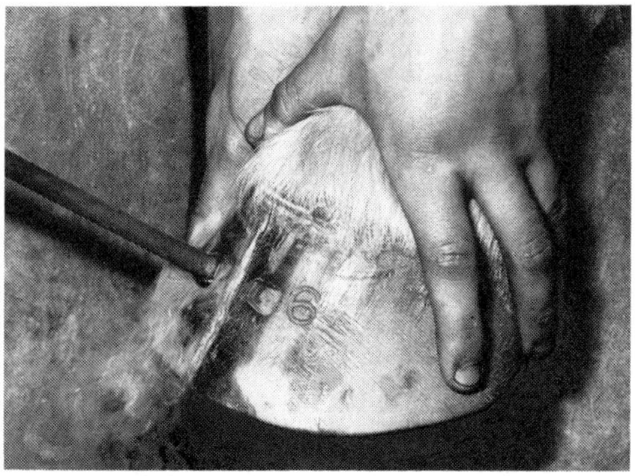

Abb. 322 Nach dem Säubern und Beschneiden der Hornspaltränder wird ein Spezialwerkzeug rotglühend erhitzt und mit ihm eine Einkerbung für den Nagel an jeder Seite des Hornspalts gemacht. Soll nur ein Nagel angebracht werden, werden die Einkerbungen direkt über der Mitte des Hornspalts gemacht, wobei der innere Rand der Einkerbung ca. 6 mm vom Rand des Hornspalts entfernt ist. Sollen zwei Nägel eingetrieben werden, wird ein Nagel 1 cm unterhalb der Krone und der andere 2 cm darunter angebracht.

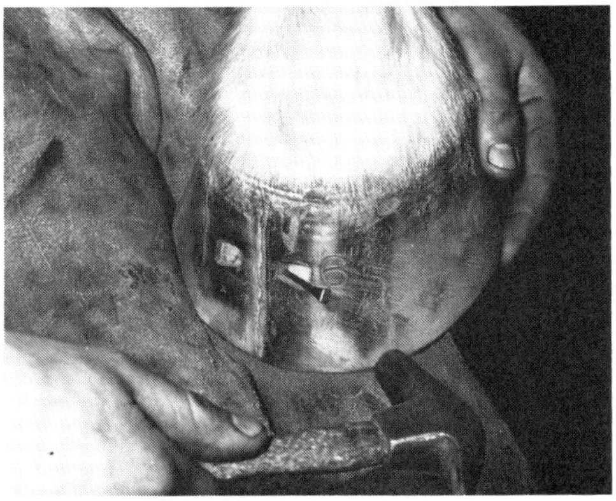

Abb. 323 Ein leicht gebogener Hufnagel wird durch den Hornspalt getrieben.

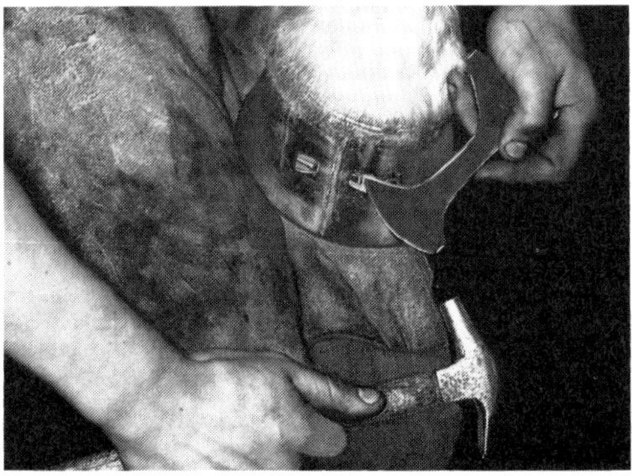

Abb. 324 Der Nagel wird mit Hilfe einer Nietklinge in die richtige Position geschlagen.

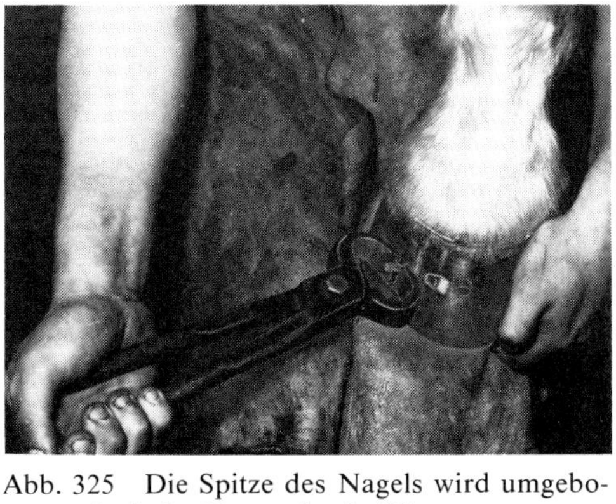

Abb. 325 Die Spitze des Nagels wird umgebogen und mit der Zange abgekniffen.

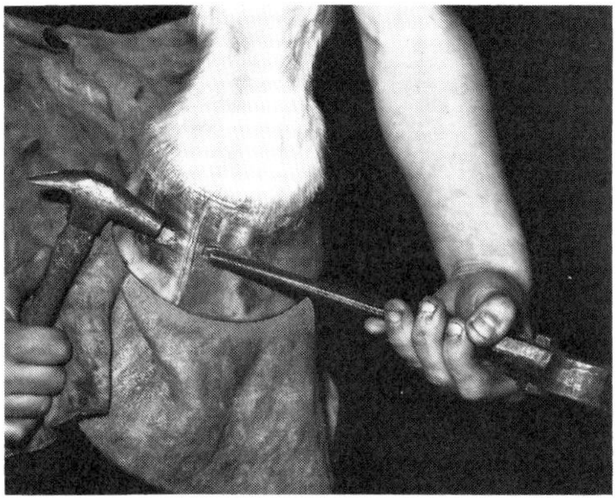

Abb. 326 Das Ende des Nagels wird umgebogen und in die richtige Stellung geschlagen, während der Nagelkopf mit dem Ende eines Zangengriffs an seiner Stelle gehalten wird.

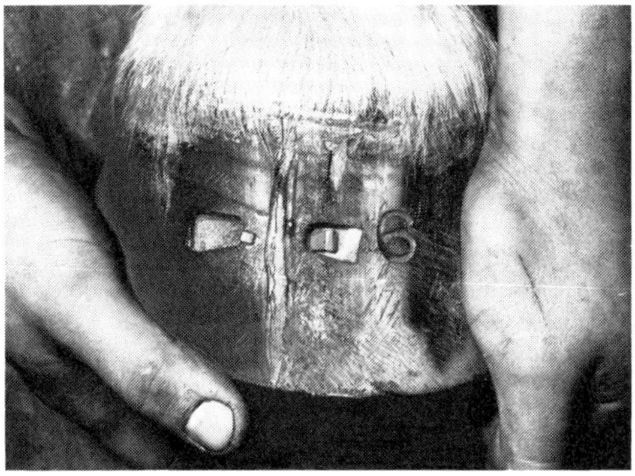

Abb. 327 Der Vorgang ist abgeschlossen. Die Ränder eines durchdringenden Hornspalts wurden mit einem Hufnagel befestigt.

Beschlag

Wird der Huf belastet, öffnet sich der Spalt, folglich sollte keinerlei Eisen verwendet werden, die irgendeinen Teil der Tragefläche besonders belasten, so wie z. B. Eisen mit verstärkten Schenkelenden oder Stollen. In den meisten Fällen empfiehlt sich ein schlichtes, flaches Eisen mit Zehen- oder Seitenaufzügen. Oft werden die Eisen direkt unter dem Hornspalt ausgedünnt, doch füllt sich der Hohlraum schnell mit Schmutz und Steinchen, der Druck wird verstärkt und Infektionen können eintreten.

Für schwere Zugpferde verwendet man gern ein Stegeisen, bei dem direkt unter dem Hornspalt 1 bis 2 cm des Schenkels ausgeschnitten wurden. Die Lücke verhindert jeden direkten Druck auf den Spalt, und da Pferde mit Hornspalten, vor allem, wenn diese an der Zehe sind, den hinteren Teil des Hufs belasten, unterstützt der Steg ihre Bewegung.

Falscher Hornspalt (Abb. 328)
Ein falscher Hornspalt ist ein einfacher, einzelner Spalt in der Wand, der am Tragerand beginnt und sich unterschiedlich hoch nach oben fortsetzt. Am häufigsten sieht man ihn an trockenen, brüchigen Hufen, vor allem bei Pferden mit zu altem Beschlag oder zu eng gerichtetem Beschlag, der die Hornwand über den Rand des Eisens ragen läßt. In diesen Fällen ist es lediglich notwendig, eine horizontale Einkerbung an seiner Spitze zu schneiden, um ein Weiterreißen zu vermeiden. Diese Einkerbung sollte 1 bis 2 cm lang sein und bis zur weißen Linie reichen. Durch ein Ausschneiden der Tragefläche unter dem Spalt oder ein Aushöhlen der Tragefläche des Eisens an dieser Stelle wird der Spalt von Druck befreit.

Abb. 328 Falscher Hornspalt. Eine horizontale Einkerbung wird an der Spitze geschnitten, um ein Weiterreißen zu verhindern, und der untere Teil des Spalts wird vom Druck entlastet, indem die Tragefläche des Eisens ausgehöhlt wird oder der Tragerand der Hornwand (siehe Abb. 320b).

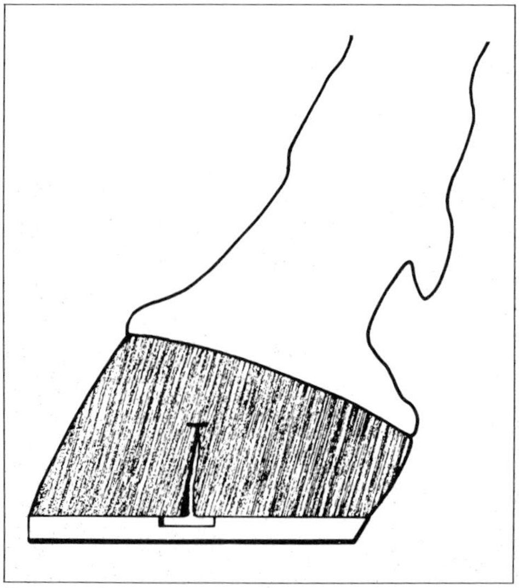

Hohle Wand
Eine hohle Wand entsteht durch die Trennung der Röhrchen- und Blättchenschicht der Hornwand, wodurch ein Hohlraum entsteht, der mit einer krümelnden und mehligen Hornsubstanz gefüllt ist (Abb. 329).

Krankheitsbild
Eine hohle Wand wird im allgemeinen vom Hufschmied entdeckt, wenn dieser den Fuß herrichtet. Bei leichteren Fällen ist der Hohlraum ca. 2,5 cm tief, und das Pferd geht nur lahm, wenn eine Infektion hinzukommt, oder wenn sich Schmutz und Steinchen angesammelt haben.

Behandlung
Bei einfachen Fällen besteht sie darin, das degenerierte Horn zu entfernen und Werg und Hufteer in den Hohlraum einzubringen. Bei fortgeschrittener Erkrankung muß die Wand über dem gesamten Hohlraum entfernt werden und der Verband mit einer Metallplatte, die an der Wand befestigt wird, gehalten werden, oder, indem der Hohlraum mit Plastikhorn ausgefüllt wird.

Beschlag
Man schlage ein Eisen auf, das an der Zehe verstärkt ist, die Tragefläche schützt und den Verband an seiner Stelle hält. Sollte es nötig sein, die hohle Wand zu entlasten, sollte das Eisen in diesem Bereich flach abgedacht werden. In der Nähe des Hohlraums sollten keine Aufzüge angebracht oder Nägel eingetrieben werden. Bei schweren Fällen kann es sich als notwendig erweisen, als zusätzliche Schutzmaßnahme eine Ledereinlage oder Hufkissen zu verwenden.

Hufknorpelverknöcherung
Die Hufknorpelverknöcherung ist eine Verknöcherung des Hufknorpelgewebes (Abb. 330). Man sieht sie häufig bei Zugpferden,

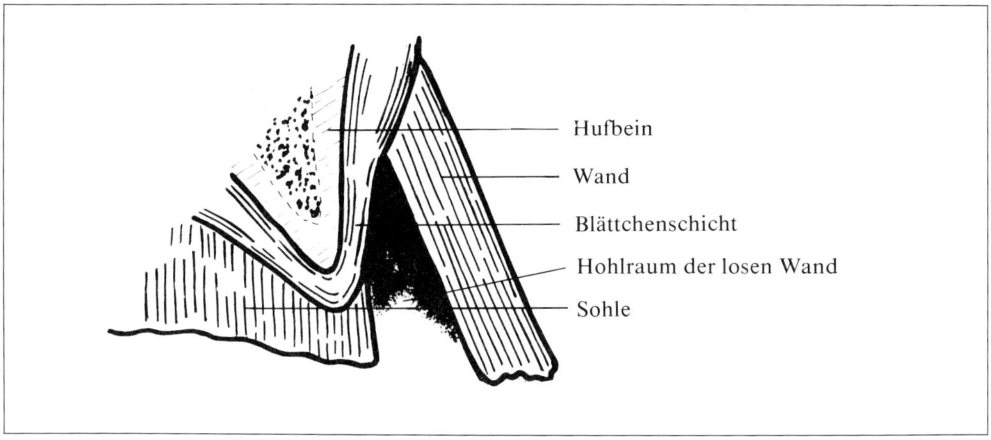

Abb. 329 Eine hohle Wand ist ein Hohlraum zwischen der Röhrchen- und Blättchenschicht der Hornwand, die mit einer mehligen Hornsubstanz gefüllt ist.

wobei meistens das äußere Knorpelgewebe ihrer Vorderhufe betroffen ist. Die direkten Verursacher der Hufknorpelverknöcherung sind nicht mit Sicherheit zu nennen. Sie gilt als erbliches Leiden, weiterhin sieht man die Entstehungsursache in Schlägen und Erschütterungen. In vielen Fällen neigen Pferde zur Hufknorpelverknöcherung, deren Knochen gleichzeitig Verknöcherungen aufweisen.

Krankheitsbild
Mit zunehmender Verknöcherung des Knorpelgewebes verliert es an Elastizität, wird zunehmend starrer und vergrößert sich manchmal beträchtlich. In diesen Fällen ragt es über die Krone hinaus, die über der Wand hängt.
Lahmgehen gehört nicht zu den Kennzeichen der Hufknorpelverknöcherung, obwohl es hin und wieder die Entstehung dieser Krankheit begleitet, besonders bei Pferden mit Zwanghufen, bei denen eine normale Ausdehnung des hinteren Hufbereichs nicht gegeben ist. Hier nutzt sich auf der betroffenen Seite der Schenkel des Eisens von der Seite zum Schenkelende hin zunehmend stärker ab.

Behandlung
Eine Behandlung ist nicht angezeigt, außer bei Lahmgehen. Wird Lahmen durch den Druck zwischen dem verknöchernden Knorpel und der starren Wand erzeugt, vor allem dann, wenn ein Zwanghuf den Fall verkompliziert, können die Schmerzen durch ein Furchen der Trachten (Abb. 296) gemildert werden. Da sie sich nun ausdehnen können, verringert sich der Druck und gleichzeitig der Schmerz.

Abb. 330 Hufknorpelverknöcherung. Sie setzt an der Stelle ein, an der der Hufknorpel mit dem Hufbein verbunden ist, und verändert nach und nach das gesamte Knorpelgewebe.

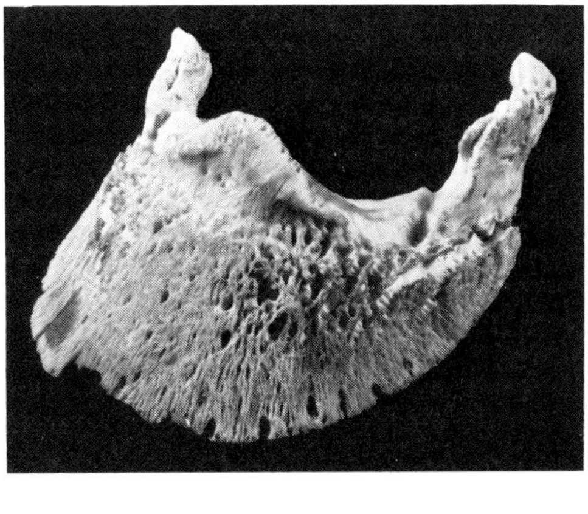

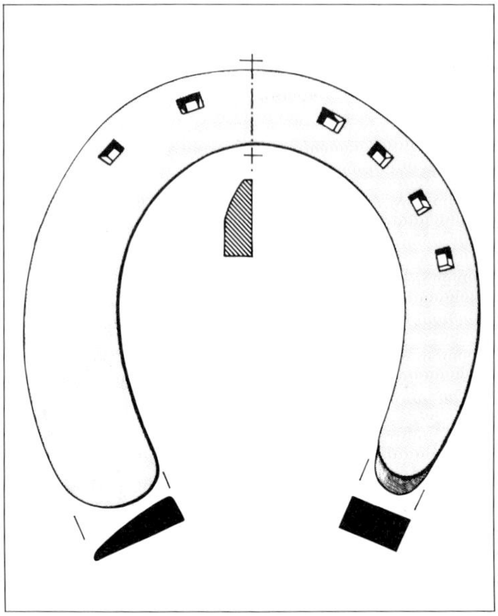

Abb. 331 Ein Eisen bei Hufknorpelverknöcherung. Der Schenkel wird zunehmend dünner und gleichzeitig von der Spitze zum Schenkelende immer breiter und bleibt bis auf die zwei Nagellöcher an der Spitze unbearbeitet.

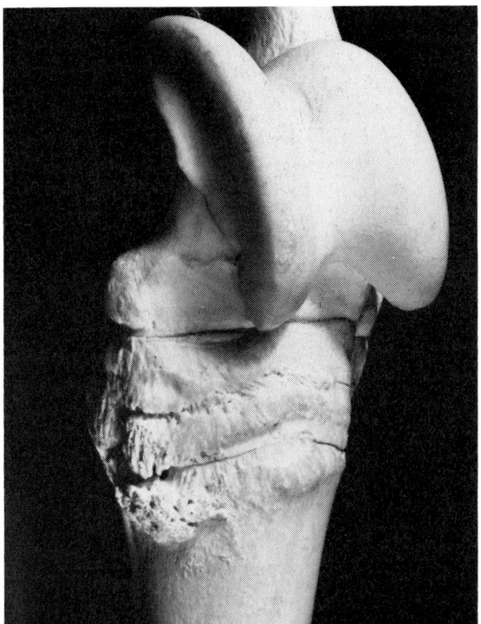

Beschlag
Am besten schlägt man ein Eisen auf, das dem abgenutzten Eisen (Abb. 331) entspricht. Bei einem einseitigen Krankheitsbild wird der Hufeisenschenkel an der betroffenen Seite zunehmend ausgeplattet werden müssen, beginnend vom Nagelloch an der Spitze bis zum Schenkelende, während die Breite des Eisens langsam zunehmen muß, damit sein äußerer Rand dem Unfang der überhängenden Krone entspricht. Dieser Schenkel ragt ein wenig über die Trachten hinaus und wird nicht bearbeitet, um eine Ausdehnung zu ermöglichen. Pferde mit beidseitiger Hufknorpelverknöcherung nutzen die Spitze des Eisens ab, ihr Gang verbessert sich, wenn die Spitze des Eisens eine Zehenrichtung erhält und die Schenkelenden erhöht werden.

Spat
Mit Spat bezeichnet man eine Knochenarthritis des inneren Bereichs des Sprunggelenks, die durch Knochenauftreibungen nach außen hin gekennzeichnet ist (Abb. 332).

Krankheitsbild
Es wird durch äußere Anzeichen und spezifisches Lahmgehen bestimmt. Das deutlichste Anzeichen dieser Erkrankung ist eine unterbrochene Linienführung des mittleren und unteren Sprunggelenks, die durch Knochenauftreibung verursacht wird, die sogenannte Spatstelle. Das Lahmgehen ist durch eine unvollkommene Beugung des Sprunggelenks gekennzeichnet und wird durch den Schmerz verursacht, der durch das Zusammendrücken entsteht. Als Folge davon geht das Pferd auf der Spitze und schleift mit dieser, wobei die Eisen an der Spitze übermäßig abgenutzt werden.

Beschlag
Um zu vermeiden, daß das Pferd mit der Hufspitze über den Boden schleift und um

Abb. 332 Spat, eine Knochenarthritis des inneren Bereichs des Sprunggelenks.

seinen Gang zu verbessern, wird die Zehe gekürzt und ein Eisen mit Zehenrichtung und erhöhten Schenkelenden aufgeschlagen. Da Stollen sich leicht im Boden verfangen, empfiehlt es sich, sie durch keilförmige Schenkelenden zu ersetzen (Abb. 333). Diese Maßnahmen garantieren eine Verbesserung der Bewegung des Pferdes, können allerdings der fortschreitenden Entwicklung einer chronischen Verkürzung der Beugesehnen keinen Einhalt gebieten.

Gelenkzerrung

Eine Gelenkzerrung entsteht, wenn ein Gelenk durch einen Unfall seine natürliche Bewegungsmöglichkeit überschreitet und die Gelenkkapsel und die sie umgebenden Strukturen überdehnt oder gezerrt werden. Dem Heilungsprozeß des verletzten Fasergewebes folgt eine Beeinträchtigung der normalen Bewegung des Gelenks. Meistens ist das Fesselgelenk betroffen, es ist vergrößert und in seiner Bewegungsmöglichkeit beschränkt, vor allem in der Gelenkbiegung, was Stolpern zur Folge hat. Diese Pferde zeigen einen recht unterschiedlichen Gang. Einige nutzen lediglich die Spitze der Eisen ab, während bei anderen sowohl die Spitze wie auch die Schenkelenden verschlissen sind. Das neue Eisen sollte der Abnutzung des alten Eisens entsprechend angefertigt werden, wobei sich immer ein Aufrollen der Spitze und in einigen Fällen außerdem ein Absenken der Schenkelenden als notwendig erweisen wird.

Zerrung der Hufbeinbeugesehne

Zerrungen der Hufbeinbeugesehne bezeichnet man als Hasenhacke. Äußerlich erkennt man sie als Anschwellung am hinteren, inneren Rand des Sprunggelenks (Abb. 334). Hasenhacken treten meistens bei Reitpferden auf und sind entweder die Folge einer Überdehnung des Sprunggelenks, wenn das Pferd stark pariert und auf die Hinterhand gesetzt wird, oder wenn beim starken Absprung das Sprunggelenk überdehnt wird. Um die gezerrte Sehne zu entlasten, steht das Pferd mit hochgezogenen Trachten und geht deutlich auf der Zehe.

Abb. 333 Eisen bei Spat. Die Zehe wird gekürzt und ein Eisen mit Zehenrichtung und abgeschrägten, keilförmigen Schenkelenden aufgepaßt, die sich nicht im Boden verfangen und dem Huf ein Gleiten ermöglichen.

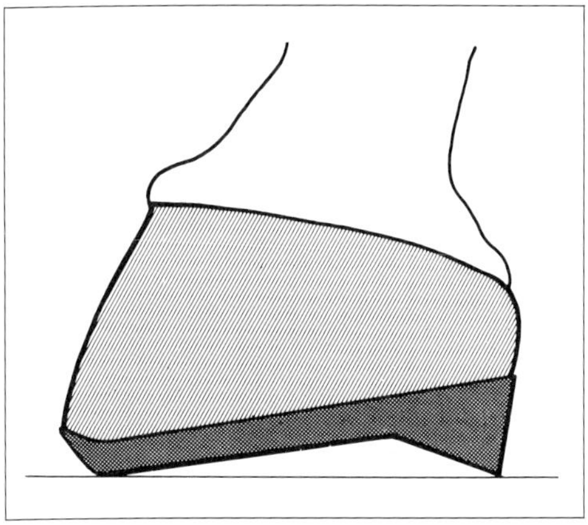

Abb. 334 Eine Hasenhacke ist eine Zerrung der Hufbeinbeugesehne.

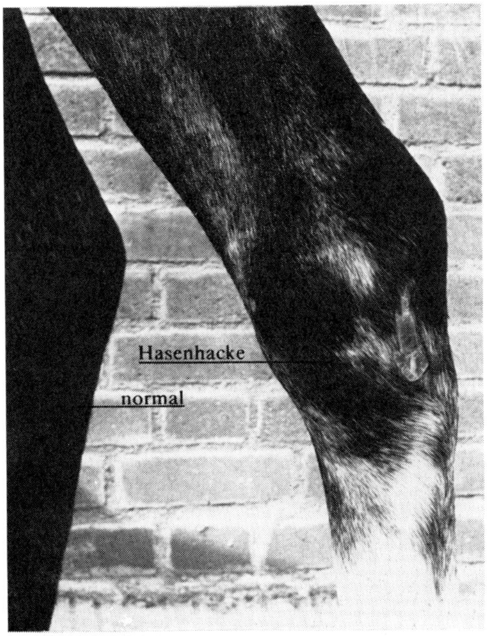

Beschlag
Um die Hufbeinbeugesehne zu entlasten, sollten die Schenkelenden des Eisens erhöht werden. Stollen sind unangebracht, da sie zu stark hemmen, statt dessen empfiehlt sich ein Eisen mit abgeschrägtem, keilförmigem Schenkelende, das nicht greift und ein Gleiten des Hufs ermöglicht.

Überbeine
Überbeine sind Knochenauswüchse an den Griffelbeinen der Vorder- oder Hintergliedmaßen. Meistens sieht man sie bei jungen Pferden bis zum Alter von 6 Jahren, die auf hartem Untergrund in schnellen Tempi gearbeitet werden. Überbeine werden nach ihrer Größe, Lage und Form klassifiziert (Abb. 335). Ein kleiner, deutlich markierter Knochenauswuchs wird einfach als Überbein bezeichnet, erhebt er sich im Bereich des Vorderfußwurzelgelenks, als Knie-Überbein. Eine Reihe von Überbeinen entlang des Knochens bezeichnet man als Überbein-Kette. Überbeine werden durch Erschütterungen verursacht, die zu einer Zerrung der zwischen den Knochen liegenden Bänder führen, und einem Reißen der umgebenden Beinhaut. Das innere Griffelbein ist öfter betroffen, was möglicherweise darauf zurückzuführen ist, daß es zusammen mit dem 2. Karpalknochen belastet wird, während lateral der 4. Karpalknochen mit den Griffelbeinen und dem Röhrbein artikuliert.

Abb. 335 Arten von Überbeinen.

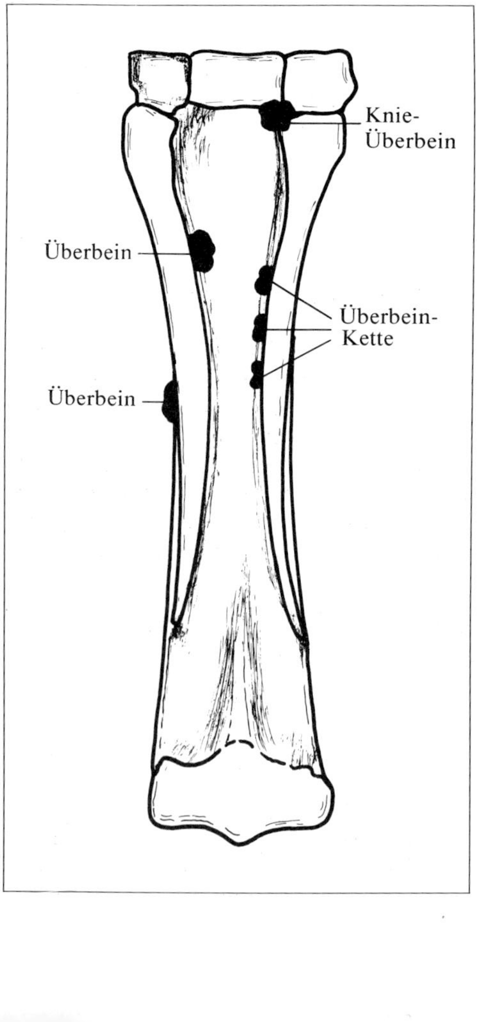

Kennzeichen
Die lokalen Kennzeichen sind Schmerz und Schwellung. Wie stark das Pferd lahmt, hängt von der Erschütterung ab. Je mehr es gearbeitet wird, desto stärker lahmt es; auf hartem Untergrund zeigt sich das Lahmen deutlicher als auf weichem, und ein Pferd, das im Schritt beinahe kein Lahmen zeigt, zeigt es im Trab sehr deutlich. Sobald die Entzündung abgeklungen ist und das Überbein sich nicht weiter entwickelt, hört das Lahmen auf, vorausgesetzt, das Überbein hindert die Bewegung des Vorderfußwurzelgelenks bzw. die Bewegung des Fesselträgers und der Beugesehnen nicht.

Beschlag
Grundprinzip der Behandlung ist es, die Erschütterung einzuschränken. Dies kann durch absolute Ruhe in einer losen Boxe erreicht werden. Eine Vielzahl an Eisen mit und ohne Einlagen sind ausprobiert worden, mit dem Ziel, die Erschütterung zu mildern und dem Lahmen entgegenzuwirken. Das Ergebnis war enttäuschend. Alles, was getan werden kann und getan werden sollte, ist, auf eine gleichmäßige Verteilung der Erschütterung zu achten, durch die Erhaltung einer ebenen Tragefläche und ein gut gerichtetes Eisen. Bei schweren Fällen mag

ein Hufkissen helfen, die Erschütterung zu verringern und ein Eisen mit Zehenrichtung und erhöhten Schenkelenden, das Abrollen des Hufs erleichtern.

Sehnenzerrung
Der Begriff Sehnenzerrung bezeichnet eine aseptische Sehnenentzündung nach äußerster Beanspruchung. Bei Pferden ist gewöhnlich eine Zerrung der Kronbeinbeugesehne oder der Hufbeinbeugesehne gemeint. Sie entsteht immer durch Unregelmäßigkeiten der Bewegung, durch die Sehnenfasern reißen. Hitze, Schmerz und Schwellungen sind die Folge.

Beschlag
Im akuten Stadium lahmt das Pferd stark. Der Schmerz kann gelindert werden durch Anheben der Schenkelenden, um die Sehnen zu entlasten. Zu diesem Zweck kann ein »Patten-Eisen« (Abb. 336) verwendet werden. Die Höhe der Schenkelenden reicht von 2,5 bis 7 cm, je nach Schwere der Verletzung und Pferdetyp.
Sehnenzerrungen heilen durch eine Fibrosis aus, die eine Verengung des Gewebes mit sich bringt. Mit fortschreitendem Heilungsprozeß muß die Höhe der Schenkelenden nach und nach reduziert werden, da andernfalls eine chronische Kontraktion und Verkürzung der Sehne die Folge wäre und das Pferd die Trachten nicht mehr auf den Boden setzen könnte. Die Bedeutung des Patten-Eisens bei der Behandlung von Sehnenzerrungen ist strittig. Druckverbände bieten genug Stütze, um die Spannung zu verringern, und wenn der Schmerz nachläßt und der Heilungsprozeß stattfindet, ist das Pferd einer normalen Gewichtsbelastung ausgesetzt. Diese langsam zunehmende Belastung der verletzten Sehne während des Heilungsprozesses verhindert eine übermäßige Kontraktion und Verkürzung der Sehne.

Sehnenriß
Ist die Hufbeinbeugesehne gerissen, sinkt die Fessel, und die Zehe stellt sich hoch. Ist der Fesselträger ebenfalls gerissen, ruhen Fessel und Krone auf dem Boden.

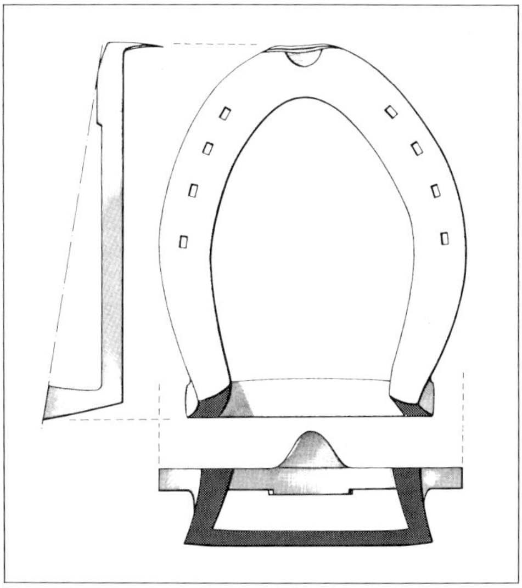

Abb. 336 »Patten-Eisen«. Vom Prinzip her ein Stegeisen mit Stollen, das durch einen schräg angesetzten Steg geschlossen wird, der flach auf dem Boden aufliegt.

Beschlag
Damit die Enden der gerissenen Sehne aneinanderheilen können, müssen sie beieinander bleiben. Dies erreicht man, indem man die gesenkte Fessel mit einem Schwanenhalseisen unterstützt. (Abb. 337). Dieses Eisen ist äußerst nützlich bei Behandlung von Sehnenrissen der Hufbeinbeugesehne und des Fesselträgers. Es ist erstaunlich, wie schnell die Pferde sich an dieses Eisen gewöhnen und sich frei damit bewegen, doch sollte man sie nicht mit Stroh einstreuen, da sie sich leicht darin verfangen können, stürzen und Verletzungen davontragen.

Abb. 337 Schwanenhalseisen.

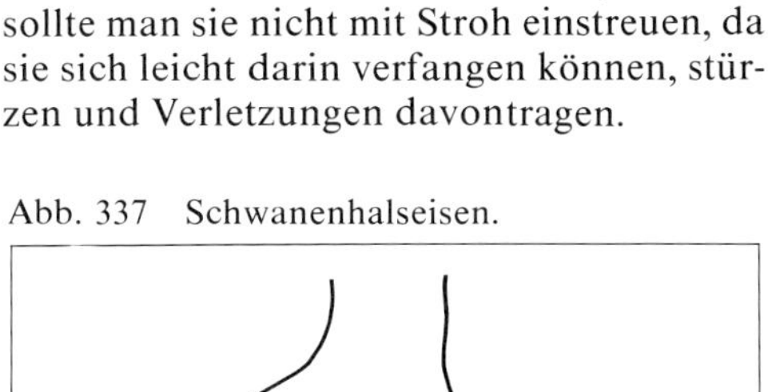

Erklärung der Fachausdrücke

Abaxial von der Achse entfernt.
Abszeß Geschwür.
Achse gerade Linie durch einen Mittelpunkt; Mittellinie eines Körpers oder eines Körperteils.
Adhaesion Verklebung bzw. Verwachsung zweier gegenüberliegender Flächen durch Entzündungsprodukte, durch deren Organisation dann richtige Verwachsungen entstehen.
Afferent zuführend.
Akut plötzlich beginnend, schnell verlaufend.
Anastomosis mit Mündung versehen; Verbindung von Blutgefäßen miteinander; dgl. auch von Nerven.
Anatomie die Wissenschaft von der Form und dem Bau der Körperwelt.
Ankylose Gelenkversteifung; bedingt durch Verwachsung der Gelenkenden, Kapselschrumpfung und sonstige Kontrakturen.
Anorganisch nicht organisch; unbelebt; mineralisch.
Anterior der vordere; das Gegenteil von posterior.
Antiseptisch fäulniswidrig; keimtilgend.
Arterie Pulsader, Schlagader; ein Gefäß, in dem das Blut vom Herzen nach der Peripherie strömt.
Artikulation Gelenk.
Atrophie Schwund; Massenabnahme eines Organs, die sowohl durch die Verringerung des Volumens wie der Zahl der Gewebselemente erfolgen kann.
Aufzug eine kleine Kappe an irgendeiner Stelle der Außen- oder Innenkante der Tragefläche des Hufeisens.

Basilar zur Basis gehörig.
Bodenfläche die zum Erdboden zeigende Fläche des Hufeisens.
Borium Handelsname für Wolfram-Karbid, ein sehr hartes Metall.
Bursa Schleimbeutel; ein Beutel, der mit Gelenkschmiere gefüllt ist und sich an der Druckstelle zwischen einer Sehne und einem Knochen oder zwischen zwei Sehnen befindet.
Bursitis Schleimbeutelentzündung.

Caudal zum Schwanz gehörig.
Chronisch lange dauernd; sich langsam entwikkelnd; Gegensatz: akut.
Condyl Gelenkhöcker; jede rundliche Erhabenheit an den Endstücken der langen Knochen.
Corium Lederhaut; fibröse innere Hautschicht, die reich an Blutgefäßen und Nerven ist.

Degeneration Entartung; Umwandlung von Gewebselementen in Gebilde von geringerer Leistungsfähigkeit.
Diaphyse der mittlere Teil der beiden Röhrenknochen zwischen den beiden Epiphysen.
Digitalis zu den Fingern oder Zehen gehörig.
Distal von zwei Punkten des Körpers derjenige, der von der Körpermitte weiter entfernt ist; Gegenteil: proximal.
Dorsal zum Rücken oder zur Rückseite gehörig bzw. dahin gerichtet; Gegenteil: ventral.

Endost die das Knochenmark umgebende fibröse Haut.
Epidermis Oberhaut; die gefäßlose, äußere Schicht der Haut.
Epiphysis Gelenkende eines langen Röhrenknochens, das mit dem Mittelstück erst durch Knorpel, später durch Knochengewebe verbunden ist.
Epithel Deckzellenschicht; ein nur aus Zellen bestehendes, gefäßloses Gewebe, das direkt von den Keimblättern stammt.
Exostosis Knochenauswuchs; größere Neubildung von Knochengewebe an einem Knochen.

Falz Rille an der Bodenfläche des Hufeisens, in der sich die Nagelgesenklöcher befinden.
Fibrös aus Bindegewebe bestehend.
Flach abgedacht Abschrägen der Innenseite der Tragefläche des Hufeisens.
Foramen Loch; Öffnung in verschiedenen Geweben des Körpers für den Durchtritt anderer Strukturen, wie der Blutgefäße und Nerven.

Hypertrophie Überernährung; gleichmäßige Massenzunahme eines Gewebes oder Organs in allen Bestandteilen über das typische Maß hinaus, ohne Abänderung der Struktur.

Inferior der untere.

Inter zwischen.
Intra innerhalb.

Karpus Mittelhand; beim Pferd das Vorderfußwurzelgelenk.
Knochenmark das weiche, an Zellen und Blutgefäßen reiche Gewebe, das die Hohlräume der Knochen ausfüllt.
Kohlenhydrat organische Zusammensetzung von Kohlenstoff und Wasserstoff.
Kollateral seitlich.
Kongential angeboren.

Lamina dünne Platte.
Lateral seitlich; von der Mitte abgewandt; Gegenteil: medial.
Legierung innige Verbindung mehrerer Metalle durch zusammenschmelzen; z. T. auch chemische Verbindungen.

Maligne bösartig.
Medial der Mittellinie zugehörig oder in ihrer Nähe gelegen.
Medulla Mark.
Metaphysis der breitere Teil am Ende eines langen Röhrenknochens, der an die Epiphysis angrenzt.

Niet Stumpf der Hufnagelklinge, der umgebogen wird, wo er aus dem Huf heraustritt.

Oedem Ansammlung von wäßriger, eiweißhaltiger Flüssigkeit in Gewebslücken.
Organisch zu Organen gehörig oder mit Organen versehen; von lebenden Organismen produzierte Kohlenstoffverbindungen.
Ossifikation Verknöcherung; Entstehung von Knochengewebe.
Osteoarthritis gleichzeitige Knochen- und Gelenkentzündung.
Osteoblasten Knochenbildner; die Vorstufen der eigentlichen Knochenzellen.

Papilla warzenartige Erhabenheit.
Patella Kniescheibe.
Pathologie Lehre von den krankhaften oder abnormen Vorgängen und Zuständen im Körper.
Pectoral zur Brust gehörig.
Periartikular rund um ein Gelenk angeordnet.
Perichondrium Knorpelhaut; bindegewebige Hülle des Knorpels.
Periost Beinhaut; Knochenhaut; derbe, fibröse Haut, welche die Knochen umgibt.
Phalanx Finger- oder Zehenglied, spez. ihre Knochen.
Physiologie Lehre von den normalen Lebensvorgängen im Tier- und Pflanzenkörper.
Plantar zur Sohle gehörig.
Plexus Geflecht; netzartige Vereinigung von Gefäßen und Nerven.
Posterior der hintere.
Prophylaktisch vorbeugend.
Proximal der nächste; Gegenteil: distal.
Pyramidal pyramidenförmig.

Reflex Unwillkürliche Umwandlung einer zentripetalen Nervenerregung in eine zentrifugale.
Rehe Entzündung der sensitiven Blättchen des Hufs.
Rhombisch rautenförmig.

Semilunar halbmondförmig.
Sesamoideal zu den Sesambeinen gehörig.
Spongiöse Knochen Knochen mit gitterförmiger Struktur.
Superfiziell oberflächlich.
Superior der obere.
Synovia Gelenkschmiere; farblose oder gelbliche, fadenziehende, klebrige Flüssigkeit in Gelenken.

Tarsus Fußwurzel, beim Pferd das Sprunggelenk.
Tendinitis Sehnenentzündung.
Tenosynovitis Sehnenscheidenentzündung.
Traumatisch zu einer Wunde gehörig, durch Verletzung entstanden.
Tuberositas Höcker mit rauher Oberfläche.

Vene Blutader; Gefäß, in dem das Blut von der Peripherie zum Herzen hin fließt.
Ventral zur Bauchseite gehörig, zur Bauchseite hin gelegen; Gegenteil: dorsal.
Volar zur Handfläche oder Fußsohle gehörig, posteriore Fläche des Pferdebeins.

Stichwortverzeichnis

Praktische Ratgeber für Pferdebesitzer und Reiter

Elwyn Hartley Edwards

Pferdeausbildung

Dieses Trainingsprogramm für die Pferdeausbildung behandelt Grundkenntnisse über Anatomie und Psychologie des Pferdes, richtigen Umgang mit dem Pferd, Entwicklung der Gangarten, Hilfengebung und Entwicklung des Reiters, Arbeit an der Longe und über Cavaletti, Springen, Geländereiten und Jagdreiten.

4. Auflage, 238 Seiten, 60 Fotos, 3 Bildserien, 60 Zeichnungen

Ulrik Schramm

Das verrittene Pferd

Dieses kompetente Praxisbuch befaßt sich mit den vielfältigen Problemen, die bei der Ausbildung von Reitpferden auftreten können. Es zeigt Ursachen auf und berücksichtigt dabei die Zusammenhänge zwischen Körperbau, Psyche und Temperament. Die notwendige Korrekturarbeit ist detailliert beschrieben.

2. Auflage, 119 Seiten, 55 Fotos, 80 Zeichnungen

Jeremy Houghton Brown/
Sarah Pilliner/Vincent Powell-Smith

Pferde-Management

Das umfassende, praxisnahe Handbuch vermittelt das gesamte Wissen über modernes Pferde-Management – ein unentbehrliches Nachschlagewerk für jeden, der mit Pferden arbeitet: alles über Pferdezucht und -haltung sowie Pferdetraining.

303 Seiten, 2 s/w Fotos, 77 Zeichnungen

Edward C. Straiton

Pferdekrankheiten

Fundierte, klare Auskunft auf alle Fragen, die im Zusammenhang mit Pferdekrankheiten auftauchen können, gibt dieses Praxisbuch. Es befaßt sich mit allgemeinen Krankheiten, besonderen Verletzungen und Erkrankungen der Kopfregion, des Brustbereichs, des Verdauungsapparates sowie der Beine und Hufe.

8. Auflage, 192 Seiten, 13 Farbfotos, 330 s/w-Fotos, 23 Zeichnungen

Charles de Hombourg

Rechtsfibel für Reiter und Fahrer

Dieser praktische Leitfaden beinhaltet alles zum Verhalten von Reitern und Fahrern im Straßenverkehr, in Wald und Flur sowie Bestimmungen zu Pferdetransport, Turniersport, Tierschutz und Versicherungen.

168 Seiten, 11 Fotos, 11 Zeichnungen

In unserem Verlagsprogramm finden Sie Bücher zu folgenden Sachgebieten:

Garten- und Zimmerpflanzen · Natur · Angeln, Jagd, Waffen · Pferde und Reiten · Sport und Fitness · Reise und Abenteuer · Wandern und Alpinismus · Auto und Motorrad · Essen und Trinken · Gesundheit

Wünschen Sie Informationen, so schreiben Sie bitte an: BLV Verlagsgesellschaft, Postfach 400320, 8000 München 40.

BLV Verlagsgesellschaft München